기독교문서선교회(Christian Literature Center: 약칭 CLC)는 1941년 영국 콜체스터에서 켄 아담스에 의해 시작되었으며 국제 본부는 미국 필라델피아에 있습니다. 국제 CLC는 59개 나라에서 180개의 본부를 두고, 약 650여 명의 선교사들이 이동도서차량 40대를 이용하여 문서 보급에 힘쓰고 있으며 이메일 주문을 통해 130여 국으로 책을 공급하고 있습니다. 한국 CLC는 청교도적 복음주의 신학과 신앙 서적을 출판하는 문서선교기관으로서, 한 영혼이라도 구원되길 소망하면서 주님이 오시는 그날까지 최선을 다할 것입니다.

추천사

하도균 박사
서울신학대학교 전도학 교수

조지 헌터가 쓴 본서는 현대인을 위한 복음 전도를 다룬 금세기 최고의 역작이다. 이런 저서가 섬세하고도 열정이 있는 학자의 노력에 의해 번역되어 기쁨을 감출 수 없다. 마치 산타 할아버지의 선물 꾸러미를 받아들고 그 안에 있을 엄청난 선물을 기대하는 아이와 같은 심정이다. 오늘의 시대에 교회 갱신과 효율적인 복음 전도를 위해 원칙과 기준, 방법을 찾고 있는 한국 교회에 해답을 제시하는 본서가 그런 선물이 될 것이라고 확신하기 때문이다.

성장 위주로 달려온 한국 교회에 문제점이 하나둘씩 나타날 때마다 위기와 좌절을 경험하지만 그 시간이 교회를 건강하게 변화시키는 위대한 기회가 될 수 있다. 복음 전도도 마찬가지다. 무조건 교회로 인도하거나 짧은 시간에 성급히 열매를 얻으려는 방식은 이제 한계에 도달하였다. 무엇이 문제인가? 어떻게 고쳐야 하는가? 무엇을 원칙으로 삼아야 하는가? 본서는 이런 질문에 성경적이고도 신학적인 면에서, 본질적이고도 방법적인 면에서 명쾌한 해답을 제시하고 있다.

번역 작업은 책을 쓴 저자의 심정과 같은, 아니 그 이상의 마음과 노력이 아니면 저자의 의도를 제대로 드러내기 어렵다. 그러나 본서는 이 분야의 전문가이자 탁월한 신학자의 손에 의해 한국인의 정서에 맞게 잘 번역되었기에 모든 이들이 편하게 읽을 수 있는 역작으로 열매를 맺었다. 이를 위해 수고하신 최동규 교수님께 감사드리며, 본서가 한국 교회의 위대한 갱신과 효율적인 복음 전도를 위한 나침판 역할을 감당하기를 기대한다.

· · · · ·

김선일 박사
웨스트민스터대학원대학교 실천신학 교수

본서는 세속 문화 속에서 살아가는 사람들에게 복음을 전하는 교회의 모델을 정립한 고전이다. 1990년대에 나온 책임에도 불구하고 오늘날 한국 교회가 안고 있는 전도의 난관을 극복하는 데 놀랄 만큼 적실한 조언과 사례를 제공한다.

전도는 영혼을 살리는 사역이다. 인간의 마음과 생각은 그가 속한 사회와 문화에 의해서 형성된다. 따라서 영혼을 살리는 전도 사역을 위해서 우리는 복음을 알고 기도하는 일 외에도 반드시 인간을 형성하고 있는 문화와 깊이 대화해야 한다. 그럴 때 '소통하는 전도'가 이루어진다. 현재 한국 교회의 전도 사역은 바로 이런 소통의 과제를 안고 있다.

본서는 현장성과 방향성을 겸비한 탁월한 책으로서 교회가 오늘의 상황과 어떻게 마주해야 하는지를 알게 해 준다. 저자의 논의는 현대 사회의 세속성과 복음의 위치를 신중하게 다루며 시작된다. 이 부분은 한국 교회의 목회자들과 신학자들이 공유할 필요가 있는 담론이다. 전도와 교회 갱신의 위기에 직면하고 있는 한국 교회에는 이런 상황에 대한 진지한 담론이 빈곤하다. 또한 이 책은 미국의 상황에서 세속주의에 위축되거나 그것과 타협하지 않으며, 문화적으로 복음을 생생하게 소통하며 교회를 성장시킨 사례들을 보여 준다. 그동안 한국 기독교에서도 이와 같은 문화적 소통을 시도한 사역들이 적지 않았다.

『소통하는 전도』의 번역 출간은 복음 전도의 새로운 지평을 모색하는 한국 교회의 목회자와 신학생들에게 소중한 지침이 되리라 확신한다.

· · · · ·

황 병 배 박사
협성대학교 선교학·전도학 교수

조지 헌터의 대표적인 저서로 미국에서 기독교 서적으로 베스트셀러가 된 바 있는 본서는 오늘날 그리스도인들이 세속화된 현대인들에게 어떻게 복음을 전할 것인가의 문제를 심도 있게 다루고 있다. 헌터가 주창하는 그리스도인과 교회는 '사도적 그리스도인'과 '사도적 교회'다. 성육신하신 예수님처럼, 세속화된 사람들에게 성육신하는 교회, 그들에게 먼저 다가가서 그들과 함께 하며 신실한 그리스도인의 삶을 통해 복음을 전하는 사도적 그리스도인이다.

오늘날 한국 사회는 다원주의, 포스트모더니즘, 세속화의 강력한 영향 아래 있다. 사람들은 하나의 절대 진리를 거부하고 다양한 가치가 공존하기를 원한다. 그들 가운데는 기독교 복음을 한 번도 들어보지 못한 사람들, 복음에 대해 피상적으로 알고 있는 사람들, '예수는 좋지만 교회는 싫다'라고 말하는 사람들도 있다. 사도적 그리스도인과 사도적 교회의 출발은 하나님으로부터 이런 세상으로 보냄을 받았다고 하는 선교적 자기 정체성에서부터 시작된다.

나는 이 책을 미국 유학 시절 헌터 교수의 수업을 들으면서 읽었다. 이번에 역자의 번역본을 읽으면서 다시 한 번 세속화된 사람들을 향한 헌터 교수의 열정을 느낄 수 있었다. 원문에 충실하면서도 쉽게 이해할 수 있는 용어와 표현을 사용하여 현실감 있게 번역해 주신 최동규 교수님께 깊이 감사드리고 싶다. 이 책이 이 시대 이 땅에서 우리가 어떻게 사도적인 삶을 살고, 어떻게 사도적인 선교 공동체를 이룰지에 대한 모델을 분명하게 제시하고 있다는 점에서 한국 교회 지도자들과 미래 목회를 준비하는 신학생들에게 일독을 권한다.

· · · · ·

송 준 기 목사
Way Church

책의 마지막 페이지를 방금 덮었다. 몇 년 전 '밤샘 전도'를 하던 때가 떠올랐다. 홍대 클럽 거리에서 새벽 세 시부터 복음을 전했다. 그것이 독특했는지 '밤샘 전도'라는 방법론이 방송과 매체를 타고 전국에 퍼졌다. 그러던 어느 날 한 통의 전화를 받았다. 시골의 한 교회 청년부 회장이었다. 그도 거리 밤샘 전도를 준비하고 있었다. 하지만 나는 반대할 수밖에 없었다. 왜냐하면 그 동네는 새벽 시간에 아무도 없기 때문이다. 나는 그에게 많고 많은 전도 방법들 중에 왜 하필 밤샘 전도를 하려는지 물었다. 그 청년부 대표는 자신 있게 대답했다. "저희 목사님이 하라고 해서요!"
때로는 내가 복음을 전하는 자세도 이렇지 않은가 싶었다. 전도 대상자야 듣든 말든 상관없이 그저 내가 좋아하는 방법으로 복음을 전하기! 복음 전파 방법은 전달자의 기호에 따라서가 아니라 복음을 들어야 할 사람이 누군지에 따라 결정되어야 한다. 선교사에게 선교지 언어 습득이 중요하듯이 전도자에게 복음을 듣는 사람들이 누구인지 이해하는 것은 필수적이다.
추천사를 부탁 받고 헌터의 책을 읽는 내내 마음이 불편했다. 그는 21세기의 변화무쌍한 환경에 놓인 우리에게 이런 질문을 던지고 있다. "세속화된 사람들이란 누구인가?" "그들에게는 어떻게 복음을 전해야 하는가?" 매 순간 변화하는 세속 사회로 매일 불변의 진리를 가져가는 전도 그룹 리더들에게 이 책을 권한다.

도널드 소퍼(Donald Soper) | 킹스웨이 홀 담임목사

이 책의 제목은 누구나 쉽게 알 수 있을 만큼 쉬운 말로 표현되어 있지만 내용만큼은 매우 중요하다. 이 책은 구원 문제, 특히 구원받을 수 있는 최상의 기회를 어떻게 만들 수 있는지에 관해서 다루고 있다. 주제는 기독교 복음이다. 나는 이토록 중요한 일을 함께 하는 헌터 박사의 동료로서 이 책의 서문을 쓸 수 있는 영광을 얻었다.

나는 여러분에게 이 책을 읽으라고 적극 추천한다. 그것은 적어도 그가 직면한 문제의 본질과 그가 발견한 해답을 나 자신의 경험을 통해서 입증할 수 있기 때문이다. 이 책의 연구는 상당히 포괄적이다. 내가 포괄적이라고 말하는 것은 두 가지 의미에서다. 먼저는 그가 연구를 위해 수집한 자료가 각 주제를 설명할 때마다 매우 폭넓은 관련 항목들을 다루고 있다는 의미에서고, 두 번째는 저자의 학문이 매우 포괄적이고 심층적이라는 의미에서다.

또한 그의 학문은 말 그대로 매우 탁월하다. 그는 자신이 집필하고 있는 내용에 대해서 잘 이해하고 있다. 내가 보기에 그의 판단은 매우 정확하다. 만일 진리가 증거에 대한 적절한 선택이라면 이 책은 지적 정직성으로 가득 차 있다고 말할 수 있다. 물론 그런 지적 정직성이 무엇을 주장할 때와 공개적인 전도에서 언제나 필수적인 것은 아니지만 말이다. 그리고 저자는 기독교 신앙의 효과적인 커뮤니케이션이 어떤 특징을 갖고 있는지 파악하고 설명하기 위해 '세속화된 사람들'(secular people)이라는 용어를 의도적으로 사용하고 있다.

변화하는 세계 속에서 영원한 진리가 자동적으로 전달될 수 있다고 가정하는 것은 너무나 잘못되고 안이한 생각이다. 나 역시 저자처럼 기독교 신앙은 근본적으로 상황이나 시간의 변화와 관련되어 있다고 생각한다. 현대인의 사고방식과 그들이 처한 상황의 다양성을 무시하는 것은 정치와 경제에 치명적인 것과 마찬가지로 복음 전도에도 치명적이다.

만일 사람들에게 복음을 전하고자 한다면 전도자는 자신의 입장에서 상대방이 이렇게 저렇게 되어야 한다고 생각할 것이 아니라 복음을 듣는 사람의 입장에서 그가 공감할 수 있는 방식으로 시작해야만 한다. 따라서 저자가 오늘에 살아가는 사람들을 묘사하기 위해 형용사 '세속화된'(secular)이라는 단어를 선택한 것은 매우 현명한 결정이었다. '세속화된'이라는 용어―그것의 본래 의미가 무엇이든지 간에―는 영원한 복지(福祉)가 아닌 인간사(人間事)에 열중하는 것을 의미하는 경우가 많다. 그것은 계속해서 일시적인 사건들로 마음을 채우는 것, 우리 조상들이 거의 알지 못했던 정보, 소위 이 지구에 관한 과다한 정보를 아는 것과 관련이 있다. 그것은 과학이 우리 손에 쥐어주는―그럼으로써 도덕은 현실 상황과 뒤얽히게 되었지만―증가된 힘을 포함하고 있다. '핵에너지'는 지금까지 인간의 손으로는 변화시킬 수 없었던 것을 변화시키는 우리 인간의 능력을 대변한다. 핵시대는 많은 점에서 전례 없는 사실들을 보여주고 있는데, 헌터 박사는 이런 변화된 현실에 대해서 잘 알고 있다. 때로는 이런 현실의 문제들이 우리를 주춤거리게 만들지만, 그럴수록 영원한 복음은 바로 그 문제 구조 속에서 제시되어야 한다. 이 책이 바로 그런 내용을 다루고 있다.

나는 독자들에게 이 책을 적극 추천한다. 덧붙여서, 커뮤니케이션의 지식이 요구되는 이 책에 관해서 잘 알고 있는 사람으로서 나는 헌터 박사가 쓴 이 책을 읽는 사람마다 기독교 신앙에 대해서 좀 더 잘 알게 되고, 더 나아가 그 신앙을 다른 사람에게 전하고자 할 때 이 책이 실제적인 정보의 광산이 될 것임을 감히 확신한다.

· · · · · ·

에드워드 R. 데이튼 | 월드비전 부회장

"이 책은 이 시대의 세속화된 현대인에게 복음을 전하려는 사람들에게 매우 실제적인 전략을 제시하고 있다."

· · · · · ·

원 안 | 교회성장연구소 소장

"이 책은 세상 사람들을 이해한 뒤에 복음을 전해야 한다는 점을 일깨워주는 좋은 안내서다. 교회가 복음 전도의 기회를 얻게 되었다는 사실을 말하는 것만으로는 충분하지 않다. 그 기회를 활용할 수 있는 실제적인 수단이 제시되어야 한다."

· · · · · ·

존 에드 매티슨 | 프레이저 메모리얼 연합감리교회 담임목사

"저자는 성서신학, 사회학, 마케팅 조사, 전도 대상 집단에 관한 심리학적 분석을 통해 추출한 최상의 원리들을 제시하고 있다."

켄트 R. 헌터 | 「국제교회성장」 편집장

"이 책은 세속화된 이웃과 친구들의 영적 건강에 관심을 가지고 있는 모든 그리스도 인에게 도전적인 메시지를 던지고, 자극하고, 읽고 싶은 충동을 강하게 일으키는 매우 흥미로운 책이다."

· · · · ·

케네스 L. 채핀 | 올넛 스트리트 침례교회 목사, 전 빌리그래함 전도학교 교장

"심원한 통찰을 담고 있으면서도 읽기가 쉬운 책이다. 만일 누군가 이런 주제에 관해서 가장 좋은 책 한 권만 추천해 달라고 한다면 나는 단연코 이 책을 추천할 것이다."

· · · · ·

브루스 라슨 | 수정교회 협동목사

"교회 갱신의 실마리를 담고 있는, 금세기 최고의 역작이다."

소통하는 전도

무기력한 교회로 남을 것인가, 사도적 교회가 될 것인가?

Copyright © 1992 by George G. Hunter III
Originally published in English under the title
How to Reach Secular People
by Abingdon Press.
Translated and printed by the permission of Abingdon Press,
2222 Rosa L. Parks Blvd., Nashville, TN 37228-0988 U.S.A.
All rights reserved.
Korean Edition Copyright © 2018 by Christian Literature Center, Seoul, Republic of Korea.

소통하는 전도

2018년 12월 31일 초판 발행

지은이		조지 G. 헌터 III
옮긴이		최동규
편집		변길용, 정희연
디자인		서민정, 박인미
펴낸곳		(사)기독교문서선교회
등록		제16-25호(1980.1.18)
주소		서울특별시 서초구 방배로 68
전화		02-586-8761~3(본사) 031-942-8761(영업부)
팩스		02-523-0131(본사) 031-942-8763(영업부)
이메일		clckor@gmail.com
홈페이지		www.clcbook.com

ISBN 978-89-341-1916-6 (93230)

이 도서의 국립중앙도서관 출판예정도서목록(CIP)은 서지정보유통지원시스템 홈페이지
(http://seoji.nl.go.kr)와 국가자료공동목록시스템(http://www.nl.go.kr/kolisnet)에서
이용하실 수 있습니다. (CIP제어번호: CIP2018040292)

이 한국어판 저작권은 Abingdon Press와 독점 계약한 (사)기독교문서선교회가 소유합니다.
신저작권법에 의하여 한국 내에서 보호를 받는 저작물이므로 무단 전재와 무단 복제를 금합니다.

이 책은 서울신학대학교 학술연구비 지원에 의해 제작되었습니다.

소통하는 전도

조지 G. 헌터III 지음
최동규 옮김

CLC

이 책을 오빌 넬슨(Orville Nelson) 목사님께 바칩니다.
나는 그분 밑에서
비그리스도인들에게
복음을 전해야 한다는
소명을 발견하였습니다.

그리고 또 한 분
로렌스 래쿠어(Lawrence Lacour) 박사님께 이 책을 바칩니다.
그분은 커뮤니케이션 이론이야말로
교회가 복음을 효과적으로 전할 수 있도록
돕는 학문이라는 사실을
처음으로 가르쳐 주신 분입니다.

목차

저자 서문   12

역자 서문   23

서론   서구 기독교는 어떻게 무너졌는가?   28

1장   세속화된 사람들에 관한 프로필   65

2장   세속화된 사람들에게 복음을 전하기 위한 주제와 전략   92

3장   세속화된 사람들과 소통하기   129

4장   어떤 그리스도인이 세속화된 사람들에게 복음을 전하는가?   198

5장   어떤 교회가 세속화된 사람들에게 복음을 전하는가?   253

저자 서문

서구 사회에서 '세속화된'(secular) 사람들이 점점 더 증가하고 있다. 당신은 이들에게 어떻게 기독교 신앙을 전하는가? 또한 목사와 주일 학교 교사들은 자신을 그리스도인으로 인식하는 사람들에게 매주 신앙을 가르치는 일에 점점 더 어려움을 느끼고 있다. 이런 상황에서 당신은 교회에 한 번도 발을 들여놓지 않은 사람들, 교회 배경이 전혀 없는 사람들, 전통적인 기독교 용어를 모르는 사람들, 그래서 우리 그리스도인들이 하는 말을 알아듣지 못하는 사람들에게 어떻게 기독교의 의미를 전하는가? 이 질문은 서구 세계에 속한 국가와 국민들이 또 다시 선교 현장(mission fields)으로 변했다는 사실을 깨달을 때 더 강렬하게 우리를 압박한다.

나는 지금까지 25년여 동안 이 질문에 대답하려고 애써 왔다. 내가 회심을 경험하고 목회에 대한 소명을 자각한 것은 플로리다 주 마이애미에서 고등학교 3학년 시절을 보내고 있을 때였다. 그 뒤 나는 곧바로 성경에 몰두하게 되었고 감리교 문화에 적응하게 되었으며, 얼마 지나지 않아 '목회자의 목소리'(ministerial tone)를 익히게 되었다. 1962년, 신학교에 다니고 있던 나는 여름방학을 맞아 캘리포니아 주 산타모니카에 있는 머슬 비치에서 특별한 전도를 하게 되었다. 나는 비트족(beat-nik)―1950년대 전후 미국의 풍요로운 환경에서 보수화된 기성 질서에 반발해 저항적인 문화와 기행을 추구했던 일단의 젊은 세대(역주)―만 모이는 카페, 게이 바, 창녀촌, 당구장, 보디빌딩 체육관 등에서 복음을 전하고, 해변의 판자 산책로에서 마약중독자들과, 해변에서 파도타기를 즐기는 사람들에게 전도하면서 그해 여름을 보냈다. 한 지역에서 다양한 문화를 접할 수 있다는 것은 참으로 놀라운 일이었다.

그런데 그곳에서 내가 만난 사람들에게는 한 가지 공통점이 있었다. 그들은 내가 말하는 내용에 대해서 매우 낯설게 여겼다는 것이다. 그들은 모두 세속적인 사람들이었다. 그들은 오직 이 세상의 관점에서만 삶을 영위하는 사람들이었다. 신앙 용어와 예전, 예복을 입은 성가대와 스테인드글라스, 회중석과 설교단, 찬송가와 요령(handbells) 등 나의 교회 문화는 그들에게 마치 중국이나 중세기 또는 금성에서 수입한 것인 양 낯설게 비쳐졌다.

내가 만난 이 특별한 친구들은 교회의 그 어떤 부류―그들의 영역을 침입하는―와도 친하지 않았다! 그런데 그들 중 일부는 내가 그들의 질문과 관심사를 주제로 대화를 시작하자 긍정적인 반응을 보였다. 나는 그들이 이해할 수 있는 용어를 사용하였으며, 목회자의 목소리를 버리고 '같은 지구인이 말하는 것처럼' 대화를 나눴다. 그들 중 4명이 그해 여름에 신앙을 갖게 되었는데, 8주 동안의 사역치고는 썩 좋은 성과가 아니었다. 그러나 그 경험은 그동안 내가 씨름해왔던 문제 곧 세속화된 사람들에게 어떻게 기독교 신앙을 전할 수 있는지에 관한 문제를 해결해 주었다.

이듬해 5월에 감리교 연차 총회가 열렸는데, 총회 장소에 마련된 서점을 둘러보다가 도널드 소퍼(Donald Soper)가 쓴 책 『복음의 변증』(The Advocacy of the Gospel)을 구입하게 되었다. 이 책은 소퍼가 1960년에 예일 신학대학원(Yale Divinity School)의 라이먼 비처 강좌(Lyman Beecher lectures)에서 행한 강의 내용을 담고 있었다. 그날 총회에서 (비공식적으로) 자리를 뜬 나는 총회 기간 내내 소퍼의 책을 읽었는데, 그 책을 읽고 나서야 비로소 머슬 비치에서 왜 그런 경험을 했는지 이해할 수 있게 되었다. 영국의 감리교 목사인 소퍼는 지난 30여 년간 런던에서 옥외 포럼을 개최하고 가두 연단에서 기독교 신앙에 대해 의심하거나 비난하는 세속화된 사람들을 향해 기독교 신앙을 변증해 왔다. 소퍼가 예일 강좌에서 행한 강의는 이렇게 그가 오랜 사도적 실험을 통해 얻은 통찰들이었다.

소퍼는 내가 알고 있는 사람들 중에서 세속화된 사람들에게 복음을 전하는 기술에 관심을 가진 최초의 성찰적 실천가였다. 하비 콕스(Harvey Cox)의 『세속도시』(The Secular City), 레슬리 뉴비긴(Lesslie Newbigin)의 『헬라인에게는 미련한 것이요』(Foolishness to the Greeks)와 같은 책들은 서구 사회가 어떻게 세속화되었는지, 왜 그곳이 다시 선교 현장으로 변했는지 이해하는 데 도움이 된다. 그러나 그 책들을 읽어도 구체적으로 무엇을 해야 하는지에 관해서는 여전히 알 수 없을 것이다. 왜냐하면 이론과 실천 사이의 간격은 마치 큰 협곡과 같이 넓기 때문이다. 그러나 도널드 소퍼는 사람들이 상상할 수 있는 정도의 환경에서 실천적인 도전을 감행함으로써 책에서뿐만 아니라 현장 경험을 통해서 진정한 지식을 배운 사람이었다.

프린스턴 신학교(Princeton Seminary)에서 공부하는 동안 나는 세속성

(secularity)의 발전과 형태, 도전 등을 다룬 역사가, 철학자, 사회학자들의 책을 읽었다. 내가 노스웨스튼 대학(Northwestern University)에서 철학박사 학위를 취득하기 위해 제출한 논문은, 그런 세속성이 영국에서는 어떻게 전개되었는지에 관한 내용을 다루었다. 나는 논문을 위해 여러 해 동안 수백 명의 세속화된 사람들과 기독교 회심자들을 인터뷰하였다. 또한 여러 명의 성찰적 실천가들을 연구하였으며, 많은 사람을 만나 연구에 필요한 정보를 얻었다. 그 과정에서 사도적 직무를 수행하고 경험을 성찰하는 사람과 교회가 여기저기에 많이 있다는 사실을 알게 되었다. 그러나 그 어느 누구도 서구의 세속화된 사람들을 향해 전개되는 효과적인 사도적 사역들을 하나로 모아 체계화하는 작업을 하지 않았다.

나는 빌리 그래함 전도대학원(Billy Graham Schools of Evangelism)에서 이 주제에 관해 강연한 적이 있으며, 남감리교 대학의 퍼킨스 신학대학원(Perkins School of Theology of Southern Methodist University), 애즈베리 신학교(Asbury Theological Seminary), 와인브레너 신학교(Winebrenner Theological Seminary)와 남나사렛 대학(Southern Nazarene University)에서는 강의 방식으로 이 주제를 다루었다. 1989년 11월, 풀러 신학교의 세계선교대학원(Fuller Theological Seminary's School of World Mission)에서 개최한 연례 교회 성장 강좌(Church Growth Lectureship)에서는 '현대인을 향한 기독교 복음 전도'(Communicating Christianity to Secular People)라는 제목으로 네 차례 강의하기도 하였다. 나의 이런 연구와 강의는 세 분의 성찰적 실천가들이 제공해준 귀중한 정보가 있었기에 가능했다. 도널드 소퍼, 로버트 슐러(Robert Schuller), 사무엘 슈메이커(Samuel Shoemaker)가 바로 그들이다.

도널드 소퍼는 지금도 옥외 집회를 열고 런던의 세속화된 사람들을 향해 가두 연단 전도를 계속하고 있다. 이렇게 포럼을 활용하는 그의 선교 방식은 예비 전도와 변증의 성격을 띠고 있다. 그는 기독교 신앙을 단지 누군가의 영혼과 가족만을 구원하는 것으로 설명하지 않고 그 사람의 "삶 전체에 대한 구속적 접근"으로 설명하며, 동시에 그것은 지적으로 고려해 볼만한 가치가 있는 좋은 소식(good news)이라고 말한다.

그의 집회는 세속화된 사람들이 — '비난하는 사람들'을 포함하여 — 던지는 질문에 대답하거나 이의를 제기하는 사람에게 응답하는 형식을 취했다. 소퍼는 일반적으로 한 옥외 집회에서 약 50개의 질문과 도전에 응답하였는데, 이런 기준에서 보면 그동안 그는 수만 개의 질문과 도전에 반응한 셈이다. 한번은 소퍼 경(卿)이 이렇게 말한 적이 있다. "나는 사람들이 질문할 때 마치 정답을 알고 있는 것처럼 가장하지 않습니다. 하지만 적어도 그들의 공통된 질문이 무엇인지는 알고 있습니다!"

소퍼는 20세기에 알려진 다른 어떤 유명한 그리스도인보다도 세속화된 사람들의 사정과 심정을 좀 더 많이 이해하는 사람이라고 볼 수 있다. 수년 동안 그는 사람들로부터 받은 질문들을 분류하고 그것을 '타워 힐'(Tower Hill) 시리즈에 수록하고 출판하였는데, 그는 그 시리즈에 매우 유익한 답변들도 함께 제시해 놓았다. 그와 행한 인터뷰를 통해서 나는 세속화된 사람들에게 어떻게 복음을 전해야 하는지에 관해 많은 통찰을 얻을 수 있었다.

미국 개혁교회 목사인 로버트 슐러는 많은 점에서 도널드 소퍼와 대조적이다. 하지만 세속화된 사람들에게 효과적으로 복음을 전하는 일에 깊은 관심을 가지고 있었다는 점에서는 두 사람이 공통적이다.

슐러는 가든 그로브 공동체 교회(Garden Grove Community Church)―나중에 수정 교회(Crystal Cathedral)로 이름이 바뀌었다―를 개척했는데, 이 교회는 교회에 나가지 않는 비신자들(unchurched people)에게 복음을 전하는 전도관(mission)으로 시작되었다. 그는 자신이 전도할 지역에서 수많은 비신자들을 만나 인터뷰한 뒤 첫 예배와 프로그램을 기획하였다. 그 뒤 슐러의 교회는 단계적으로 빠르게 성장하고 발전했는데, 그런 성장과 발전은 모두 전도 대상자인 비신자 주민들로부터 얻은 조사 자료와 정보에 의해 가능했다.

그는 현재 '능력의 시간'(Hour of Power)이라는 TV 프로그램과 『불가능은 없다』(Possibility Thinking)라는 저서를 통해 전 세계 수많은 사람들에게 복음을 전하고 있다. 그의 말을 들어 보자. "나는 지금까지 30년간 목회하면서 오직 불신자 전도에 전념해 왔습니다. 내 소명은 세속화된 사람들 곧 하나님을 믿을 준비가 되지 않은 사람들에게 영적인 현실을 알려주는 것입니다. 그래서 하나님에 관한 이야기에 귀를 기울이지 않는 사람들과 대화하려고 다각적으로 노력해 왔습니다." 수년간 슐러와 그의 동역자들은 가든 그로브 교회의 연례 목회자 컨퍼런스에서 자신들이 깨닫고 발견한 원리들을 나누었으며, 그 내용은 최근에 『당신의 교회에는 엄청난 미래가 있다』(Your Church Has a Fantastic Future)는 책으로 출판되었다. 슐러와 행한 인터뷰 역시 내게 매우 귀중한 통찰을 주었다.

고(故) 사무엘 슈메이커는 미국 성공회를 이끌었던 지도자 중의 한 사람으로서 매우 복음적인 목회자였다. 그는 뉴욕과 피츠버그에서 교회를 개척하고 목회하였으며, 이 두 도시에서 비신자들을 위한 여러 가지 전도 운동을 벌였다. 그는 '일터 신앙'(Faith At Work)의 설립자일 뿐만 아니라 '알코올 중독자 갱생회'(Alcoholics Anonymous)와 그에 따른 부수적인 프로그램에 영향을 끼친, 마치 영적인 아버지와도 같은 사람이었다. 그는 또한 알코올 중독 치료를 위한 '12단계'(Twelve Steps)를 체계화하였는데, 이것은 갱생회의 지원을 받는 사람들이 하나님의 능력을 발견하고 자기를 통제하지 못하는 문제를 해결할 수 있도록 도와주는 프로그램이었다.

슈메이커는 그리스도인들이 말하는 내용이 무엇인지 모르는 사람들을 이해하고 그들에게 복음을 전하는 일에 일생을 바쳤다. 그는 사역하는 동안 평균적으로 하루에 두 번 비신자들을 만나 대화하는 시간을 가졌으며, 그들에게 다가가 복음을 전할 수 있는 전도 방법, 지속적으로 사용할 수 있는 전도 방법을 연구하였다. 비록 그와 친분이 없고 만난 적도 없었지만 나는 그의 방대한 자료에서 심원한 통찰을 발견할 수 있었으며, 그 자료들은 나의 연구에 큰 도움이 되었다. 특히 '나는 문 곁에 서 있네'(I Stand by the Door)라는 그의 시(詩)는 나의 연구가 지향해야 할 바를 분명하게 보여 주었다.

고(故) 도널드 맥가브란(Donald McGavran)은 나의 통찰을 확장하고 다른 성찰적 실천가들의 의견을 가미함으로써 풀러 신학교에서 행한 강의를 책으로 출판하도록 격려해 주신 분이다. 그는 수집할 가치가 있는 현장 이야기들의 중요성을 잘 알고 있었다. 우선적으로 나는 진취적인 20세기 복음주의의 두 거장이 쓴 책들과 그들과의 인터뷰에서 얻은 통찰을 본서에 적용하였다. 캐넌 브라이언 그린(Canon Bryan Green)은 성공회의 유명한 전도자로서 도시인의 복음화에 관심을 가지고 있는 사람이다. 『전도의 실제』(The Practice of Evangelism)의 저자인 그는 영국 버밍햄의 은퇴 신부로서 넓은 독자층을 확보한 칼럼니스트이

기도 하였다. 앨런 워커(Alan Walker)는 호주 시드니에 위치한 감리교 중앙 선교회의 감독과, 세계 감리교 협의회의 전도 책임자로 사역하였다. 그는 실제로 서구의 모든 나라, 그리고 알바니아와 북한을 제외한 모든 공산국가를 다니며 전도하고 그곳에서 훈련 프로그램을 진행하였다. 그의 폭넓은 사역 경험 역시 이 책을 집필하는 데 큰 도움이 되었다.

그밖에 내 연구에 도움을 준 사람들의 명단에 일곱 명의 미국인 복음 전도자들이 추가되어야 한다. 도널드 모건(Donald Morgan)은 세속화된 사람들에게 사도와 같은 마음으로 복음을 전한 사람인데, 그의 사역은 뉴잉글랜드에서 가장 오랜 역사를 지니고 있는 회중교회들이 변화하는 데 큰 도움이 되었다. 짐 하니쉬(Jim Harnish)는 올랜도의 디즈니월드 지역에 연합 감리교회를 개척하고 그곳 주민들에게 복음을 전해 교회를 크게 성장시켰다. 브루스 라슨(Bruce Larson)은 사도적 평신도를 육성하여 교회 갱신 운동을 이끈 사람이다. 그는 수정 교회의 슐러와 동역하기 전에 시애틀에 있는 대학 장로교회에서 자신의 이론을 적용하여 교회를 크게 부흥시켰다. 케네스 채핀(Kenneth Chafin)은 남침례교회의 전도 책임자와 빌리그래함 전도학교의 교장으로 사역하였다. 그는 두 신학교에서 가르쳤으며 휴스턴과 루이빌 시내에 있는 여러 교회에서 목회하였는데, 특히 교회가 낯선 사람들을 대상으로 한 그의 사역은 매우 선구적이었다. 1980년, 릭 워렌(Rick Warren)은 캘리포니아 주 오렌지카운티에 새들백 밸리 커뮤니티 교회를 개척하고 비신자들에게 복음을 전하였다. 현재 이 교회의 평균 출석 인원은 4,500명에 이르며 개척한 지교회가 15개에 달한다. 빌 하이벨스(Bill Hybels) 역시 1975년에 대도시 시카고의 북서부 지역에서 세속화된 사람들에게 복음을 전하기 위해 비슷한 시도를 하였다. 현재 그가 개척한 윌로우크릭 커뮤니티 교회의 주말 구도자 예배(seekers services)에는 평균 14,000명 이상이 참석하고 있으며, 해마다 약 1,000명씩 증가하고 있다. 나는 빌 하이벨스와 인터뷰하고, 그의 책들을 읽고, 많은 그의 테이프를 들었다. 뿐만 아니라 리 스트로벨(Lee Strobel)과도 인터뷰하였는데, 윌로우크릭 교회의 회심자 중 한 사람인 그는 현재 하이벨스의 동역자로서 종종 그를 대신해 강단에 서기도 한다.

나는 이 책을 저술하는 데 직간접적으로 도움을 준 모든 분에게 감사한다. 그러나 내가 선택한 성찰적 실천가들이 모두 초교파적이고 국제적인 인물임에도 불구하고 그들이 모두 백인이고, 남자이며, 영어를 말하는 목회자들이라는 점에서 약간 당황스럽기도 하다. 물론 어떤 이들은 윌리엄 템플(William Temple), 스탠리 존스(E. Stanley Jones), 월래스 해밀턴(J. Wallace Hamilton), 노먼 빈센트 필(Norman Vincent Peale), 레슬리 웨더헤드(Leslie Weatherhead)와 같은 설교자들에게서 배울 수도 있을 것이다. 유지니아 프라이스(Eugenia Price), 도로시 세이어즈(Dorothy Sayers), 레베카 피퍼트(Rebecca Pippert)와 같은 여성들에게서 배울 수도 있고, 체스터톤(G. K. Chesterton), 루이스(C. S. Lewis)와 같은 평신도들에게서 배울 수도 있고, 마틴 루터 킹(Martin Luther King, Jr)과 같은 유색인종 지도자들에게서 배울 수도 있을 것이다—나는 각 인종 또는 민족의 역사와 도전은 그 자체로서 충분히 연구할만한 가치가 있다고 생각한다. 하지만 현대에 일어나는 모든 사도적 사역의 이야기를 수집하는 일은 성찰적 실천가들과 교회들이 여러 가지 유럽 언어로 충분히 연구할 때까지 쉽게 이루어지지 않을 수도 있다.

특별히 내가 신학교에서 처음 강의할 때부터 진심어린 조언을 아끼지 않았던 동료들, 윈 안(Win Arn), 에디 깁스(Eddie Gibbs), 피터 와그너(Peter Wagner), 허브 밀러(Herb Miller)에게 감사를 표한다. 또 애즈베리 신학교 세계선교와 전도 대학원(School of World Mission and Evangelism)의 동료들인 론 크랜달(Ron Crandall), 에버렛 헌트(Everett Hunt), 대럴 화이트맨(Darrell Whiteman), 매트 자니저(Matt Zahniser), 팻 리치먼드(Pat Richmond)에게도 감사한다. 우리는 모두 같은 비전을 공유하고 있으며, 이 비전은 지금도 계속해서 확산되고 있다.

나는 서구의 세속화된 사람들을 대상으로 효과적으로 사도적 사역을 할 수 있는 방법에 관해 지금까지 알려진 것을 모아 체계화하려고 이 책을 집필하였다. 서론에서는 서구의 여러 나라에서 기독교 세계에 도전하고 있는 세속화 과정(secularization process)의 역사를 요약하였다. 1장은 세속화가 양산한 세속화된 사람들(secular people)의 프로필이 무엇인지, 다시 말해서 그들이 어떤 특징을 지니고 있는지를 설명하고, 2장은 그 세속화된 사람들에게 복음을 전하는 것과 관련하여 이미 알려진 몇 가지 주제와 전략을 설명한다. 가장 어려운 장(章)이지만 분명히 여행할만한 가치가 있는 3장은 전도자와 교회가 세속화된 사람들에게 좀 더 효과적으로 복음을 전할 수 있도록 돕는 커뮤니케이션의 원리와 모델들을 제시한다. 4장과 5장은 세속화된 사람들을 정확하게 파악한 뒤 그들이 기독교 신앙에 이르는 길을 발견할 수 있도록 돕는 그리스도인과 교회의 특징을 소개한다. 이 두 장에 설명된 그리스도인과 교회의 특성들은 누구나 반복할 수 있고 모방할 수 있다. 우리와 우리의 교회들은 얼마든지 그들처럼 될 수 있다!

솔직히 말해서 이 책은 서구 세계에서 어떻게 효과적으로 선교할 수 있는지에 관한 내용 중 단지 일부분만 다루고 있다. 하지만 이런 사실과는 상관없이 이 책이 복음 전도자들, 교회들, 회심자들에게서 얻은 풍부한 통찰을 통해서 교회마다 많은 새 그리스도인을 얻고 그들을 신앙으로 이끌어 마침내 교회가 속한 지역 사회 안에서 요원의 불길처럼 복음을 확산하도록 도울 수 있을 것으로 확신한다.

역자 서문

먼저 저자인 헌터 박사의 경험 하나를 이야기하는 것으로부터 시작하자. 1962년 여름, 당시에 신학생이었던 그는 약 두 달 동안 캘리포니아 주 베니스에 있는 해변 머슬 비치(Muscle Beach)에서 복음을 전하는 사역을 하였다. 그곳에는 파도타기를 즐기는 사람, 비트족, 보디빌딩을 하는 사람 등 다양한 사람들이 모여 있었다. 평소에 전도에 자신이 있었지만, 그는 그곳에서 충격적인 경험을 하였다. 해변에서 만난 사람들이 그를 외계인처럼 취급했던 것이다. 사람들은 그가 사용한 전통적인 기독교의 언어에 낯설어하거나 당황스러워하였다. 그는 자신의 경험이 마치 물고기가 물 밖으로 나왔을 때와 비슷하다고 말했다. 결과적으로 그의 메시지는 그들에게 아무런 의미를 주지 못했다. 젊은 날의 이 경험은 헌터 박사가 평생 세속화된 사람들에게 복음을 전하는 일에 관심을 가지고 연구하는 계기가 되었으며, 그 결과 그는 오늘날 이 분야에서 최고의 권위자가 되었다.

전체적으로 이 책은 전도에 초점을 두고 있다. 하지만 이 책은 전도에 관한 기술(skill)을 넘어 목회와 신자들의 교회 생활을 새롭게 바꿀 것을 요구하고 있다. 한마디로 오늘의 시대에 맞는 목회의 패러다임 시프트(paradigm shift)가 필요하다는 뜻이다. 과거에는 전통적인 사고방식과 문화에 맞는 사역 패러다임이 사용되었지만, 오늘날에는 변화된 문화에 맞는 새로운 패러다임이 필요하다. 그런 차원에서 이 책은 시각 교정을 강하게 주장하고 있다.

이 책은 주로 두 가지 관점을 다루고 있다. 첫째는 본질에 관한 것이다. 이 책은 표면적으로 전도의 문제를 다루고 있지만, 궁극적으로는 교회가 본질적으로 감당해야 할 사명이 무엇인지를 다루고 있다. 오늘날 목회 영역에서 가장 시급하고 근본적인 것은 교회론이라고 할 수 있다. 헌터 박사는 오늘의 교회를 전통 교회(the traditional church)와 사도적 교회(the apostolic church)로 구분하고 있다. 그는 전통 교회가 교회의 본질적 측면을 상당히 상실하고 있다고 진단하면서 이에 대한 대안으로서 사도적 교회를 제시한다. 사도적 교회란 참된 교회의 표지인 사도성에 근거하여 일차적인 사명을 전도와 선교에 두는 역동적인 교회를 뜻한다. 그러나 전통 교회는 이런 사도성을 상실하였다. 이 교회는 아직 복음을 접하지 않은 사람들 또는 구원 받지 못한 사람들에게 복음을 전하는 일에 관심이 있지 않고 오직 교회라는 종교 체제에서 오는 혜택과 안정된 삶을 그대로 유지하는 데 관심이 있을 뿐이다. 헌터의 논점은 바로 그 잃어버린 사도성을 회복하자는 것이다.

둘째는 방법론에 관한 것이다. 이 책은 잃어버린 사도성을 회복하고 전통 교회의 문제점에서 벗어나 사도적 교회로 회복되기 위해서 어떻게 해야 되는지를 다루고 있다. 이는 문화, 커뮤니케이션의 문제와 상관이 있다. 이에 대하여 헌터는, 예수 그리스도를 통해 우리에게 계시된 복음의 내용은 절대로 변할 수 없지만 그 복음을 전달하는 형식은 시대와 문화에 맞게 변화되어야 한다고 생각한다. 이런 점에서 오늘의 교회는 이 시대에 그리스도인들이 직면하고 있는 삶의 정황을 예리하게 분석하고 파악해야 한다. 한마디로 그 시대의 문화를 이해하지 않고서는 전도와 선교에 대해서 절대로 말할 수 없다는 것이다.

헌터는 이를 해명하기 위해 종교사회학의 중요한 주제 중 하나인 세속화(secularization) 또는 세속성(secularity)의 이슈를 다룬다. 그는 본서를 통해서 이성 중심의 모더니티(modernity) 이후에 나타난 포스트모더니티(postmodernity), 그리고 그런 사조를 띠고 있는 현대 사회와 인간의 특징을 잘 설명하고 있다. 다시 말해서 현대의 세속화가 어떻게 이루어졌고, 그 세속화의 결실로 나타난 세속화된 사람들은 어떤 특징을 가지고 있는지를 깊이 있게 다루고 있다.

그러나 단순히 문화만 이해한다고 해서 모든 문제가 해결되는 것은 아니다. 어떻게 복음을 전할 것인지, 소위 방법론이 따라 주어야 한다. 헌터는 이를 위해 아리스토텔레스 이래로 발전해온 커뮤니케이션 이론을 설명하면서 오늘의 교회와 전도자들이, 말하는 이(話者) 중심, 설교자 중심, 교회 중심에서 전도 대상자, 듣는 이, 문화를 무시하지 않는 쌍방향 커뮤니케이션으로 관점을 전환해야 한다고 주장한다. 역자가 본 역서의 제목을 '소통하는 전도'로 정한 까닭도 여기에 있다. 소통하는 전도를 위해서는 무엇보다도 복음 전도자가 역지사지(易地思之)의 정신을 가져야 한다는 뜻이다.

헌터 박사의 책은 매우 폭넓은 지식과 경험을 담고 있다. 그러나 그렇다고 해서 오늘날 흔히 이기적인 양적 교회 성장을 추구하는 책이나 세미나가 제시하는 것처럼 단순히 방법론적 기술만을 나열하고 있지 않다. 또한 지나치게 현장 중심적이어서 학문성을 결여하고 있는 것도 아니다. 그의 지식은 매우 깊고 무게가 있다. 그리고 그의 지식은 어느 한 가지 분야에 제한되지 않는다. 그는 전도에 관한 내용을 다루면서도 다른 실천신학 분야들과 여러 관련 학문들, 이를테면 교회성장학, 교회행정학, 커뮤니케이션과 해석학, 문화 이론, 종교 사회학 등 다양한 분야의 지식을 폭넓게 활용하고 있다.

그러나 이 책이 가진 한계도 분명히 있을 것이다. 예를 들어 본서는 지나치게 문화적 접근에 초점을 맞추느라 신학과 신앙인이 고유하게 추구해야 할 내면의 문제 곧 전도와 선교의 전선으로 나갈 사명자들이 반드시 갖추어야 할 지식과 능력에 대해서는 충분히 말하고 있지 않다. 그러나 동전의 양면처럼 어느 한 쪽에 강점이 있으면 다른 쪽에는 약점을 노출할 수밖에 없을 것이다. 어쩌면 한 권의 책에 모든 것을 담으려고 하다가 이도저도 아닌 결과를 야기할 수도 있다. 따라서 이 책이 다루지 않은 내용은 다른 책을 통해서 보완 또는 보충하는 것이 좋을 것이다.

한 가지 이 책의 가치에 대해서 독자들에게 한 가지 말해 둘 것이 있다. 헌터 박사는 지금까지 많은 책을 썼는데, 그 책들은 대부분 어빙돈 출판사(Abingdon)에서 출판되었다. 그런데 그중에서도 본서는 1992년에 어빙돈 출판사의 전문서적 가운데 베스트셀러로 선정된 책이다. 헌터 박사는 학자이면서도 매우 부드럽고 재치 있게 글을 쓰는 능력을 가지고 있다. 그의 해박한 지식과 필력은 문장마다 넘쳐나는 정제되고 창의적인 단어들을 통해서도 입증된다. 따라서 그의 글은 부드럽고 읽기가 쉽지만 막상 번역하려고 하면 적절한 한국어를 찾기 어려운 특징을 보인다. 눈치 빠른 독자라면 마지막에 이런 변명 아닌 변명을 슬쩍 끼워 넣음으로써 역자의 부족한 번역 실력을 감춰보려고 한다는 것을 눈치챘을지도 모르겠다.

오늘날 한국 사회에도 본서가 설명하고 있는 세속화된 사람들이 넘쳐나고 있다. 하지만 교단이나 지역 교회의 전도는 마치 늪에 빠진 것처럼 방향성 없이 답보 상태에 머물러 있다. 여전히 전철 안에서는 '예수 천당 불신 지옥'을 외치는 사람들을 볼 수 있고, 길거리에서는 무슨 판촉물을 나눠주듯이 불특정 다수를 향해 무작위로 전도지를 나눠주는 사람들을 만날 수 있다. 지역 교회들은 봄과 가을마다 총동원 전도 또는 그와 비슷한 전도 프로그램들을 마련하고 신자들에게 불신자들을 데려오라고 다그치지만 열매는 별로 없는 실정이다. 그들은 전도자들을 향한 불신자들의 싸늘한 시선을 느끼지 못하는가? 기독교와 복음 전도자들에 대해서 냉소적인 태도를 보이는 불신자들이 왜 그런 생각을 하고, 왜 그런 태도를 보이는지 한 번이라도 진지하게 생각해 보았는가?

이런 한국 교회의 상황에서 본 역서가 문제를 해결하고 새로운 돌파구를 마련하는 데 도움이 될 수 있기를 기대한다. 또한 많은 목회자와 평신도들이 지금까지 우리가 사용해 온 전도 방법에 무슨 문제가 있으며, 세속화된 현대인들에게 효과적으로 복음을 전하기 위해서는 우리 그리스도인들과 교회가 어떻게 변화되어야 하는지를 진지하게 성찰하는 데 본 역서가 조금이나마 도움이 될 수 있기를 바란다.

2018년 11월
백주년기념관 연구실에서
최동규

서론

서구 기독교는 어떻게 무너졌는가?

　지금으로부터 500년 전 제프리는 잉글랜드 북동부 요크셔 지역의 비벌리에서 살았는데, 그곳은 장이 열리는 조그만 마을이었다. 키가 큰 제프리는 가구 제작업자인 동시에 양치기였고, 한 아내의 남편이자 다섯 딸과 두 아들의 아버지이기도 하였다. 그는 가구를 설계하는 일을 좋아하였으며, 가구를 만들 때마다 창조주 하나님이 자기 곁에 계시는 것처럼 느꼈다. 또한 그는 마을 밖의 공동 목초지에서 풀을 뜯는 양들을 돌보는 일을 좋아하였다. 그는 양들을 돌보면서 자연의 리듬과 하나님의 자연 계시를 느끼곤 하였다. 그리고 양들의 이름을 모두 기억할 정도로 애정을 가지고 양들을 돌보았던 그는 자신의 역할을 보면서 종종 자기 목숨을 다 바칠 정도로 인간을 사랑하신 선한 목자 예수에 대해 생각하곤 하였다.
　그런데 세월이 흐르면서 2천 명의 인구가 살고 있는 시장 마을에 변화가 일어났다. 직조공들은 수력을 이용하기 위해 개울 근처의 시골 마을로 옮겨 갔으며, 많은 가정이 화재의 위험을 줄이기 위해 진흙과 목재로 만든 지붕을 붉은 기와로 바꾸었다. 성당과 교구 교회들은 프레스코 벽화—갓 바른 회벽 위에 수채로 그린 벽화(역주)—를 스테인드글라스 창문으로 교체하였다.

이런 변화의 시대에 제프리는 교회가 타락했다는 소문을 들었다. 심지어 프란체스코 수도회의 수사들이 호사스럽게 살고 있다는 소문을 듣기도 하였다. 하지만 제프리는 자기가 들은 말이 그저 소문일 뿐이라고 생각하였다. 비벌리 대성당의 사제는 여전히 마을 사람들을 사랑하고 있었으며, 세례, 결혼, 임종, 장례, 고해, 미사 때 보여주는 그의 헌신적인 자세는 하나님의 선하심을 간접적으로 보여주는 것이었다. 결코 탁월한 설교가는 아니었지만 그 사제는 마을에서 매우 특별한 존재였다. 그는 지혜롭게도 한 달에 한 번씩 도미니크회의 탁발 수도사를 초청하여 마을 사람들에게 성경과 교회사에 나오는 재미있는 이야기들을 들려주게 하였다.

아름다운 고딕 양식의 건축술을 보여주는 비벌리 대성당은 다른 건물들보다 월등히 높이 솟아 있었고 마을에서 이루어지는 모든 사회 생활의 배경이 되었다. 성당의 각종 활동은 사람들이 중세 기독교 시대의 모습을 느낄 수 있게 해 주었다. 성당의 성직자들은 신자들에게 살아가면서 반드시 치러야 할 종교 의식을 가르치고 집례하여 주었다. 어린아이들은 이런 내용을 교리 문답을 통해서 교육받았다. 예언자들, 사도들, 성인들, 순교자들의 모습이 연속적으로 새겨져 있는 대성당의 스테인드글라스는 사람들에게 그 옛날 도미니크회 수도사가 들려준 이야기들을 떠올리게 하였다. 실제로 부모들은 가족이 함께 성당을 방문할 때마다 자식들에게 그 이야기들을 똑같이 들려주었다. 그 이야기를 들은 자식들 역시 훗날 자기 자식들에게 그 이야기들을 들려줄 것이다.

500년 전에 살았던 사람들 대부분이 그런 것처럼 제프리 역시 글을 모르는 사람이었지만 마음만큼은 기독교에 깊이 젖어 있었다. 그는 예수의 말씀과 가르침, 교회에서 배우는 교리, 성경과 기독교 전통에 나오는 수많은 이야기를 모두 암기하고 있었다. 사회 역사가인 트리벨리언(G. M. Trevelyan)에 따르면 "종교와 종교적인 언어가 그 시대 사람들의 삶을 지배하고 있었다."[1] 더욱이 제프리와 동시대 사람들은 유행병, 기아, 전염병, 흑사병을 경험하였기 때문에 늘 죽음에 대해 생각하고 두려워하였다. 당시 사람들의 평균 수명이 35세였는데, 제프리의 나이는 이미 35세를 넘었다. 또한 그 시대 사람들의 머리에는 여전히 프톨레미(Ptolemy)의 우주 지도가 들어 있었다. 그들은, 우주는 삼층 구조—천국, 지옥, 그리고 그 사이에 끼어 있는 마법에 걸린 땅 또는 천사와 악마가 찾아오는 자연의 극장—로 이루어져 있다고 믿었다. 이런 시대 상황 속에서 제프리는 성실하게 살았으며, 종종 자식들과 함께 인생과 미래에 대해 진지한 대화를 나누기도 하였다. 그는 자식들에게 성직자의 삶을 선택하는 게 어떠냐고 권하기도 하였다. 그 결과 그의 두 딸은 수녀가 되었고 아들 하나는 많은 사람의 박수갈채를 받는 도미니크회의 이야기 설교자가 되었다.

· · · · ·

---

[1] G. M. Trevelyan, *English Social History* (New York: Longman Inc., 1978), 42.

그때로부터 500년이 지난 오늘날, 제프리의 20대 직계손인 시드니는 인구가 200만 명쯤 되는 애리조나 주의 대도시 피닉스에 살고 있다. 그는 그의 조상 제프리와 여러 가지 면에서 닮았다. 그는 키가 크고, 동물을 좋아하며, 야외 활동을 즐기는 편이다. 또한 그는 훌륭한 가구를 알아볼 수 있는 안목을 가지고 있으며, 가구점을 운영하고 있기도 하다.

그러나 시드니의 정체성과 그가 사는 세상, 삶의 경험은 제프리가 살던 시대와 비교할 때 전혀 달랐다. 시드니는 실내 온도가 자동으로 조절되는 아파트에 살고 있고, 무선 전화기, 자동 응답기, 전자레인지, 가정용 운동 기구, 레이저 프린터와 연결된 개인용 컴퓨터, 리모컨으로 작동되는 비디오 겸용 TV 등을 사용하고 있다. 그는 이혼한 뒤 혼자 살고 있지만 종종 장성한 아들, 딸과 전화로 통화한다. 그는 재혼을 생각하고 있는데, 그 생각은 최근에 여자 친구가 자신의 아이를 가졌다는 사실을 알고 난 뒤에 더 분명해졌다.

500년 전 문맹자였던 제프리와는 달리 시드니는 글을 읽을 수 있을 뿐만 아니라 심지어 대학 졸업자이기도 하다. 그러나 그는 제프리가 경험했던 것과 같은 삶 곧 인생과 세계를 깊고 의미 있게 생각하는 삶에 관해 아는 바가 없다. 시드니의 내면세계는 남성용 잡지, 통속적인 소설, TV 오락 프로그램, 시트콤, 드라마, 삼류 영화, 대체용 친구(synthetic friends)—참된 우정이 아닌 유희 등 일정한 목적을 두고 사귀는 친구(역주)—등과 같이 내면의 건강을 해치는 표피적 삶의 요소들에 의해 마비되어 있었다.

그는 TV 복음 전도자에 관한 부정적인 이미지 외에는 기독교에 관해 아는 바가 전혀 없다. 그는 사복음서의 명칭이 무엇인지 모르고 주기도문을 암송할 줄도 모른다. 아니, 어쩌면 주기도문이라는 것이 있는지조차 모를 것이다. 그는 죽음을 두려워하지 않는다. 그는 갑작스러운 죽음이 젊은 자기에게는 결코 일어나지 않을 것이라는 망상 속에 살아가고 있다. 그 결과 그의 친구 중에 프루덴셜 생명보험 설계사로 일하는 사람이 있는데, 그는 시드니와 자주 골프를 함께 할 만큼 친한데도 불구하고 그에게 단 하나의 보험도 팔지 못했다. 시드니는 종교 또는 교회에 관해서 자주 생각하지는 않지만, 그런 것들에 관해 생각할 때마다 성직자들이 제3의 성(性)을 대표한다는 식의 어떤 막연한 의심을 떠올리곤 했다.

시드니는 기독교적인 배경이나 기억, 용어에 대해서 전혀 아는 바가 없다. 오히려 그는 미신적인 편이다. 그래서 골프가 잘 안 되는 날에는 운이 없어서 그렇다고 생각한다. 만약 누군가가 시드니에게 기독교를 권한다면, 그는 무신론자(無神論者)처럼 "나는 당신이 믿는 하나님을 믿지 않습니다."라고 말하거나 불가지론자(不可知論者)처럼 "당신이 믿는 하나님을 내가 믿고 있는지 아닌지 잘 모르겠습니다."라고 말하지 않을 것이다. 오히려 그는 "나는 당신이 무엇에 대해서 말하는지 모르겠습니다."라고 말할 것이다. 결국 시드니는 무지론자(無知論者)인 셈이다. 그러나 그는 다음과 같은 말을 덧붙일 것이다. "종교는 저마다 어느 정도 진리를 가지고 있는 게 분명합니다. 그렇지 않다면 그렇게 많은 종교가 생겨날 리가 없겠지요."

・・・・・

제프리는 소위 '기독교 사회'(Christian Society)로 불리는 환경에서 살았다. 그 시대에 살았던 대부분의 서구인들은 기독교를 믿었고, 교회에 소속되었으며, 교회의 각종 예식과 가르침에 따라 삶을 영위해 나갔다. 역사가들은 그 시기를 '기독교 세계'(Christendom)로 부르기도 한다. 기독교 세계는 주후 4세기 곧 교회가 타락한 로마 제국을 다시 살려낸 때에 시작되었다. 그 당시 교회는 하나님의 영광을 위한다는 명분을 가지고 "기독교 문명을 창조하고, 성경의 가르침에 입각한 법률을 제정하고, 왕과 황제들이 기독교 신자로서 의무를 다하도록 하였다."[2] 삶의 각 영역이 지향하는 목적을 교회가 규정하였다. 행정, 교육, 미술, 건축, 문학, 음악, 개인의 도덕, 지역 사회 생활, 경제 등 모든 것이 기독교의 드럼 소리에 맞춰 진행되었다. 교회가 서구 문명의 근원과 중심이 되어 서구인들의 삶, 사고, 행위를 포함한 모든 영역에 영향을 미치게 된 것이다.

때때로 교회의 영향은 거의 독점 수준에 가까웠다. 그 당시에는 소수만이 교육을 받을 수 있었는데, 그 교육을 주로 교회가 담당하였다. 미술과 음악은 기독교 신앙을 표현하는 도구에 불과하였다. 심지어 교회는 넓은 토지를 보유한 힘 있는 기관이었다.[3] 시기에 따라 차이는 있었지만, 교회는 자신의 영역을 확장해 나가면서 서구 문화에 깊숙이 파고들었으며, 이런 현상은 9세기 내지 10세기에 걸쳐 계속되었다. 이런 과정을 통해 서구에서는 교회 중심의 문화적 환경이 형성되었다. 아마도 그런 상황에서 서구인들은 모두 자신을 '그리스도인'으로 생

---

[2] Lesslie Newbigin, *Foolishness to the Greek: The Gospel and Western Culture* (Grand Rapids: Eerdmans, 1986), 129.

[3] 기독교 세계가 절정에 달했을 때 교회는 프랑스와 독일의 1/3, 영국의 1/4, 그리고 유럽의 다른 많은 지역을 지배하였다.

각하고 있었을 것이다.

그러나 그 후 서구는 근본적으로 무너지기 시작하였다. 시드니는 오늘날 그렇게 무너진 서구 사회에서 살아가는 한 전형적인 인물인 셈이다. 교회 출석률이라는 단순한 지표로도 알 수 있듯이, 한때 기독교 국가였던 나라들을 이제 더는 기독교 국가라고 말하기 어려운 상태가 되었다. 서독과 이탈리아의 주일 평균 교회출석률은 6%로 떨어졌고, 스칸디나비아 국가들의 경우는 1%에서 3% 사이, 영국의 경우는 12%로 떨어졌다. 캐나다에서는 주일 평균 교회 출석률이 40년 전에 비해 절반 이하로 떨어졌으며, 호주에서는 25년 전에 비해 절반 이하로 떨어졌다.

기독교의 영향력은 심지어 미국에서조차 줄어들고 있다. 연구 조사에 의하면 미국인 중에서 비교적 꾸준하게 교회에 출석하고 있는 사람들이 약 40%에 이르지만, 사실 이 통계는 애매한 측면이 있다. 왜냐하면 교회에 출석하는 미국인들 중 많은 사람이 진정한 기독교와는 거리가 먼 신앙 관념을 가지고 있기 때문이다. 그들의 신앙은 기독교의 옷만 입고 있을 뿐이지 사실상은 미국의 시민 종교(civil religion)에 가깝다. 일부 교회들은 애국주의, 도덕주의, (유물론과 완벽한 '최고'의 추구와 같은) 문화적 가치를 임의로 선택한 성경 구절 및 유명 인사들의 말과 뒤섞어 놓은 것을 기독교의 진리인 양 신자들에게 가르치고 있다. 그 혼합물이 진정한 기독교와는 거리가 멀고 사람들의 영혼을 병들게 하는 것인데도 그것이 당장 사람들의 입맛에 맞기 때문에 교회 출석률이 상승하는 것이다.

따라서 오늘날 서구 교회를 향한 선교적 도전은 대부분의 서구인들이 왜곡되거나 흐려진 일부 기독교―적어도 전통적인 틀에서 볼 때 참되지 않은 기독교—의 표현에 노출되어 있다는 사실과 관련이 있다. 앨런 워커(Alan Walker)는 74개국—알바니아와 북한을 제외한 모든 유럽 국가와 공산주의 국가—을 다니며 선교한 뒤에 다음과 같은 결론을 내렸다. "서구 세계는 현재 이 세상에서 가장 거친 선교 현장이다. 기독교 신앙에 대한 저항은 현재 다른 지역보다 오래된 기독교 세계의 심장부—영국, 유럽, 스칸디나비아, 호주, 뉴질랜드—에서 더 거세게 일어나고 있다. 미국에서 교회의 사회적 영향력은 소수자 운동보다 조금 더 큰 정도다."[4] 그러는 동안 기독교 운동은 아프리카, 아시아, 남미 등지에서 크게 확장되었다. 특별히 중국, 러시아, 그리고 대부분의 다른 공산주의 국가에서 끈기 있고 활기차게 복음이 증언되고 있으며, 심지어 박해 상황에서도 성장하고 있다. 주목할 만한 사실은 "교회에 나가는 모스크바 시민이 교회에 나가는 런던 시민보다 더 많다는 것이다."[5]

1. 세속화는 어떻게 일어났는가?

서구 기독교는 어떻게 무너졌는가? 그리고 어떻게 해야 서구인들이 다시 복음에 관심을 가질 수 있는가? 이 질문들은 서구 사회가 다시금 거대한 선교 현장이 되었다는 점에서 매우 중요하다. 미국만 놓고 보더라도 14세 이상의 사람들 중 최소한 1억 2천만 명이 아직 '그리스도의 제자가 되지 않은 사람들'(undiscipled people)이다.

---

[4] Alan Walker, *Standing Up to Preach* (Nashville: Discipleship Resources, 1983), 16.
[5] Ibid.

랄프 윈터(Ralph Winter)는 1974년에, 개발도상국의 '미전도 종족'(Unreached People)에게 복음을 전하는 것이야말로 선교 역사상 제3의 시대 또는 마지막 시대의 과제가 될 것이라고 선언하였다. 그러나 그가 그런 말을 할 때 정체된 세계를 전제한 것은 잘못이었다.[6] 과거에는 서구 국가들이 세계 곳곳으로 선교사를 파송했지만 지금은 선교사를 파송했던 그 국가들이 선교 현장으로 바뀌었다. 서구는 참으로 어려운 선교 현장이다.

북미, 유럽, 호주에 사는 '아직 그리스도의 제자가 되지 않은 사람들'에게 복음을 전하기 위해서는 오늘날 세계의 모든 선교 현장과 마찬가지로, 또는 역사상에 존재했던 모든 선교 현장과 마찬가지로 고도의 정교한 선교 전략이 필요하다. 전 세계의 미래가 서구 사회를 다시 복음화할 수 있느냐의 문제에 달려 있다고 해도 과언이 아니다. 왜냐하면 헤럴드 터너(Harold Turner)가 어느 강좌에서 주장했듯이 "서구 문화가 오늘날 모든 사람의 문화가 되었으나 점점 병들어가고 있으며, 심지어 그 병든 문화가—우리의 사회 문제들을 포함하여—전 세계로 확산되고 있기 때문이다. 따라서 우리는 세계를 위해 반드시 이 문제를 해결해야 한다."

서구 사회의 몰락은 기독교 세계의 해체와 더불어 일어났다. 제프리의 세계는 더는 존재하지 않고 그 기억조차 거의 사라져 버렸다. 기독교 세계의 해체 원인은 서구 역사에서 지난 5세기 내지 6세기 전부터

---

[6] 1974년에 열린 로잔 세계복음화 회의(Lausanne Congress on World Evangelization)에서 행한 랄프 윈터의 연설을 참조하라. "The Highest Priority: Cross-cultural Evangelism," in J. D. Douglas, ed., *Let the Earth Hear His Voice* (Minneapolis: World Wide Publications, 1975), 213-25.

지금까지 계속되고 있는 대규모 세속화(secularization) 과정에 있다. 세속화 과정의 한 사례로 15세기와 16세기에 유럽 대부분의 지역에서 일어난 일을 들 수 있다. 그 당시 수많은 귀족과 호족들이 자신의 군대를 동원하여 수도원을 약탈하고 교회의 재산을 탈취하였는데, 그들은 자신의 활동을 교회의 재산을 세속화하는 것으로, 다시 말해서 교회의 지배를 종식하는 행위로 간주했던 것이다. 이런 사례로 인해 세속화는 "사람들이 삶, 사고, 활동의 모든 영역에서 교회의 지배 또는 영향력으로부터 벗어나는 것"으로 규정되었다.[7] 교회는 서구 사회의 모든 삶의 영역에서―교육에서 시작하여 행정, 경제, 미술, 건축, 문학, 음악, 개인의 도덕, 지역 사회 생활에 이르기까지―영향력을 상실하게 되었다. 이제는 아무도 서구 문화가 기독교와 궤를 같이하고 있다고 생각하지 않는다. 서구 사회가 거의 완전하게 세속화되었다고 하는 것은 그 사회에

---

[7] 세속화에 대한 정의들 중에서 1959년, 에큐메니컬 연구소(Ecumenical Institute)―스위스 보세이(Bossey)에 있는―에서 열린 한 협의회에서 반 페우르센(C. A. van Peursen)이 제시한 것이 유력하다. 그에 의하면 "세속화는 먼저 종교적인 것으로부터, 그 다음에는 인간 이성과 언어에 작용하는 형이상학적 지배로부터 해방되는 것을 의미한다." 피터 버거(Peter Berger)는 *The Sacred Canopy* (Garden City, NY: Doubleday, 1969), 107에서 세속화를 "사회와 문화의 영역이 종교 제도와 상징의 지배로부터 해방되는 것"으로 정의하였다. 좀 더 최근에 볼프하르트 판넨베르크(Wolfhart Pannenberg)는 세속화를 단순히 "문화 세계가 기독교로부터, 무엇보다도 교회로부터 독립하는 과정"으로 본다. *Christianity in a Secularized World* (New York: Crossroad, 1989), vii. 이와 같이 세속화에 관해서 다양한 정의가 제시되고 있는데, 이는 여러 교회 지도자들이 서구에서 30년 이상 계속된, 교회를 향한 새로운 도전을 개념화하고자 끊임없이 노력해 왔음을 보여 준다. 몇몇 사람들은 레슬리 뉴비긴(Lesslie Newbigin)의 저서 *Foolishness to the Greeks: The Gospel and Western Culture*가 교회로 하여금 이런 차원의 선교를 발견하도록 긴급하게 요청한 첫 번째 나팔 소리라고 주장하지만 사실은 그렇지 않다. 오히려 존 웨슬리(John Wesley), 윌리엄 부스(William Booth)와 같은 복음 전도자들이야말로 이런 선교적 도전이 개념화되고 분석되기 전에 그것과 효과적으로 씨름한 사람들이었다.

속한 모든 교회가 직면한 '대단히 새로운 사실'이 되고 말았다.

　세속화 과정에는 여러 가지가 있다. 경제의 세속화 과정은 문학의 세속화 과정과 다르며, 문학의 세속화 과정은 행정, 예술의 세속화 과정과 다르다. 그러나 서구인들의 모든 삶과 사고의 영역에서 이루어진 세속화는 두 가지 근본적인 원인을 포함하는 공통의 역사를 가지고 있다.

2. 여섯 가지 중요한 사건

　기독교 세계의 몰락과 서구 세속화를 야기한 첫 번째 원인은 여러 세기에 걸쳐 진행된 여섯 가지 주요 문화적 사건과 관련되어 있다. 내가 여기에서 이 여섯 가지에 관해 말하는 것은 그 사건들의 옳고 그름을 판단하기 위함이 아니라 독자들이 역사적 전개에 관한 큰 그림을 파악할 수 있도록 돕기 위함이다.

　(1) 세속화는 14세기 중엽부터 16세기 초까지 진행된 지적, 문화적 운동으로서 에라스무스(Erasmus)와 베이컨(Bacon)이 주도한 **르네상스**와 더불어 시작되었다. 본질적으로 르네상스는 서구가 고대 희랍의 철학과 과학, 문학을 재발견한 운동이었다. 르네상스는 세 가지 측면에서 서구인들에게 영향을 끼쳤다. 첫째, 그것은 사람들의 관심을 하나님, 저 세상, 신학적 문제로부터 이 세상, 인간, 인류의 진보로 돌려놓았다. 헬라의 소피스트인 프로타고라스(Protagoras)의 명제 곧 '**인간**은 만물의 척도다'라는 주장이 르네상스의 슬로건이 되었다. 둘째, 수세기 동안 유럽인들이 가질 수 있었던 포괄적인 세계관은 유일하게 교회의

세계관뿐이었으나 헬라 철학을 재발견함으로써 그들은 삶과 세계를 이해할 때 다른 세계관을 선택할 수 있는 권리를 갖게 되었다. 하지만 그것은 결국 서구인들의 마음에 다원주의와 새로운 의심의 자료를 소개한 꼴이 되어 버리고 말았다. 셋째, 르네상스는 결과적으로 기독교 진리와 윤리의 가장 주요하고도 지속적인 경쟁자인 인문주의(humanism)를 출현시킨 문화적 토양을 조성하였다.

(2) 기독교 세계의 붕괴는 루터와 칼빈이 주도한 프로테스탄트의 **종교개혁**에 의해 가속화되었다. 종교개혁은 교회를 분열시키고 교회의 관심을 사회를 지배하는 것으로부터 교회 갱신, 재조직, 신학적인 문제로 전환함으로써 결국 서구인들의 삶에서 교회의 영향을 제거하였다.[8] 이와 같이 르네상스와 종교개혁은 세속화란 마차가 굴러가게 만든 좌우의 두 바퀴라고 말할 수 있다. 심지어 사람들은 루터가 살아 있는 동안 "에라스무스는 알을 낳았고 루터는 그것을 부화시켰다."고 말하기도 하였다.

(3) 세속화는 **민족주의**의 부상과, 한때 비교적 통일된 모습을 이루고 있었던 유럽에서 각각 당당하게 독립을 선언한 국가들의 등장과 함께

---

8 물론 전체적으로 볼 때 종교개혁 사건은 전례 없이 많은 선교사를 파송한 로마 가톨릭의 반종교 개혁 운동(Counter-Reformation)과, 개신교 교회들이 두 세기 동안 잃어버리고 있었던 고대의 사도적 전통을 회복하는 차원을 포함한다. 가톨릭 교회는 개신교가 선교를 무시하고 있는 점을 들어 개신교회는 참된 교회의 네 번째 표징인 사도성이 없기 때문에 참된 교회가 아니라고 주장하였다. 개신교가 선교를 무시한 점은 사실 이해하기 어렵다. 아마도 루터와 칼빈은 대위임령(the Great Commission)이 단지 원 사도들에게만 주어졌으며, 실제로 그들이 그 사역을 완수했다고 믿었던 것 같다.

가속화되었다. 유럽을 휩쓴 민족주의 정신은 하나의 정치적 통일체였던 기독교 세계를 파괴하였고, 기독교 세계에 편만해 있던 인간에 관한 일반적인 이해를 무너뜨렸다. 더 나아가 민족주의는 유럽인들 사이에 1, 2차 세계대전을 포함한 전례 없는 전쟁을 유발하였으며, 이런 전쟁 경험은 교회가 말하는 하나님에 대한 환멸과 의심을 불러 왔다.

(4) **과학**의 발전은 기독교 세계에서 당연하게 받아들여졌던 생각들 곧 우주와 인간의 삶에 관한 근대 과학 이전의 사고 체계를 흔들어놓았다. 과학 또는 그 시대에 과학으로 여겨졌던 것들이 서구인의 의식에 미친 충격을 과장할 필요는 없을 것이다. 그러나 적어도 여섯 명의 사상가 곧 코페르니쿠스(Copernicus), 갈릴레오(Galileo), 뉴턴(Newton), 다윈(Darwin), 마르크스(Marx), 프로이트(Freud)가 미친 영향을 상기한다면 그 과학의 충격이 얼마나 대단했는지 어느 정도 감지할 수 있을 것이다.

코페르니쿠스와 갈릴레오는 태양계의 구조를 발견함으로써 교회의 전통적 우주관에 반기를 들었다. 프톨레미(Ptolemy)는 지구를 우주의 중심으로 설정하고 태양이 지구의 둘레를 돌고 있다고 주장하였지만, 코페르니쿠스와 갈릴레오는 지구가 태양의 둘레를 돌고 있으며 지구의 자전으로 인해 낮과 밤이 생긴다는 것을 증명하였다. 신약 시대로부터 중세기에 이르기까지 지속된 우주론은 오늘날 한낱 터무니없는 이야기로 전락하고 말았다.

뉴턴의 중력 이론은 하나님의 섭리에 대한 전통적인 이해를 뒤집어 놓았다. 뉴턴 이전의 사람들은 하나님의 섭리적 손(providential hand)이 달과 행성들과 별들의 위치를 정한다고 생각하였다. 그러나 뉴턴의 저서 『프린키피아』(*Principia*)는 그의 중력 이론으로 우주의 응집력을 설명할 수 있음을 수학적으로 증명하였다. 그 결과 많은 사람들이 천체 운행에 대한 하나님의 섭리적 간섭을 인정하지 않게 되었다. 이 같은 뉴턴의 과학 혁명의 영향력이 너무도 강력하여 사람들은 하나님을 우주를 설명하거나 관리하는 주체로 생각하지 않게 되었다. 그들은 우주를 하나의 자기 폐쇄적 체계 또는 하나의 기계로 생각하기 시작하였다.

다윈의 진화론은 전통적인 창조론과 인간의 본성에 대한 교리를 부정하였다. 자연 도태, 적자 생존, 점진적 진화의 내용을 담고 있는 다윈의 저서 『종의 기원』(*Origin of Species*)은 인간을 매우 색다른 방식으로 이해하도록 만들었다. 그에 의하면 인간은 성경적 창조론이 가정하고 있는 존엄성과 목적이 없는, 한낱 이성적인 동물에 불과하다.

마르크스의 저서들은 역사의 목적에 관한 전통적 기독교의 이해를 대체하는 새로운 대안을 제시하였다. 마르크스는 유대-기독교적 역사 구조를 그대로 따르는 듯하였으나 기독교의 약속된 하나님 나라를 약속된 경제적 유토피아로 대체하였다.

프로이트는 종교적 신념과 종교적 경험에 관해 의문을 제기하면서 그것들을 모두 심리학적으로 설명할 수 있다고 주장하였다. 그에 따르면 신에 대한 믿음과 체험은 일종의 '환상'에 불과할 뿐이다.[9]

---

[9] 다음을 참조하라. Peter Gay, *A Godless Jew: Freud, Atheism, and the Making of Psychoanalysis* (New Haven: Yale University Press, 1987).

(5) 르네상스에 영향을 받아 일어난 **계몽주의**는 서구의 세속화를 더욱 촉진하였다. 계몽주의는 세속화에 끼친 영향이 실로 엄청나기 때문에 실제로 뉴비긴과 같은 학자들은 그 계몽주의를 세속화의 유일한 원인으로 생각하기도 하였다. 계몽주의는 인간 이성에 대한 강한 확신을 가지고 유럽의 역사를 활보하였으며, 결국 그 이후 서구 사회에 지속적인 영향을 미치는 지적 유산을 남기게 되었다.

계몽주의 사상가들은 인간이 본질적으로 선하고 이성적인 존재인데, 환경이 인간을 덜 선하고 덜 이성적인 존재로 만든다고 생각하였다. 계몽주의 지도자들은 세계의 다양한 종교 이면에는 인간 본성에 보편적으로 존재하고 있는 하나의 공통적 '자연 종교'(natural religion)가 있다고 가르쳤다. 그들은 또한 도덕성과 사회가 계시나 종교와는 상관없이 오직 이성에 기초함으로써만 성립될 수 있다고 확신하였다.[10] 그들은 또한 과학, 기술, 교육이 사회의 필연적인 진보를 가져올 것이라고 믿었다. 계몽주의의 일부 계승자들은 뉴턴의 기계를 통하여 우주를 바라봄으로써 우주란 자족적이며, 따라서 신에 대한 관념은 미신적인 것—우주를 이해할 필요가 없는—이라고 주장하였다.[11] 더 나아가 계몽주의는 인간의 존엄성과 인간의 권리를 강하게 주창하였으며, 좀 더

---

[10] 주목할 만한 것은, 전에는 주로 서구의 전통적 도덕성이 교회로부터 나오는 것으로 생각했지만, 계몽주의 사상가들은 이성이 그것을 확증해 주는 것으로 생각하였다는 점이다.

[11] 그러나 일부 계몽주의 사상가들은 신(神) 의식의 세속화를 경험하였다. 예를 들어 아담 스미스(Adam Smith)와 칼 마르크스는 역사를 형성하는 궁극적인 힘을 인식하고 있었다. 아담 스미스는 자유로운 시장의 '보이지 않는 손'(Invisible Hand)이 사적인 이해관계를 넘어 모두의 공동선(公同善)을 위해 작용한다고 주장하였다. 마르크스에 따르면 약속된 계급 없는 사회를 향해 역사를 움직여 나가는 변증법적 과정이 궁극적인 힘이다.

정의롭고 인간적인 사회를 위해 일하면서 기독교의 가르침과 봉사 활동에 급진적인 대안 모델을 제시하는 여러 가지 운동을 촉진하였다. 따라서 계몽주의는 기독교에 관한 의심을 고무하고 기독교를 대체할 만한 것처럼 보이는 신념과 주장들을 제공함으로써 모더니티(modernity)의 출현을 예고하였다.

(6) 계몽주의가 세속화 과정을 강화했다면 **도시화**(urbanization)는 세속화의 본성을 드러낸 현상이라고 말할 수 있다. 영국은 18세기 산업혁명을 통해서 세계에서 가장 먼저 도시화된 국가가 되었고, 이어서 다른 유럽 국가들도 점차 도시화되었다. 미국의 전체 인구 중 도시에 거주하는 인구 비율이 1870년에는 20%였는데 1900년에는 40%로 상승하였고, 1980년에는 무려 70%로 상승하였다. 그리고 2000년에는 도시의 인구가 전체 인구의 90%에 육박할 것으로 추정되고 있다. 호주는 영화 '크로커다일 던디'(Crocodile Dundee)에 묘사된 것과 같은 오지(奧地)의 나라가 더는 아니다. 현재 호주의 전체 인구 중 85%가 도시에 살고 있으며, 그중에서 70%가 10개의 대도시에 몰려 있다.

세속화의 샴쌍둥이—몸이 붙은 쌍둥이(역주)—와도 같은 도시화는 세속화의 효과를 증폭시키며, 도시에 살고 있는 세속적인 사람들의 신(神) 의식에 큰 영향을 끼쳤다. 18세기 영국에서 산업혁명이 일어날 당시 윌리엄 블레이크(William Blake)는 다음과 같이 말하였다. "인간과 산(山)이 만날 때 위대한 일이 일어난다. 그러나 사람들이 복잡한 거리에서 서로 떠밀릴 때에는 그런 일이 전혀 일어나지 않는다." 19세기에 북미에서 산업혁명이 진행될 때 랄프 왈도 에머슨(Ralph Waldo Emerson)은 이런 고백적인 말을 한 적이 있다. "내게는 도시가 거대한 음모의 소굴처럼 보인다. 나는 그곳에 들어갈 때마다 하나님을 향한 믿음을 잃어버리는 것 같은 느낌이 든다."

3. 교회는 사람들을 어떻게 소외시켰는가?

기독교가 서구인들과 서구 문화에 대한 영향력을 상실한 첫 번째 원인이 르네상스, 종교 개혁, 민족주의, 과학, 계몽주의, 도시화와 같은 일련의 사건들이라면,[12] 두 번째 원인은 이런 사건들에 대한 교회의 병적인 반응 곧 교회의 신뢰성을 약화시켜 결국 사람들로 하여금 교회의 복음 증거를 불신하게 만드는 반응이다.

한 예로 교회가 처음부터 계속해서 과학과 갈등을 겪었다는 사실을 지적할 수 있다. 인체해부학을 이해하고자 했던 레오나르도의 시체 연

---

[12] 어떤 저자들은 서구의 세속화에 대해 다른 원인들을 주장한다. 가령 데이비드 에드워즈(David Edwards)는 유럽에 큰 대학들이 등장한 것을 서구 문화가 세속화한 실제적인 힘으로 규정하였다. 반면에 세속화에 대해 한 가지 원인만을 말하는 저자들도 있다. 레슬리 뉴비긴은 계몽주의를 세속화의 가장 큰 원인으로 본다. 볼프하르트 판넨베르크는 좀 색다르면서도 나름대로 타당한 이론을 개진하고 있는데, 그는 유럽의 민족주의와 종교개혁이 여러 신앙고백적 전쟁과 시민전쟁에 촉매 역할을 하였을 때, 휴고 그로티우스(Hugo Grotius)와 로드 허버트(Lord Herbert) 같이 서구 문화에 큰 영향을 끼쳤던 일부 지도자들이 기독교가 더는 서구 사회와 초국가적인 국제 친선 관계를 평화적으로 유지할 수 있을 만큼 충분한 접착제 역할을 하지 못했다고 결론 내리고, 다른 종교 곧 모든 사람의 마음에 내재해 있는 '자연 종교' — 반면에 뚜렷한 외적 형식을 취하고 있는 역사적 종교들은 그 '자연 종교'의 특별한 표현들이다 — 를 (그것의 당연한 결과로서의 자연법과 함께) 고안했다고 주장하였다. 이런 현상이 확산됨으로써 사람들은 점차 기독교를 상대화하게 되었으며, 결과적으로 기독교는 서구 문화에 대한 영향력을 잃게 되었다. 동시에 종교는 사람들에게 선택적인 것, 사적인 기호(嗜好)의 문제가 되었다. (위의 각주 7에서 언급한 판넨베르크의 책, 특별히 제1장을 보라)

구를 금지한 것과 같이, 교회는 학자들이 연구할 수 있는 영역과 연구할 수 없는 영역을 구분하고 통제하려고 하였다. 또한 코페르니쿠스의 책들을 200년 동안 금서로 규정하고, 갈릴레오에게 그가 이룩한 천문학의 발견들을 부인하도록 강요한 것처럼 교회는 과학 탐구에 의해 얻을 수 있는 것과 얻을 수 없는 것, 그리고 가르칠 수 있는 것과 가르칠 수 없는 것을 통제하려고 하였다. 교회는 기회가 있을 때마다 과학에 맞서 싸우려고 하는 것 같았다. 뉴턴과 갈릴레오, 심지어 다윈과 같은 사람들은 자신들이 왜 교회의 적이 되어야 하는지 이해할 수 없었다. 오히려 교회의 행위야말로 사상과 합리성과 진리의 적인 것처럼 보였다.

한편, 개신교는 유럽을 휩쓴 민족주의와 지나치게 제휴하였다. 개신교는 인류 공동의 비전을 상실하였으며, 국가들을 분열시키고 수많은 전쟁을 야기한 호전적 애국주의에 기여하였다. 서구인들 중에서 개신교가 평화의 왕자(the Prince of Peace)이신 예수를 잘 따르고 있다고 생각하는 사람은 거의 없었다. 오히려 많은 이들은 교회가 그분을 배신하고 있다고 생각하였다.

계몽주의가 가장 활발하게 일어났던 유럽 국가들에서 가장 강력한 세력을 가지고 있었던 로마 가톨릭 교회는 전반적으로 계몽주의 운동을 반대하였다. 그러나 이 교회는 정의와 민주주의를 위해 움직이는 세력에 압력을 가하려다 실패할 때마다 교회의 신뢰성에 손상을 입었다. 게다가 이 교회는 훗날 러시아 정교회(Russian Orthodox Church)가 러시아와 남미에서 그랬던 것처럼 가톨릭 교회는 가톨릭 세력이 강한 유럽의 모든 지역에서 군주와 돈의 편을 들었다. 그 결과 교회는 어느 곳에서나 반동적이며 진보, 민주주의, 정의, 국민에 반하는 적대 세력으로 여겨졌다.

마찬가지로 서구의 개신교 역시 도시에 대하여 편집병적 반응을 보임으로써 도시에서 나타나는 현상을 있는 그대로 받아들이지 않거나 제대로 인식하지 않았다. 어떤 사람들은 그 당시에 서구의 도시 근로자들이 교회로 몰려들었지만 교회가 그들을 제대로 관리하지 못해 잃었다고 생각한다. 하지만 사실 그들은 교회로 몰려온 적이 없었다. 왜냐하면 개신교가 도시민들의 수에 비례할 만큼 많은 교회와 성직자를 보유하고 있었는데도 도시민들에게 복음을 전하기 위해 다가가는 노력을 전혀 기울이지 않았기 때문이다. 대부분의 교단은 지금도 여전히 지역별로 교구(parishes)를 두고 그 시스템 안에서 교회와 성직자를 배정하고 있다. 그러나 교구 시스템은 사람들이 몰려드는 오늘날의 도시보다는 사람들이 이곳저곳에 흩어져 살았던 과거의 시골 또는 농촌 지역에 더 적합한 모델이다.

그러므로 버트란트 러셀(Bertrand Russell)은 그의 『서양철학사』(History of Western Philosophy)에서 약간 과장 섞인 말투로 이렇게 썼다. "어느 곳에서나 교회는 가능한 한 모든 방법을 동원하여 지상에서 행복과 지식을 증진하는 모든 혁신 운동을 반대하였다."[13] 많은 기독교 학자들은 이 같은 러셀의 말에 동의할 수밖에 없을 것이다. 데이비드 에드워즈는 목회자들이 민족주의의 한계를 극복하지 못하고 과학과 민주주의를 이해하지 못한 점과 도시의 산업 근로자들에게 복음을 전하기 위해 다가가지 못한 점을 세속화의 **주요** 원인으로 꼽는다. 에드워즈는 유럽의 세속화 현상과 거부감을 일으키는 교회의 반응이 동유럽을 공식적

---

[13] 다음에서 재인용함. David Edwards, *The Futures of Christianity* (London: Hodder and Stoughton, 1987), 295.

인 무신론 국가들로 만들었다고 생각한다. 서유럽에서 교회에 출석하는 사람들은 적은 숫자에 불과하며, "회의주의가 만연해졌고, 교회의 가르침이 정치나 일상생활에 더는 영향을 끼치지 못하고 있는 실정이다." "대부분의 유럽인들은 하나님에 대한 생생한 감각과, 종교에 기초하여 옳고 그름을 판단하는 감각을 상실하였다." 실제로 유럽인들 중 많은 이들이 세속화를 "명시적인 종교가 사적인 것, 불확실한 것, 미미한 것, 괴이한 것으로 변해 가는 과정"으로 경험하고 있다.[14]

4. 세속화의 여러 가지 형태

세속화를 좀 더 전체적인 시각으로 보기 위해서는 서구 문화에 내재해 있는 세속화의 힘이 일정한 한계를 가지고 있음을 인지할 필요가 있다. 세속화는 결코 불변적인 것도 최종적인 것도 아니다. 그것은 서구 역사에서 얼마든지 무언가로부터 영향을 받고 다른 주요한 힘에 의해 변형될 수 있는 것이다. 마틴 마티(Martin Marty)는 그의 저서 『현대의 분열: 세속화의 세 갈래』(*The Modern Schism: Three Paths to the Secular*)에서 교회와 서구 문화의 분열이 최소한 세 가지 형태를 취하고 있음을 설명하였다.[15]

첫 번째 형태는 "철저한 세속성"(Utter Secularity)으로 이것은 유럽 대륙의 특성이다. 볼테르(Voltaire)와 마르크스가 전형화한 이 형태는 "신

---

[14] Ibid., 6장, "In Secular Europe."
[15] Martin Marty, *The Modern Schism: Three Paths to the Secular* (London: SCM Press, 1969).

과 교회에 대해 공식적으로 가차 없이 공격할 뿐만 아니라 그 신과 교회를 다른 것으로 대체하려고 의도적으로 노력하는" 등 기독교 교리에 정면으로 도전하는 특징을 띤다. 이런 적대적인 세속적 환경에서 많은 사람들이 "신앙을 잃어버렸다."

두 번째 형태는 "단순한 세속성"(Mere Secularity)인데, 이것은 영국의 특징이기도 하다. 이 형태에 속한 사람들은 이 세상과 일상생활에 정신이 팔린 나머지 하나님과 교회를 공격하지 않는다. 오히려 그들은 하나님과 교회를 무시한다. 단순한 세속성은 기독교 세계의 껍데기－군주의 종교적 대관식, 국가 교회, 상원의 감독들, 학교에서의 종교 교육 등－을 그대로 둔다. 그러나 실제로 그것들은 아무런 의미도 힘도 없으며 신앙적 헌신과 아무런 상관이 없다. 대부분의 영국인은 기독교를 도덕적 선행과 동일시하고 있고 자신들을 그리스도인으로 간주하고 있지만, 그것은 기껏해야 자신들이 야만인이 아닌 문명인이라는 의미에서 그렇게 생각하는 것일 뿐이다.

비록 세속적인 환경이 확장되면 될수록 신앙에 대해서 덜 생각할 수밖에 없지만, 첫 번째 형태와 마찬가지로 이 단순한 세속적 환경에서도 많은 사람들이 신앙을 잃는다. 찰스 다윈의 경험이 대표적인 경우라고 볼 수 있다. 그는 다음과 같이 말하였다. "나는 점차 기독교의 가르침을 신의 계시로 믿지 않게 되었다 … 이런 생각은 천천히 내 안에 들어왔지만 나중에는 완전히 확신하게 되었다. 그 생각이 내게 들어오는 속도가 너무 느려서 나는 전혀 위험을 느끼지 못했으며, 내 결론이 옳다는 점에 대해서는 조금도 의심하지 않았다."

세 번째 형태는 "조절된 세속성"(Controlled Secularity)인데, 이것은 미국의 특성을 나타내고 있다. 미국에서는 미국의 전통적 가치들을 숭배하는 대중 종교(folk religion)가 지배적인 종교 역할을 하고 있다. 이 시민 종교(civil religion)는 전통적인 기독교 상징들을 그대로 사용하고 있지만 그것들이 현재 드러내는 의미는 본래의 의미와 많이 다르다. 19세기에 기독교 상징들은 '명백한 운명'(Manifest Destiny) — 19세기 후반에 미국의 확장 정책을 옹호하는 신념. 좀 더 구체적으로 말하자면, 영토를 북미 전체로 확대하여 그 정치적, 사회적, 경제적 영향력을 확대 강화함으로써 주변 약소민족을 감화시키는 것이 미국 백인의 임무라는 신념을 말한다(역주) — 으로 여겨졌던 미국적 제국주의를 지원하는 데 사용되었다. 20세기에 미국의 기독교는 『리더스 다이제스트』(Readers Digest)의 종교성과 거의 같은 것으로 여겨졌다. 많은 신자를 보유하고 있는 일부 교회는 사람들을 문화적 우상 숭배로부터 구원하여 성경적 신앙으로 해방하는 일에 집중하기보다는 오히려 이런 이단적인 생각을 강화하는 데 힘썼다.

  세속성이 다양한 지역적, 문화적 형태를 띠고 있기는 하지만, 기독교는 어느 형태에서나 영향력을 상실하였다. 기독교 제자의 정의를 진지하게 적용해서 보면 서구 문화에서 살아가고 있는 대부분의 사람들은 결코 진정한 제자라고 말할 수 없다. 기독교는 개인적인 영역과 공적인 영역 어디에서도 그들의 삶을 형성하지도 못하고 아무런 영향을 끼치지도 못하고 있다. 서구 사회에서 기독교는 이제 더는 지배적인 특권 종교가 아니다. 사실 서구 사회에는 현재 많은 종교적 가르침과 철학 사상이 난무하고 있기 때문에 기독교가 서구를 다시 얻고자 한다면 그런 사상들과 치열하게 **경쟁**해야 할 것이다.

  세속성을 제대로 이해하기 위해서는 다음 세 가지 사실을 유념해야 한다.

첫째, 다른 종교와 세계관들도 세속화를 경험하고 있으며, 그것들 역시 많은 사람들에게 미쳤던 초기의 영향력을 상당히 잃고 있다. 역사적으로 일본 문화는 일본의 민간 신앙이라고 말할 수 있는 신도(神道)와 매우 깊은 관계를 맺고 있었으나, 이 관계는 2차 세계대전 이후에 본격적으로 세속화되었다. 대부분의 주요 종교들은 사람들이 도시로 이동하면서 통제력을 잃어버렸다. 이란의 아야톨랴 호메이니(Ayatollah Khomeini) 현상은 이슬람 문화를 잠식하는 세속화 물결을 막기 위한 시아파 이슬람교의 노력을 대변하고 있다. 더 나아가 우리는 오늘날 중국, 러시아, 구소련의 위성 국가들, 심지어 알바니아에 이르기까지 모든 국가에서 국민에 대한 공산주의의 영향이 세속화되는 현상을 보고 있다.

각각의 세속화 경험은 다르지만 지구상의 많은 지역에서 과학의 영향력이 확대되고, 민족주의, 인본주의, 도시화가 강화되고 있으며, 실제적인 서구화가 진행되는 공통적인 현상을 보이고 있다. 각국의 공산당이 갑자기 붕괴되는 것을 보면서 우리는 세속화된 서구의 이교도들에게 복음을 전하는 일과 관련하여 많은 교훈을 얻는다. 특별히 다른 종교와 세계관으로부터 영향을 받고 있다가 이제는 그 영향으로부터 벗어나 있는 사람들에게 어떻게 선교할 것인지에 관해서 배우게 된다.

둘째, 비록 세속성(secularity)이 세속주의(secularism)라는 이념과 동의어는 아니지만, 종교로부터 세속화된 토양은 세속**주의**를 만들어 낸다. 오스 기니스(Os Guinness)는 마닐라에서 열린 제2차 로잔대회에서 행한 미출판 연설에서 다음과 같이 말하였다.

1900년 이후 전 세계 무신론자와 비종교인―불가지론자, 세속주의자, 공산주의자 등―의 비율이 0.2%에서 21.3%로, 다시 말해서 전 세계 인구 1%의 1/5 미만에서 1/5 이상으로 증가하였다. 이것은 20세기 세계 종교 지도에서 가장 두드러지게 나타난 변화 양상이다. 오늘날 세속주의자들 또는 종교 활동을 전혀 하지 않는 사람들이 전 세계에서 두 번째 거대 집단으로 성장한 것이다. 이 집단은 아직 기독교에 뒤져 있지만 1년에 850만 명의 전향자가 생겨날 정도로 빠르게 성장하고 있다.

셋째, 세속화된 문화 속에서 자신들의 메시지와 삶의 방식을 전달하는 데 어려움을 겪고 있는 것은 비단 기독교만이 아니다. 실제로는 모든 종교, 철학, 이념 역시 세속성에 막혀 쉽게 적절한 방법을 찾지 못하고 있다. 그러나 세속 문화는 특별히 핵심적인 진리에 대해 매우 비타협적인 태도를 취하는 기독교와 같은 종교를 공격 대상으로 삼고 있다.

5. 세속화에 대한 평가

그렇다면 기독교 운동은 기독교 세계의 몰락과 세속 문화의 부상을 어떻게 평가해야 하는가? 많은 학자와 지도자들이 이 문제에 관해 의견을 제시하였다. 그중에서 대표적인 의견들을 살펴보자.

토니(R. H. Tawney)는 『종교와 자본주의의 발흥』(*Religion and the Rise of Capitalism*)에서 기독교 세계의 몰락은 사실상 서구적 인간성의 상실이었다고 지적하였다.[16] 비록 많은 문제점을 노출하긴 했지만, 기독교 세계는 기독교 사회에서 상당히 의미 있는 시도였으며, 나름대로 인상적인 수준의 공동체, 경제 정의, 평화를 만들어 냈다. 그는 기독교 세계가 쇠퇴한 뒤 교회가 자신의 사상과 관심의 영역을 개인적이고 영적인 문제로 좁힌 점에 대해서, 교회가 자신의 고유한 사회 철학을 상실한 점에 대해서, 그리고 심지어 오늘날에는 교회가 현재 유행하고 있는 사회 철학의 먹잇감이 되고 있는 현상에 대해서 안타까워하였다.

토니보다 1세기 앞서 쇠렌 키르케고르(Søren Kierkegaard)는 기독교 세계의 쇠퇴를 축하하면서 『기독교 세계에 대한 공격』(Attack Upon Christendom)을 시도하였다. 그에 따르면 "모든 사람이 그리스도인이라면 아무도 그리스도인이 아닌 셈이다."[17] 키르케고르는 만일 누군가가 소위 기독교 국가에 태어났다는 것과 세례를 받고 기독교적 가치가 담긴 몇 개의 글을 썼다는 것을 이유로 자신을 그리스도인으로 생각한다면 그것은 마치 "연병장에서 전쟁놀이를 하고 있는 군인들 같이 … 기독교를 가지고 노는 것"에 불과하며, 이런 착각은 예수 그리스도를 따르는 신약 성경적 의미의 그리스도인이 되는 것과, 자신의 삶을 하나님의 뜻과 일치시키는 것을 방해할 뿐이라고 말하였다.

루돌프 불트만(Rudolf Bultmann)의 논문 '신약 성경과 신화론'(The New Testament and Mythology)은 오늘의 서구인들이 코페르니쿠스적 혁명 이후 시대의 우주론을 따르고 있기 때문에 "기독교 교리가 당연하게 여

---

[16] R. H. Tawney, *Religion and the Rise of Capitalism* (Harmondsworth, England: Penguin Books, Ltd., 1922).

[17] Søren Kierkegaard, *Attack Upon Christendom*, Trans. by Walter Lowrie (Princeton, NJ: Princeton University Press, 1944).

기는, 3층으로 이루어진 우주를 믿는 사람은 이제 아무도 없다."는 사실을 우리에게 상기시켜 준다.[18] 따라서 그는 신약 성경의 메시지를 현 시대와 문화에 맞게 재해석해서 전달해야 한다고 주장하였다.

디트리히 본회퍼(Dietrich Bonhoeffer)는 키르케고르의 사상에 기초하여 불트만의 생각이 "충분하지 않다"고 주장하면서 옥중에서 몇 가지 문제를 깊이 숙고하였다.[19] 본회퍼는 자신이 언급한 좀 더 진보된 세속화의 개념에 의거하여 오늘날 대부분의 사람들이, 심지어 종교적인 사람들조차 하나님을 "틈 메우는 신"(stop-gap god)이나 **기계의 신**(*deus ex machina*)으로 간주한다고 결론지었다. 사람들은 신을 번개와 같이 자신들이 스스로 설명할 수 없는 어떤 현상의 원인으로 생각한다. 또한 질병과 같이 자신의 힘으로는 어떻게 할 수 없을 때 도움을 구하기 위해 신을 찾는다. 그는 사람들이 어떤 설명을 위해서 신을 이용하거나 어떤 도움을 위해서 신을 찾아야만 하는 일이 점점 더 줄어들 때, "신은 세상 중심에서 가장자리로," 곧 인간의 의식 세계 주변으로 "밀려난 존재가 된다."고 말하였다.

그러나 본회퍼는 서구인의 의식 속에 슬그머니 이런 잘못된 신 개념이 들어오게 된 것은 오히려 잘된 일이라고 보았다. 왜냐하면 **기계의 신**"은 어차피 성경의 하나님이 아니기 때문이다. 성경의 "하나님은 우리 삶의 한가운데서 초월해 계신다." 본회퍼는 세속성이 "성경의 하

---

[18] Rudolf Bultmann, "New Testament and Mythology," in *Kerygma and Myth*, ed. by Hans-Werner Bartsch, trans. by R. H. Ruller (London: SPCK, 1961).

[19] Dietrich Bonhoeffer, *Letters and Papers from Prison* (New York: Macmillan, 1953). 본회퍼는 '성숙한 인간'(man come of age)에 관한 문제가 단순히 시대에 뒤떨어진 신화론적 개념일 뿐만 아니라 종교적 개념 자체인 까닭에 불트만의 '비신화화'(demythologizing)가 충분히 전개되지 못하였다고 생각하였다.

나님에 관한 모든 것을 드러낸다."는 이유로 그것을 환영하였다. 그는 미래에 불신자들에게 복음을 전할 수 있는 가장 효과적인 전도 형식은 "비종교적 기독교"(religionless Christianity)의 형식이 될 것이라고 주장하였다. 다시 말해서 효과적으로 복음을 전하기 위해서는 종교적 용어를 피하고 하나님께서 사용하시는 세속적인 방식으로 말해야 한다는 것이다. 기독교 이후 시대의 신실한 교회는 복음을 권하고 "제자가 치러야 할 대가(代價)"를 설명할 것이며, 사람들에게 약함으로써가 아니라 강함으로써 복음을 제시할 것이다.

좀 더 최근에 레슬리 뉴비긴은 자신의 저서 『헬라인에게는 미련한 것이요』를 통해서 세속화된 서구인들이 오늘날 두 개의 세계를 살고 있다고 말하였다. 하나는 사실들로 이루어진 공적 세계인데, 이것은 모든 사람에게 동일하게 적용되고 이성적인 사람들이 모두 동의하는 과학에 의해 설명되는 세계다. 다른 하나는 개인의 가치와 종교적 신념으로 이루어진 사적 세계인데, 이 세계에는 다원주의가 지배적인 이념으로 작용하며, 각 개인은 얼마든지 자의적 선택에 의해 무언가를 믿을 수도 있고 아무것도 믿지 않을 수도 있다.[20]

가치와 신념으로 이루어진 사적 세계에 대해서 뉴비긴은 다음과 같이 두 가지 특별한 문제를 지적하였다. (1) 오늘날 계몽주의에 의해 여과된 문화는 두 가지 곧 기독교의 본질이 다른 세계 종교의 본질과 같으며, 여러 종교들이 사람들의 자의적인 선택에 의해 모자이크를 형성한다는 것을 전제하고 있다. (2) 뉴비긴은 토니의 의견에 동의하면서

---

[20] 이 '사적' 세계의 문화는 다른 사람의 신념, 가치 또는 생활방식을 자기 주관에 의해 정죄하거나 비판하는 것이야말로 매우 '잘못된' 것이라고 가정한다.

도, 개신교가 공적 영역과 사적 영역을 구분하는 이분법적 사고방식을 상당히 수용하고 사적 영역으로 후퇴하는 방식으로 자신의 자리를 계속 확보하려고 하였지만, 그 대가로 "땅과 거기 충만한 것이 주의 것"이며 "예수는 주님"이시자 "세상의 빛"이시라는 성경의 중심 진리를 포기하고 말았다고 비판하였다.

6. 새로운 사도 시대

이미 많은 사람들이 받아들이고 있는 학자들의 평가를 고려할 때, 서구의 교회는 오늘날 세속화된 서구 사회에서 일어나고 있는 패러다임의 변화를 경험하고 새로운 선교적 도전을 제대로 인식할 필요가 있다. 실제로 우리가 직면하고 있는 상황은 초기의 사도적 교회(the early apostolic Church)가 직면했던 상황과 매우 비슷하다. 이것은 무엇을 의미하는가?

기독교 운동이 확산되던 처음 3세기 동안 기독교의 전도 활동은 네 가지 목표를 성취해야 했다. (1) 복음을 전혀 모르는 사람들에게 기독교 운동은 예수의 이야기, 좋은 소식으로서의 복음, 자신들이 주장하는 것과 제공하는 것이 무엇인지 **알려주어야**(inform) 했다. (2) 사람들이 적대적인 태도를 보이고 로마 제국이 박해했지만 교회는 친구들을 얻고 사람들이 기독교 운동에 긍정적인 태도를 취하도록 **영향을 미쳐야**(influence) 했다. (3) 그리스도인들은 외국에서 유입된 다양한 종교에 익숙한 로마 제국의 국민들에게 기독교가 진리라는 점을, 또는 적어도 그것이 신뢰할 만한 것이라는 점을 **확신시켜야**(convince) 했다. (4) 마음만 먹으면 얼마든지 기독교 신앙을 가질 수 있게 된 이후, 그리스도인들은 사람들이 이 신앙을 받아들이고, 메시아적 공동체에 참여하며, 주님이신 예수를 따르도록 **초청해야**(invite) 했다. 이 네 가지는 고대 사도 시대에 누군가를 설득하는 과정에서 반드시 요구되는 기본 요소들이었다.

초대 교회는 이 네 가지 목표를 성취하기 위해 매우 의도적인 노력을 기울였다. 그들은 대화, 회당 설교, 옥외 설교를 통해 창의적으로 복음을 전하고 해석함으로써 사람들에게 기독교의 진리를 알려 주었다. 그들은 변화된 삶, 섬김의 사역, 신자들끼리 나누는 사랑, 비그리스도인과 적대자들을 사랑하는 모습, 심지어 순교를 통해 사람들의 태도에 영향을 미쳤다. 그들은 성경에 근거한 추론과 상식적인 변증을 활용하여 사람들에게 확신을 심어 주었다. 그들은 복음에 관심을 보이는 사람들에게 신앙을 고백하게 하고 세례를 받게 함으로써 메시아적 공동체의 일원이 되게 하였다.

그 후 기독교 세계가 형성되어 교구 교회가 지역 사회의 중심이 되고 모든 문화적 삶의 영역에서 생겨나는 정보들이 교회를 통해 전파되는 상황이 되자 알리고, 영향을 미치고, 확신시키는 세 가지 목표는 대체로 문화화(enculturation)의 과정 속에서 자연스럽게 성취되었다. 대부분의 사람들은 이미 기독교 신앙의 기본적인 사항에 대해서 알고 있었고, 신앙에 대해서 호의적이었으며, 기독교의 가르침은 당연히 진리일 것이라고 생각하였다. 따라서 그 당시에 기독교 복음 전도자들이 하는 일은 주로 이미 신앙에 관해 알고 있거나, 신앙을 받아들여야 한다고 생각하고 있거나, 호의적인 태도를 보이는 사람들을 초청하는 것이었다.

그러나 서구 사회가 세속화되고 교회가 이런 현상에 대해서 방어적인 반응을 보이자 점점 더 많은 사람들이 교회에 대해 이질적으로 느끼거나 부정적인 태도를 보이기 시작하였고, 결국 교회를 떠나게 되었으며, 얼마 지나지 않아 그들의 조상이 가졌던 신앙에 대해 이해하지도 않고 기억하지도 않게 되었다. 오늘날 이런 세속화 현상이 유럽, 북미, 호주 전역에서 너무나 빠르게 진행되었기 때문에 위의 네 가지 항목 중 네 번째 항목에서 전도를 시작하고 사람들이 쉽게 그것에 반응하는 호사를 누릴 수 있는 전도자는 아무도 없다. 이와 관련하여 도널드 소퍼는 이렇게 말하였다. "길을 지나는 사람들 중에서 아무나 붙들고 대화해 보라. 그러면 십중팔구 그들은 그리스도인인 당신과 내가 가지고 있는 종교 관념을 가지고 있지 않으며, 심지어 그런 관념에 대해 매우 낯설어 한다는 것을 알게 될 것이다."[21]

그러므로 교회는 오늘날 좀 더 근본적인 문제의식을 가지고 사람들에게 다가가야 한다. 수세기 동안 교회는 이미 경작되고, 파종되고, 충분히 물이 공급된 밭에서 곡식을 추수하였다. 그러나 오늘날에는 먼저 밭을 경작하고 파종하고 물을 공급해야 한다. 그렇게 하고 난 뒤에야 비로소 적절한 수확을 기대할 수 있을 것이다. 농구 용어로 말하자면, 교회가 여러 세기 동안 '홈구장의 이점'을 누려왔지만 오늘날에는 —그것도 우리가 만일 시합을 한다면—사정이 그렇지 못하다는 것이다. 제3의 중립적인 구장에서 시합을 하는 일도 가끔 있긴 하지만, 일반적으로는 상대편 구장에서 경기를 하는 경우가 많기 때문이다. 그런데 불행하게도 대부분의 교회는 여전히 수수방관하면서 상대방이 자

---

[21] "Dr. Soper Outlines Christian Witness Plans," *The Methodist Recorder* (Jan. 15, 1953).

기 구장에 오기만을 기다리고 있다. 도널드 소퍼의 의견처럼, 오늘날의 그리스도인들이 행하는 전도를 보면 대부분 우리가 아직도 중세 시대에 살고 있다고 착각하고 있는 듯 하며, "현대의 교회가 초기 사도 시대와 같은 긴박한 상황 속에 놓여 있다는 사실을 거의 또는 전혀 인식하지 못하고 있는 것 같다."[22]

7. 기독교 운동에 주어진 기회

그런데 우연하게도—또는 하나님의 섭리에 의해서—교회가 직면한 새로운 사도적 요청은 평소에 교회가 기대했던 것보다 더 많은 기회를 제공해 주었다. 오늘날 시드니와 같은 사람들이 수없이 생겨나고 있기 때문에 교회는 서구의 세속화로 인해 '본국에서' 선교할 수밖에 없는 처지가 되었다. 우리의 이웃은 대부분 우리가 가진 신앙과 전제를 공유하고 있지 않다. 그들은 신앙에 관한 내용을 기억하고 있지 않으며, 우리가 사용하는 신앙적인 용어를 사용하지도 않는다. 서구는 또 다시 드넓은 선교 현장이 되었다.[23]

---

[22] Donald Soper, "Viewpoint: Lord Soper on Contemporary Evangelism," *The Methodist Recorder* (Sep. 9, 1967). 이 글에서 소퍼는 교회가 직면한 새로운 사도적 환경으로 인해 '권위주의적 전도 형태'가 역효과를 내고 있다고 부언하고 있다. 권위주의적 전도가 어리석은 사람들에게는 감명을 주겠지만 사려 깊은 사람들에게는 혐오감을 준다는 것이다. "복음을 믿으라고 강요하기 이전에" 기독교에 관한 "합리적인 설명이 제시되어야 하며, 그 설명은 전체 복음 전달 과정에서 적당히 하고 넘어가도 되는 하찮은 단계로 치부되어서는 안 된다."

[23] 그렇다고 해서 서구에서 기독교 운동을 전개하기 위해 처음부터 다시 시작해야 한다는 뜻은 아니다. 만일 선교의 다섯 단계가 (1) 탐험 단계(the exploratory stage), (2) 선

그런데도 서구 교회는 최근까지 기독교 세계가 여전히 존속하고 있는 것처럼 착각하고 있으며, 교회의 유일한 역할은 안정된 기독교 사회에서 그리스도인들을 보살펴 주는 것이라고 믿고 있다. 그러나 뉴비긴의 저서 『헬라인에게는 미련한 것이요』는 많은 교회 지도자들에게 유럽과 북미에 닥친 선교적 도전에 대해 경고하고 있다. 또한 최근에 디오게네스 알렌(Diogenes Allen)은 『포스트모던 세계에서의 기독교 신앙』(Christian Belief in a Postmodern World)이라는 저서를 통해서 서구 사회를 향한 기독교의 선교는 현재 전례 없는 기회를 맞이하고 있다고 말하고 있다.

알렌은 20세기에 일어난 과학과 철학의 혁명 때문에 계몽주의가 더는 영향력을 발휘하지 못하게 되었으며, 그것이 만들어 낸 모더니티(Modernity)의 시대 역시 힘을 잃고 말았다고 주장하였다.[24] 모더니티는

교 기지 구축 단계(the mission station stage), (3) 전국 단위의 리더십 구축 단계(the stage of national leadership), (4) 토착화 단계(the indigenous stage), (5) 확장 단계(the stage of wider expansion)라고 한다면, 대부분의 서구 국가들은 이미 탐험 단계와 선교 기지 구축 단계를 지나 전국적인 지도자들에 의해 자치, 자급하는 수준에 도달해 있다. 다만 문제는 기독교의 생명력을 거의 또는 전혀 간직하지 못하고 있는 하위문화가 서구 사회에 여전히 많이 있으며, 이미 처음 세 단계를 지났음에도 불구하고 아직 그리스도를 믿지 않는 주민들에게 문화적으로 토착화하지 못하고 있을 뿐만 아니라 자기 지역을 대상으로 폭넓은 전도 사역을 감당하지 못하는 교회들이 많이 있다는 것이다.

[24] Diogenes Allen, *Christian Belief in a Postmodern World: The Full Wealth of Conviction* (Louisville: Westminster/John Knox Press, 1989). 계몽주의와 '포스트모던 시대'의 발흥에 관한 나의 논의는 디오게네스 알렌의 인상적인 연구로부터—물론 내가 그의 연구만 참조한 것은 아니지만—큰 도움을 받았다. 그런데 계몽주의의 소멸을 주장한 사람은 알렌 교수만이 아니었다. 예일 대학의 신학 교수인 조지 린드벡(George A. Lindbeck)은 출현하는 '후기 자유주의 시대'(post-liberal age)에 신학이 나아가야 할 방향을 모색하였다.(*The Nature of Doctrine: Religion and Theology in a Postliberal Age* [Philadelphia: Westminster Press, 1984]를 참조하라) 토마스 오덴(Thomas C. Oden) 역시 *After Modernity ... What? Agenda for Theology* (Grand Rapids: Zondervan, 1990)에서 비슷한 주제를 다루고 있다. 찰스 크래프트

본질적으로 종결되었다. 왜냐하면 오늘날 선도적인 과학자와 철학자들이 계몽주의의 핵심 개념들을 대부분 포기하였으며, 역사적 경험 역시 그것을 증명하고 있기 때문이다. 광범위한 문헌 자료를 토대로 모더니티의 종결과 관련하여 나타난 몇 가지 중요한 변화를 살펴보자면 다음과 같다.

(1) 인간은 계몽주의 이념이 가르치는 것처럼 그렇게 선하거나 합리적이지 않다. 오히려 "악이 현실적으로 존재하며, 그것은 단순히 교육과 사회 개혁에 의해 제거될 수 없다는 인식이 커지고 있다."[25] 예를 들어 도시 재개발을 위해 아무리 좋은 법을 제정했더라도 그 프로그램을 관리할 수 있는 선한 사람이 없으면 결국 실패할 수밖에 없다. 또한 지식이란 선천적으로 선하다는 계몽주의의 추론 역시 무너지고 있다. 새롭게 등장한 원자력 시대는, 핵에너지가 그 지식을 사용하는 인간의 도덕성에 따라 선하게 사용될 수도 있고 악하게 사용될 수도 있다는 사실을 입증하였다.

(2) 계몽주의가 인간의 본성에 내재하고 있는 공통적 '자연 종교'(natural religion)에 관해 말하는 가르침이 더는 유효하지 않게 되었

(Charles H. Kraft)는 *Christianity with Power* (Servant Books, 1989) 4장에서 자유주의 신학 진영이 계몽주의에 흡수됨으로써 자연스럽게 계몽주의의 전제들을 빌려 오게 되었다고 주장하였다. 그 결과로 '계몽주의적 기독교'(Enlightenment Christianity)는 본래의 기독교에서 경험할 수 있는 초자연적 능력을 결여하게 되었다는 것이다.

[25] Diogenes Allen, *Christian Belief in a Postmodern World*, 5.

다.[26] 일반적으로 모든 종교가 공유하는 공통적인 내용이란 존재하지 않는다. 실제로 각 종교의 핵심 세계관은 다른 것들과 모순된다. 가령 유대교, 이슬람교, 기독교는 유신론적이고, 불교와 공산주의는 무신론적이며, 힌두교와 대부분의 원시 종교들은 다신론적이다. 일반적으로 동방 종교들은 현세를 부정적으로 보는 경향을 보이는 데 반해, 서구의 종교들은 현세를 긍정적으로 보는 경향을 보인다.[27] 기독교의 '유일성'(uniqueness)에 관한 첫 번째 반대 논증은 모든 주요 종교의 전통이 다 유일하다는 것이다! 각 종교는 공통적인 내용을 공유하고 있지 않을 뿐만 아니라 피상적으로 볼 때는 매우 비슷하게 보여도―예를 들어 모든 종교 또는 대부분의 종교가 기도나 명상을 중요하게 여긴다―각각의 내용을 깊이 들여다보면 서로 매우 다르다는 것을 알 수 있다.

(3) 인간의 이성만으로는 도덕적인 사회를 발전시킬 수 없다는 사실이 입증되었다. 인간의 행동을 통제하는 '이성적인 법률'(rational laws)을 만들려는 시도는 좌절되었다. 왜냐하면 아무리 둘러봐도 이 세상에는 그런 법률이 존재하지 않기 때문이다. 마찬가지로 높은 도덕성을 담보하는 객관적 가치 역시 존재하지 않는다. 오늘날 가치는 문화적으로 형성되고 있으며, 일종의 기호(嗜好)의 문제(a matter of preference)로 여겨지고 있다. 이것은 마치 매머드―신생대의 큰 코끼리(역주)―가 쓰러지듯이 서구 전통이 무너진 것을 의미한다. 왜냐하면 오늘날 문화

---

[26] Ibid., 185.
[27] 다음을 참조하라. Donald O. Soper, *Calling for Action: An Autobiographical Inquiry* (London: Robson Books, 1984), 16장.

적으로 형성된 가치는 도덕적 무질서의 문화를 내포하고 있을 뿐만 아니라 모든 사람은 본질적인 가치를 가진다는, 오랜 세월 동안 유지되어온 확신을 뒷받침할 그 어떤 논거도 제시하지 못하기 때문이다.

(4) 과학과 교육은 범죄, 오염, 가난, 종족주의, 전쟁과 같이 심각한 문제로부터 인류를 해방하지 못했으며, 이런 실패는 결국 '필연적' 사회 발전의 관념을 깨뜨려 버렸다. 그 대신 좀 더 큰 현실주의(realism)가 초기 계몽주의의 폴리애나식(pollyanna) — 폴리애나는 포터(E. Porter)의 소설에 나오는 지나친 낙천주의자를 말한다(역주) — 낙관주의를 대신하게 되었다. 이런 어려운 문제들은 어쩌면 우리가 충분히 극복할 수도 있을 것이다. 하지만 사회적 속박과 자연의 속박으로부터 인류를 해방하는 일은 쉽게 확신할 수 없다. 그런 일이 필연적으로 일어날 것이라고 믿는 것은 환상에 불과할 뿐이다.

(5) 원자의 신비를 탐구한 20세기의 과학자들은 우주를 하나의 기계로 보는 뉴턴의 견해가 더는 확증될 수 없는 이론임을 알게 되었다. 현대의 과학적 관점에서 자연의 핵심은 임의적이고 신비한 것으로 여겨진다. 오늘날에 활동하고 있는 선도적인 과학자와 철학자들 중 많은 이들은 과학의 한계와 오류 가능성을 인정한다. 완전한 '과학적 객관성'이란 한낱 신화에 불과하다는 사실도 인정하고 있다. 과거에 계몽주의는 신의 가능성을 차단해야 한다고 주장했지만, 오늘날의 많은 과학자와 철학자들은 그런 태도를 취하지 않으며, 오히려 그 문제를 하나의 공개적이고도 중요한 문제로 취급한다. 시간이 갈수록, 지각 있는 사람들은 우주가 궁극적인 것인지 아닌지, 이 우주는 왜 현재의 모

습으로 존재하고 있는지, 그리고 과연 존재해야만 하는 필연적인 이유는 무엇인지에 관해서 알고 싶어 한다. 그들은 신의 존재가 이런 질문들에 대한 한 가지 신빙성 있는 대답이 될 수 있다고 생각한다.

이것은 계몽주의에서 출발한 서구의 근대 문명이 이제 붕괴되고 있음을 의미한다. 알렌은, 오늘날 우리가 문화 지체(文化 遲滯, culture lag)의 시대에 살고 있다고 말했다. 다시 말해서 과학자와 철학자들은 계몽주의 시대가 끝났다는 사실을 잘 알고 있지만 서구 세계에 살고 있는 대대수의 사람들은 아직 그것에 대해서 잘 모르고 있다는 것이다. 그러나 알렌은 "안개가 걷히면 우리는 밭이 희어져 추수하게 되었음을 알게 될 것이다."라고 단언하였다.

안개는 이미 걷히고 있다. 나는 딸이 다니는 켄터키 주, 재스민 카운티의 한 중학교 시상식에 참석한 적이 있었다. 새 교장 선생님인 로이스 애덤스 박사가 학생들에게 연설하였다. 그녀는 학생들에게 하루하루를 중요하게 여기고 스스로 책임질 줄 아는 사람이 될 뿐만 아니라 자신이 특별한 존재임을 믿으라고 말하면서 그들을 격려하였다. 그녀는 연설 내용 중에서 '당신은 특별하다'는 부분을 여러 번 강조하였다. 그러나 학생들의 얼굴을 보았을 때 나는 그들이 그녀의 말을 전혀 받아들이지 않고 있다는 것을 알았다. 학생들은 무심하게 다른 곳을 쳐다보며 그녀의 말을 무시하고 있었다. 그들에게는 모든 사람이 각자 독특하고 존엄한 존재라는 주장이 이미 한물 간 이야기에 불과했던 것이다.

내가 생각할 때 그들이 그렇게 행동한 이유는 다음과 같다. 그 젊은 아이들은 수많은 파괴적인 경험과 부정적인 메시지로 인해 자신이 특별한 존재라는 사실을 쉽게 믿을 수 없었던 것이다. 게다가 누구든지 자신의 독특성과 존엄성을 믿으려면 그에 합당한 **근거**가 필요하다. 역사적으로 볼 때 대부분의 서구인들이 스스로 자신의 가치를 높게 평가하는 데에는 두 가지 이유가 있다. 첫째로 인간은 '하나님의 형상'(the image of God)으로 창조되었다는 성경의 가르침에 기초하여 양육되었기 때문이며, 둘째로 좀 더 최근의 경우에는 인간을 만물의 우위에 두는 계몽주의 사상으로부터 영향을 받았기 때문이다.

그런데 오늘날 눈이 게슴츠레하고, 감정이 변덕스러우며, 약물의 유혹에 취약한 새로운 세대가 출현하였다. 이들은 한때 강력하게 세상을 지배했던 계몽주의가 더는 영향을 미칠 수 없는 첫 번째 세대다. 따라서 만일 우리가 눈을 들어 서구 사회라고 하는 밭을 본다면 그 밭이 이미 "희어져 추수하게" 된 것을 보게 될 것이다.

1장

세속화된 사람들에 관한 프로필

　세속화 과정은 기독교 세계(Christendom)가 지속되는 동안 교회가 누려온 중심적인 위치와 영향력을 상실하게 만들고 서구 세계를 넓은 선교 현장으로 바꾸어 놓았다. 세속화된 오늘의 서구 사회에서 교회는 '홈구장의 이점'을 누릴 수 없다. 교회는 이제 유럽과 북미를 재복음화해야 하는 현실에 직면하였다. 우리는 세속화된 불신자들이 미국에만 적어도 1억 2천만 명(14세 이상)이나 된다는 사실을 직시해야 한다. 우리는 과연 그들에 관해 무엇을 알고 있는가?

　분명히 말하자면 세속화된 사람들은 하나의 동질 집단(homogeneous group)이 아니다. 그들은 민족성, 문화, 연령, 욕구, 교육, 사회경제적 계급 등에서 다양한 차이를 보인다. 러셀 해일(Russell Hale)은 교회에 출석하지 않는 미국인들과 인터뷰한 뒤 세속화된 사람들을 모두 10가지 유형으로 구분했는데, 그중에서 7가지 유형은 근본적으로 세속적

인 특징을 띠고 있었다.¹

세속화된 사람들이 기독교를 이해하는 방식은 다양하다. 아마도 그들 중 1/3은 서론에서 살펴본 시드니처럼 기독교에 대한 기억이 전혀 없는 사람들일 것이다. 그들은 무지론자(ignostics)로서 기독교가 무엇인지 전혀 모르는 사람들이다. 다른 1/3은 '관념적' 그리스도인(notional Christians)으로서 어렴풋하게나마 기독교에 대한 기억을 가지고 있는 사람들이다. 그들은 모세가 누구인지 어느 정도 알고 있을 가능성이 많다. 그러나 그들이 자신을 그리스도인이라고 생각하는 이유는 자신의 문화가 나름대로 기독교에 가깝다고 생각하기 때문일 뿐이다.

---

1 다음을 참조하라. J. Russell Hale, *The Unchurched: Who They Are and Why They Stay Away* (San Francisco: Harper & Row, 1980). 러셀 해일은 세속화된 비그리스도인들을 다음과 같은 일곱 가지 유형으로 분류하였다. (1) '반(反)제도주의자들'(the Anti-institutionalists): 이들은 교회를 자기들의 제국을 건설하거나 보호하기 위해 서로 경쟁하는 관계로 본다. (2) '폐쇄주의자들'(the Boxed-in): 이들은 교리, 윤리, 타인, 지도자로부터 통제 당하는 것을 싫어하는 사람들이다. (3) '쾌락주의자들'(the Hedonists): 이들은 여가 생활에 심취해 있는 사람들이다. (4) '제도 밖의 사람들'(the Locked Out): 이들은 교회가 자신들을 불필요하게 여기고, 거절하거나 무시하거나 차별대우를 한다고 생각하는 사람들이다. (5) '순례자들'(the Pilgrims): 이들은 모든 지식을 불완전하게 여기는 사람들이다. (6) '비판주의자들'(the Publicans): 이들은 교회의 위선을 비판하는 사람들이다. (7) '진짜 불신자들'(the True Unbelievers): 뚜렷한 주관을 가지고 있는 무신론자, 불가지론자, 이신론자(理神論者)가 여기에 속하는데, 전체 인구의 5%가 이 부류에 해당한다. 해일은 또 다른 관점에서 교회에 출석하지 않는 비그리스도인들의 유형을 세 가지로 분류하였다. (1) '탈진한 사람들'(the Burned Out): 이들은 한때 열심히 교회에 다녔지만 지금은 교회를 떠난 사람들로서 "다시는 결코 교회에 발을 들여놓지 않겠다."고 말하는 사람들이다. (2) '떠돌이들'(the Floaters): 이들은 이 교회 저 교회로 옮겨 다니면서 어떤 교회와도 깊은 관계를 맺지 않는 사람들이다. (3) '방랑자들'(the Nomads): 이들은 종종 거주지를 옮기며 교회를 바꾸는데, 자신이 거주하는 지역의 교회에 출석하기는 하지만 나중에 후회할 일을 만들지 않기 위해 교회에 깊이 몰입하는 것을 피하는 사람들이다. 이 세 부류에 속한 사람들은 대부분 기독교를 충분히 이해하고 있는 사람들이다. 그러나 그들은 자신을 신자로 생각하지만 교회에 속한 등록교인으로 생각하지는 않는다.

나머지 1/3은 '명목적' 그리스도인(nominal Christians)인데, 이들은 나름대로 교회 활동을 하고 있기는 하지만 기독교를 시민 종교로 오해하고 있는 사람들이다. 그들에게 복음은 그저 한물 간 과거의 이야기에 불과하다.

어쨌든 이 세 부류의 사람들은 모두 기독교 신앙이 그들의 삶에 전혀 영향을 미치지 못한다는 점에서 세속적이라고 말할 수 있다. 그들의 사고방식, 사용하는 용어, 의사 결정 방식, 생활 양식은 기독교적인 특성을 전혀 반영하지 않는다. 게다가 처음과 두 번째 부류에 속한 사람들은 '교회를 다녀 본' 사람들이 아니다. 오히려 그들은 교회에서 어떻게 처신해야 하는지 모르는 사람들이다. 따라서 교회를 방문하는 일이 그들에게는 매우 서투를 뿐만 아니라 심지어는 낯선 경험이 될 수도 있다. 반면에 명목적 그리스도인들은 교회 생활에 관해서 어느 정도 아는 사람들이다. 그들은 다른 사람들에게 자신을 신실한 신자인 것처럼 보이게 만드는 종교적인 용어와 행위에 관해서 잘 알고 있다. 그러나 그들은 자신의 의지와 자신의 문화적 가치에 의해 살아가는 사람들이다.

1. 세속화된 사람들에 관한 세 가지 신화

이제 세속화에 대한 일반적인 설명을 넘어서 지난 5세기 동안 세속화 과정이 사람들을 어떻게 변화시켰는지 살펴보자. 유능한 기독교 증인이 되려면 무엇보다도 세속화된 사람들에 관해 알아야 하는데, 그들은 구체적으로 어떤 사람들인가? 그들에게 다가갈 수 있는 유익한 접촉점은 무엇이며, 그들에게 복음을 전할 수 있는 효과적인 전략은 무엇인가? 이 질문들에 대해 대답하기에 앞서 먼저 세속화된 사람들에 관한 세 가지 오해부터 살펴보자.

첫째, 몇몇 학자들은 세속화가 인간의 마음에서 모든 종교 의식을 말살했기 때문에 인간에게는 **선험적**(a priori) 종교성이 더는 존재하지 않으며, 따라서 오늘날 현대인들은 '무종교'의 시대에 진입하고 있다고 선언하였지만 실제로는 그렇지 않다. 케네스 채핀(Kenneth Chafin)이 말한 바와 같이, 오늘의 서구 문화는 사도행전 17장에 나오는 고대 아테네와 매우 비슷하다.[2] 사도행전 17장에서 바울은 많은 종교와 철학—쾌락주의, 스토아주의로부터 다양한 영지주의와 신비 종교들, 제국의 사이비 종교들에 이르기까지—에 영향을 받은 사람들과 토론하면서 그들을 설득하였다. 그때와 마찬가지로 이런 유의 종교들은 오늘날에도 여전히 힘을 발휘하고 있으며, 점성술에서부터 선(禪)에 이르는 수많은 신흥 종교들도 계속해서 등장하고 있다.

1970년대 초 힌두교의 정신적 스승을 뜻하는 구루(Guru)의 한 사람이었던 17세의 마하리시(Maharishi)가 휴스턴의 돔형 야구장에서 대중 집회를 열었을 때 수많은 사람이 그 야구장에 몰려들었다. 당시에 그 야구장을 가득 메운 인파와 분위기는 마치 하나의 종교 운동과도 같았으며, 미래를 향해 나아가는 새로운 물결이 될 것처럼 보였다. 1980년대 말에는 '뉴 에이지' 운동(New Age movement)이 선풍적인 인기를 누렸으며, 나치 독일과 같은 국가의 신성화, 공산주의와 같은 정치 이념

---

2   다음을 참조하라. Kenneth Chafin, *The Reluctant Witness* (Nashville: Broadman Press, 1974), 6장.

의 신성화, 일본의 신도(神道)와 '미국적 생활방식'과 같은 특정 문화의 신성화 현상도 종교적 색채를 드러냈다.

이런 현상들을 볼 때 사회가 세속화되었다고 해서 사람들이 그 만큼 종교심을 잃었다고 말할 수는 없다. 오히려 현대인들이 못 말릴 정도로 '종교적'이라는 점에 대해서는 얼마든지 증거를 제시할 수 있다. 사람들은 가짓수가 점점 더 늘어나는 종교 메뉴판에서 자신이 원하는 대로 하나씩 바꿔가며 종교를 선택하고 즐기고 있다. 교회는 이제 이런 상황을 통제할 수 없게 되었다.

어떤 사람들은 레지널드 비비(Reginald Bibby)의 『파편화된 신들』(*Fragmented Gods*)이라는 책에서 세속화된 사람들의 프로필을 파악하기도 한다.[3] 교회 선호도 조사에 의하면 그들은 부모를 따라 같은 교회를 나가고 교회에서 제공하는 전통적인 통과 의례에 참여하기는 하지만, 주일 예배에 자주 빠지고 마치 소비자처럼 "마음대로 자기가 좋아하는 것만 골라서 선택한다."[4] 그야말로 신앙 따로 생활 따로인 셈이다. 그들에게 각 종교는 메뉴판에 들어 있는 일품요리에 불과할 뿐이다.

둘째, 몇몇 정신적 지도자들은 세속화가 도덕의식을 말살함으로써 세속화된 사람들을 '비도덕적'으로 만든다고 경고한다. 그러나 사실 세속화된 사람들은 많은 도덕적 투쟁에 참여하고 있으며 도덕적인 선택 역시 그 어느 때보다도 적극적으로 행하고 있다. 그들은 과거와 같이 기독교적 문화화(enculturation) 과정을 통해 도덕의식을 습득하지 않

---

[3] Reginald Bibby, *Fragmented Gods: The Poverty and Potential of Religion in Canada* (Toronto: Irwin Publishing, 1987), 3-4장.
[4] Ibid., 82.

는다. 오히려 그들은 교회나 성경으로부터가 아니라 부모, 동료, 대중 문화로부터 좀 더 적절한 도덕적 선택의 전제들을 배우고 있다. 실제로 20세기에는 시민의 권리, 인간의 권리, 여성의 권리, 동물의 권리로부터 시작하여 낙태 합법화에 대한 반대와 지지, 반핵과 반인종차별 운동, 난민, 기아 희생자, 양심수, 멸종 위기에 있는 품종들을 위한 인도주의 운동에 이르기까지 다양한 도덕적 논의 주제들이 폭발적으로 증가하였다. 이와 관련하여 헤럴드 터너(Harold Turner)는 한 애즈베리 강좌(an Asbury lecture)에서 다음과 같이 말하기도 하였다. "심지어 테러리스트들조차 도덕적 열정에 따라 움직이고 있다."⁵

셋째, 교회 지도자들 중에는 '신앙을 잃은' 대학 교수를 친구로 둔 사람들이 있는데, 그들은 친구들의 영향을 받아 세속화된 사람들이 모두 철학적으로 매우 정교한 논리를 가지고 기독교를 반박하는 데 특별한 재능을 가진 사람들이라고 생각한다. 그 지도자들은 세속화된 사람들이 어거스틴(Augustine)으로부터 츠빙글리(Zwingli)의 글에 이르기까지 수많은 기독교 서적들을 읽은 뒤 합리적 근거를 가지고 기독교를

---

5 철학자 마이클 폴라니(Michael Polanyi)는 '도덕적 도치'(moral inversion)로 불리는 세속화된 사회의 두 가지 특징을 설명하면서 대조적인 의견을 제시하였다. (1) 많은 사람들은 '위선'을 두려워하고 '정직'을 소중히 여긴다. 그 결과 어떤 사람들은, 아무리 노력해도 도달하기 어려운 높은 목표보다는 낮은 목표를 가지고 정직하게 살아가는 것이 더 낫다는 가정 아래 '다른 사람들보다 덜 경건한' 생활 양식을 가지고 살아간다. (2) 그러나 좀 더 깊은 차원에서 볼 때 현대의 세속 사회는 "수많은 인도주의적 개혁을 성취한 도덕적 열정을 폭발시킴으로써 과거 시대에 영향을 끼쳤던 사상들보다 더욱 현대 사회를 개선시켰다. … 그러나 우리 시대에 이 열정에서 뿜어져 나오는 지나친 열망이 넓게 확산됨으로써 도리어 인류에게 재앙을 안겨 주는 결과를 초래하고 말았다." Drusilla Scott, *Everyman Revived: The Common Sense of Michael Polanyi* (Chippenham, England: Antony Rowe Ltd., 1986), 98을 보라.

철저하게 거부하는 사람들이라고 상상하는 것이다.

그러나 실제로 세속화된 사람들은 대부분 인식론적으로 그렇게 정교한 사고를 하지 않는다. 오히려 순진하고 피상적이며, 다른 사람의 말에 쉽게 속아 넘어가는 사람들이다. 많은 사람들이 사이비 종교와 권위주의적 지도자들에 의해 희생당하고 있다. 그들은 자신이 좋아하는 '유명인사'가 추천하는 상품을 쉽게 믿고 구입한다.

그들의 사고는 일반적으로 문화 영역에서 사용하는 대본으로부터 강한 영향을 받는다. 한 예로 '교회 안에 있는 너무 많은 위선자들'이라는 드라마를 들 수 있는데, 사람들은 이 드라마를 보고 실제로 교회 안에는 위선자들로 가득 차 있다고 쉽게 믿는 경향을 보인다. 이처럼 서구의 선교 현장은 TV 드라마를 보고서 삶의 현실이 텔레비전에 나오는 내용과 똑같다고 믿는 순진한 사람들로 가득 차 있다! 대부분의 세속화된 사람들은 그렇게 학식이 뛰어난 사람들이 아니다. 그러나 그들 중 대부분은 종교적 관심을 가지고 있으며 (비록 전통적인 용어로 말하지는 않지만) 중요한 종교적 질문을 제기하기도 한다.

2. 세속화된 사람들의 10가지 특징

대부분의 경우에 세속화된 사람들은 반종교적이거나, 비도덕적이거나, 매사에 비판적인 사람들이 아니다. 그렇다면 기독교 복음 전도자들은 그들의 실체에 관해 무엇을 알아야 하는가? 세속화는 그들을 어떻게 변화시켰기에 우리의 생각과 전략마저 바꿔야 하는가? 이것들은 결코 새로운 질문들이 아니다. 비록 추상적인 수준이긴 하지만, 이 문제에 관심이 있는 교회 지도자들이 금세기 내내 이 질문에 답하려고 노력해 왔다. 그런 노력의 결과물 중 하나인 레슬리 뉴비긴의 저서 『헬라인에게는 미련한 것이요』는 서구 사회를 향한 기독교 선교에 관심을 가지고 있는 많은 교회 지도자들을 일깨우는 역할을 하였다.[6] 그러나 위의 질문들에 대한 가장 유익한 대답은 선교 현장에서 얻을 수 있다. 그런 의미에서 이미 서구를 새로운 선교 현장으로 인식하고 사역할 뿐만 아니라 현장에서 이루어지는 활동에 대해 객관적으로 성찰하려고 노력하는 복음 전도자들의 의견은 매우 가치 있고 유익한 자료가 된다.

아래의 내용은 앞서 서론에서 세속화된 사람들에게 복음을 전했던 여러 성찰적 실천가들(reflective practitioners)이 평생 동안 사역하며 깨달은 통찰들을 종합한 것이다.[7] 이 실천가들의 성찰은 모든 기독교 복음 전도자들이 알아야 할 세속화된 사람들의 10가지 특징을 정리하는 데 큰 도움이 되었다. 나는 이 10가지 특징을 서술하면서 이 성찰적 복음 전도자들의 통찰을 중요한 자료로 삼았는데, 그들의 통찰은 세속화된 사람들과 그리스도인이 된 지 얼마 되지 않은 새 신자들과 가진 인터뷰를 통해 사실로 확인할 수 있었다.

---

[6] Lesslie Newbigin, *Foolishness to the Greeks: The Gospel and Western Culture*.

[7] '성찰적 실천가'라는 용어는 직업 정신에 관한 도널드 숀(Donald A. Schon)의 뛰어난 저서 *The Reflective Practitioner: How Professionals Think in Action* (New York: Basic Books, Inc., 1983)에 의해 대중화되었다. 경영학, 심리 치료 등과 같은 학문 분야에서는 자주 자기 분야에서 선구적인 역할을 했던 실천가들의 성찰에서 의미 있는 통찰을 뽑아낸다. 그러나 신학에서는 아직까지 —물론 존 웨슬리의 경우에는 그의 목회 현장 경험이 신학 형성에 도움을 주긴 했지만— 이런 방식이 낯선 편이다. 좀 더 구체적으로 말하자면, 이런 방식은 목회 상담학, 목회 신학, 교회성장학을 제외하면 목회, 선교와 관련된 분야에서 아직 그렇게 널리 사용되고 있지 않다.

1) 세속화된 사람들은 본질적으로 기독교의 기본 진리에 무지하다

도널드 소퍼는 자신의 옥외 포럼을 통해서 대부분의 세속화된 사람들은 본질적으로 기독교의 기본 진리에 무지하다는 사실을 알게 되었다. 기독교 세계에서 제프리와 동시대인들은 비록 글을 모르는 사람들이었음에도 불구하고 기독교에 대한 폭넓은 지식을 가지고 있었다. 그들은 예수의 가르침, 성경과 전통에 등장하는 많은 이야기, 그리고 교회의 여러 교리에 대해서 잘 알고 있었다. 그런데 오늘날에는 시드니와 같이 고등 교육을 받은 사람들조차 기독교의 기본 진리를 잘 모르는 경우가 많다. 그들은 성경에 관해 아는 것이 없다. 그들은 구약과 신약의 차이가 무엇인지, 주기도문이나 탕자에 관한 문학적 비유가 무엇인지 모른다. 또한 세속화된 사람들이 기독교의 본질에 대해 잘못 알고 있는 경우도 많다. 과거에 왜곡되고 희석된 형태의 기독교를 경험한 적이 있는 사람들은 아예 미리 기독교 예방 접종을 받는 경향을 보인다. 결국 이런 이유로 그들은 진정한 기독교―또는 적어도 전통적인 기독교 형태―와 상관없는 잘못된 정보를 갖게 되는 것이다.

의식(意識)의 세속화는 세속화가 시작된 이후 3, 4세대를 내려오는 동안 서구 문화와 하위문화에 널리 확산되었으며 문제를 더 심각하게 만들었다. 이에 대해 앨런 워커는 다음과 같이 설명하였다.

> 그러므로 오늘날에는 기독교의 복음에 대해서 제대로 알고 있는 사람이 거의 없다. 당신도 알다시피 기독교에 관한 지식과 인식은 이제 계속해서 반복적으로 울리는 메아리와 같이 사람들이 알아들을 수 없을 정도로 약해졌다. 사람들이 신성하게 여기는 어

떤 건물에 들어갈 때 느끼는 어색한 감정 또는 당황스러운 감정을 한 예로 들 수 있을 것이다. 그들은 기독교 예배가 어떻게 진행되는지 전혀 모르기 때문에 교회 안으로 들어가기를 원하지 않는다. 이런 모습은 그들이 기독교 이야기, 성경 구절, 강단에서 나오는 전통적인 언어에 대해서 거의 모르고 있음을 뜻한다.[8]

세속화된 사람들이 과거에 온전한 복음에 관해 듣고 경험한 적이 있다고 할지라도 그들은 항상 그 자리에 머물러 있지 않는다. 왜냐하면 사무엘 슈메이커가 강조한 바와 같이, 소비 지향적 사회에서 사람들은 소비자의 관점으로 종교를 대하며, 그 종교가 그들이 필요로 하고 원하는 것을 충족시켜 주겠다고 약속해야만 그 종교를 '구매'하기 때문이다. 세속화된 사람들은 대부분 성경의 기본 전제 곧 하나님은 그들이 신뢰할 수 있는 정의로운 주님이시며, 인간은 그분의 뜻에 맞는 삶을 살도록 부름 받은 존재라는 사실을 모른다. 그들이 살아온 삶의 환경에서 보면 "당신 자신을 온전히 예수의 영향 아래 두십시오."라는 마더 테레사(Mother Teresa)의 권면에 반응할 만한 어떤 연결 고리를 찾기 어렵다. 그러므로 여러 가지 이유에서 우리는 소퍼의 의견에 주목하게 된다. 소퍼에 따르면 세속화는 "우리가 복음을 전하려고 하는 대상들이 우리의 메시지를 듣고 반응하기에 매우 힘든 삶의 조건과 환경을 만들어 냈다."[9]

---

[8] Alan Walker, *The Whole Gospel for the Whole World* (New York-Nashville: Abingdon, 1957), 29-30.

[9] Donald O. Soper, *The Advocacy of the Gospel* (New York-Nashville: Abingdon, 1961), 14.

2) 세속화된 사람들은 사후 세계보다 현실 세계를 더 추구한다

도널드 소퍼는 서구인들이 상당히 최근까지 내세 지향적인 특징을 보였지만 현재를 살아가는 세속화된 사람들은 대부분 현세 지향적인 특징을 보인다는 사실을 지적하였다. 현대 의학이 발전하기 전까지 오랫동안 서구인들은 기근과 전염병과 각종 재난에 시달렸다. 최근에 이르기까지 질병은 쉽게 죽음으로 이어졌으며, 사람들은 시신과 장례를 흔하게 접할 수 있었다. 따라서 많은 이들이 죽음에 대한 강박관념을 가지고 있었고 죽음 이후의 삶을 보장받기 위해 노력하였다. 그러나 오늘날 대부분의 질병은 위험한 것이 아니라 단지 불편한 것 정도로 여겨지고 있으며, 인간의 평균 수명은 두 배 이상 늘어났다. 심지어 어떤 사람들은 자신이 언젠가는 죽어야 한다는 죽음의 운명을 부인하기까지 한다.

세속화된 사람들 중 많은 이들이 자신이 죽을 수밖에 없는 존재임을 인식하고 있지만, 그들 중 대다수가 실제로 두려워하는 것은 지옥이 아니라 자기 생명이 소멸되는 것이다. 이와 관련하여 채핀은 다음과 같이 말하였다. "그들은 '자신이 이 세상에 존재하지 않게 되는 때'에 관해 알고 싶어 한다. 자신이 언젠가 이 세상에 존재하지 않게 되리라는 것은 그들을 두렵게 만드는 무서운 생각이다." 그 결과 그들은 일반적으로 죽음 이전의 실제 삶에 관심을 가지는 것만큼 죽음 이후의 삶에 관심을 가지지 않는다. 그들은 현실 세계를 살아가면서 삶의 의미와 목적을 찾아 이해하려고 애쓸 뿐만 아니라 그 삶을 통해 보람을 얻고, 인생을 살아가는 동안 세상에 공헌하고자 노력한다.

앨런 워커는 세상을 향한 효과적인 선교 전략을 모색하는 교회라면 세속화된 사람들의 이런 의식 변화가 마치 코페르니쿠스적 전환과 같이 매우 중요한 의미를 지닌다는 사실을 알아야 하며, 이런 이유에서 오늘날 전도의 동기가 필연적으로 달라져야 한다고 지적하였다. 과거 곧 사람들이 죽음과 지옥을 두려워하였을 때에는 죽음 이후의 삶에 호소하는 것이 기독교 선교를 움직이는 동기가 되었으며, 그 당시 상황을 고려할 때 이런 현상은 충분히 이해할 만하다. "과거에 종교는 죽음과 깊이 관련되어 있었다. 그러나 오늘의 종교는 삶과 더 밀접하게 연결되어야 한다." 오늘날 우리는 "하나님의 사랑을 받아들이지 않은 채 삶을 사는 것이야말로 진정한 비극"임을 잘 알고 있다.[10]

3) 세속화된 사람들은 죄 의식이 별로 없고 의심하는 경향이 강하다

도널드 소퍼는 기독교 전도자들에게 한 가지 냉혹한 현실 곧 오늘날 복음을 들어야 할 세속화된 사람들에게 의심이 제1 요소가 되고 있다는 현실을 직시하라고 조언하였다. 기독교 세계에서, 그리고 상당히 최근에 이르기까지 비그리스도인들의 두드러진 특징은 죄 의식이었다. 사람들은 개인적인 죄를 의식하고 있었을 뿐만 아니라 그 죄에 대한 책임을 느끼고 용서를 구했다. 그러나 현대인들은 죄를 사회적 문제로 치부한다. 죄는 내가 짓는 것이 아니라 다른 사람들, 특히 사회 체제, 지배층, 부모 세대, 젊은 세대, 공산주의자들, 또는 아랍인들이 짓는 것이라고 생각한다. 개인적으로 죄책감을 느끼는 사람조차 신부를 찾아가 죄를 고백하고 면죄 선언을 받기보다 단지 심리적 압박감

---

[10] In Alan Walker, *A Ringing Call to Mission* (New York-Nashville: Abingdon, 1966), 14-16.

으로부터 벗어나기 위해 심리치료사에게 가는 것을 선호한다. 소퍼는 "오늘날 개인적으로 자신의 죄를 깊이 느끼는 감각이 거의 사라졌다."고 지적하였다.[11]

소퍼는 어니스트 래튼베리(J. Ernest Rattenbury) 박사의 말을 인용하여 "19세기 후반만 해도 전도할 때 사람들이 일반적으로 가지고 있는 죄책감에 호소할 수 있었지만 오늘날(1930년대)에는 단지 무엇이든 의심하는 태도에만 호소할 수 있을 뿐이다."라고 말했다.[12] 이런 '의심의 시대'(age of dubiety)가 가능하게 된 데에는 사람들이 직면하는 다양한 진리 주장들, 광범위하게 확산된 계몽주의 사상, 제도적 교회에 대한 낮은 신뢰도, 다양한 문화적 동류 집단의 영향 등 여러 가지 원인이 작용하였다. 하지만 상황이 어떻든지 간에 "우리는 다양한 수준에서 의심하는 복음의 청취자들을 향해 … 말해야만 한다."[13] 이는 복음 전도자에게 다음의 사실을 의미한다.

오늘날 우리는 복음을 전하려고 하는 대상자들에게 감동을 주려고 하기 이전에 먼저 그들의 마음속에 저항심이 있다는 사실을 인식해야 한다. 그들은 대체로 의심의 관점에서 생각하는 데 익숙해져 있다. 따라서 우리가 권위적인 태도로 진리를 주장하려고 하면 할수록 그만큼 상대방의 반발심을 유발할 가능성이 높다—물론 그 주장이 상대방의 생각과 다르지 않다면 우리가 원하는 것을

---

[11] Soper, *The Advocacy of the Gospel*, 18.
[12] 다음에서 재인용함. Ibid., 18.
[13] Ibid., 19.

얻을 수 있을 것이다. 바로 이것이 오늘날 메시지를 듣는 청중의 주요한 특징이다.[14]

소퍼는 세속화로 인해 "설교를 듣는 청중의 공통적인 특성이 죄책감에서 의심으로 바뀌었다."고 결론지었다.[15]

4) 세속화된 사람들은 교회에 대한 부정적인 이미지를 갖고 있다

만일 세속화된 사람들 중 많은 이들이 기독교가 주장하는 진리에 대해 의심하고 있다면, 이는 그들이 교회에 대해서 부정적인 이미지를 가지고 있음을 뜻한다. 그들은 특별히 교회와 교인들의 지성과 적절성과 신뢰성을 의심한다.

그들은 교회의 지성(intelligence) 곧 궁극적인 것에 관한 진리 파악의 능력을 의심한다. 왜냐하면 그들은 여전히 종교보다 과학과 상식을 더 신뢰하고 있기 때문이며, 또한 그들이 보기에—다소 막연하기는 하지만—교회가 지금까지 많은 점에서 잘못을 저질러 왔고, 교회의 지성을 다시 확신할 수 있을 만한 일이 지금까지 전혀 일어나지 않았기 때문이다.

교회의 적절성(relevance)에 대한 사람들의 의심은 교회가 세속화를 촉진하는 사건들에 대해서 방어적으로 반응할 때부터 시작되었다. 뉴비긴이 지적한 바와 같이, 이 문제는 계몽주의 문화가 인간의 삶을 사

---

[14] Ibid.
[15] "Donald Soper on Preaching to Doubters," *The Methodist Recorder* (May 24, 1962).

실에 기초한 '공적 세계'와 가치, 신념, 종교에 기초한 '사적 세계'로 분할함으로써 증폭되었다. 공적 세계는 모든 사람들이 동의하는 세계를 말하는 반면에 사적 세계는 다원주의가 지배적인 가치로 작용하고 각 개인은 자기 마음대로 종교를 선택할 수 있는-또는 아무것도 선택하지 않을 수도 있다-세계를 뜻한다. 도움이나 설명을 위해 '기계 장치의 신'(deus ex machina)-고대 그리스에서 자주 사용하던 극작술로서 극을 긴박한 국면으로 몰아간 뒤 마지막에 무대 꼭대기에서 기계 장치를 타고 내려오는 신을 등장시켜 해결하는 기법이다(역주)-을 필요로 하는 문화가 점차 축소되고, 기독교를 오직 영혼과 가족 등의 사적 세계에만 관련된 것으로 인식하는 문화가 점차 확산될수록 사람들은 점점 더 기독교에 관심을 가질 필요성을 느끼지 않는다.

기독교가 '부적절하다'(irrelevant)는 사람들의 비난은 서구 문화의 역사와 계몽주의적 세계관에 뿌리를 두고 있을 뿐만 아니라 개인적인 경험에도 뿌리를 두고 있다. 세속화된 사람들은 과거에 '부적절한' 교회에서 겪은 자신의 경험을 토대로 모든 교회를 일반화하는 경향이 있다. 케네스 채핀은 세속화된 사람들이 기독교에 대해서는 잘 기억하지 못하는 반면에 교회에서의 경험만큼은 이상하리만치 또렷한 기억을 가지고 있다는 점을 발견하였다. 그는 인터뷰를 통해서 이렇게 말했다.

> 이들 중 많은 이들이 교회를 떠났습니다. 왜냐하면 교회가 세상과 비교해서 별로 다를 바가 없어 보였기 때문이지요. 그들은 마치 십대 곧 사춘기 때 반항하듯이 교회를 떠났습니다. 그들 중 일부는 부적절한 교회에서 또는 부적절한 설교를 들으며 성장하였

습니다. 그들은 교회에 대해 분노하지 않습니다. 다만 교회에 대해서 관심이 없을 뿐입니다. 설교 시간에 하품하며 메시지에 전혀 관심을 두지 않는 태도는 세속성이 교회에 던지는 큰 도전이 아닐 수 없습니다. 그들은 교회와 자신의 현재 삶 사이에 아무런 연관성도 없다고 생각합니다.

그리고 대부분의 사람들은 교회에 대한 자신의 감정과 하나님에 대한 감정을 구분하지 않습니다. 그들은 교회가 하나님을 표상(表象)하고 있다고 생각하기 때문에 하나님 역시 교회와 비슷한 존재일 것이라고 생각합니다. 따라서 만일 교회가 그들의 이혼을 무조건 죄악시한다면 하나님 역시 그렇게 판단하는 분일 것이라고 생각합니다.

세속화된 사람들은 기독교 신앙이 단지 영혼과 가족과 같은 사적인 세계에만 해당된다고 생각하기 때문에 그들이 평생 고민하는 희망과 두려움이 예수 그리스도 안에서 해결될 수 있다는 사실을 인식하지 못한다. 심지어 극단적인 세속주의자들은 기독교 신앙을 정신 이상 또는 광기와 같은 것으로 간주한다. 도널드 소퍼가 거리에서 집회할 때 한 반대자가 소퍼의 정신 상태를 문제 삼으며 이렇게 요구하였다. "만일 당신이 미치지 않았다면 미치지 않았다는 것을 증명해 보시오." 소퍼는 이런 예기치 않은 사태에 잠시 당황했지만 곧바로 그에게 "당신이 먼저 미치지 않았다는 사실을 증명해 보시오."라고 말하면서 시간을 벌었다. 그랬더니 그가 호주머니에서 어느 정신 병원에서 발급 받은 퇴원 증명서를 꺼내 소퍼에게 보여주는 것이 아닌가! 잠시 생각한 뒤 소퍼는 그를 불쌍히 여기며 공감해 주었다.

좀 더 전문적인 관점에서 볼 때 과연 무엇이 정신 이상인가? 그것은 인간의 머릿속에서 일어나고 있는 일이 외부 세계와 상관없는 상태이거나 외부 세계와 모순된 상태임에 틀림없다. 만일 내가 외부에 존재하는 실제 세계와 아무런 관련이 없는 나만의 사적 세계에 살고 있다면 나는 미친 것이다. 정신 이상은 관계 단절(disassociation)이며, 이런 의미에서 그 반대자는 자신만의 극단적인 방식으로 복음 전도자에게 무엇이 진짜 문제인지 일깨워주고 있었던 것이다.

기독교, 좀 더 구체적으로 말해서 교회는 과연 실제적인 경험 세계와 전혀 상관없이 존재하는 부적절한 집단의 표본이라는 비난을 면할 수 있는가?[16]

소퍼는 사람들이 기독교의 교리적 내용에 관해서는 이해의 필요성을 덜 느끼고 있지만, 다행스럽게도 기독교와 그리스도인들에 관해서는, 특별히 그리스도인들의 신뢰성에 관해서는 점점 더 **호기심을 보인다**는 사실을 발견하였다. 그들은 그리스도인들이 무엇을 믿고 있는지, 그리고 믿음이 과연 그들의 삶에 어떤 변화를 가져오는지, 그리고 믿음을 가진 사람들 대부분이 이 세상에서 비그리스도인들에 비해 뚜렷하게 다른 삶을 살고 있는지 알고 싶어 한다.

헬무트 틸리케(Helmut Thielicke)는 독일의 세속화된 사람들과 접하면서 교회가 신뢰성(credibility)을 회복하는 것이 얼마나 중요한 것인지 알게 되었다. 그는 자신의 저서 『교회의 고민』(*The Trouble with the*

---

[16] Donald Soper, *Calling for Action: An Autobiographical Inquiry*, 9-10.

Church)에서 서구 사회가 안고 있는 여러 가지 신뢰성의 문제를 언급하였다.[17] 사람들은 선거 공약을 남발하는 정치가와 음료수를 광고하는 운동선수의 신뢰성에 의문을 제기하듯이 교회와 교인들의 신뢰성에 대해서도 의문을 제기한다. 그들은 우리가 다른 사람에게 추천하는 음료수를 우리도 마시는지에 대해서 묻지 않는다. 아마도 그들은 우리가 당연히 마실 것으로 생각할 것이다. "그들이 정말 묻고 싶은 것은 [우리가] 과연 영적인 갈증을 성경을 통해 해소하느냐는 것이다." 성경을 믿는다는 것은 과연 우리의 삶에 어떤 변화를 일으키는가? 설교자는 단지 제도적 교회를 위한 선전원에 불과할 뿐인가? 틸리케는 '증인의 신뢰성'(credibility of the witnesser)을 인식하는 것이야말로 오늘날 세속화된 유럽에서 기독교의 복음을 전달하는 데 매우 중요한 변수가 된다고 지적하였다.

5) 세속화된 사람들은 다양한 소외를 경험하고 있다

효과적으로 복음을 전하는 사람들은 세속화와 근대화 과정에서 이 다섯 번째 변화 곧 사회에 깊고 편만하게 퍼져 있는 소외 현상을 통절하게 인식할 것이다.[18] 기독교 세계에서 사람들은 자신이 안전하고 어딘가에 소속되어 있다고 느끼며 살았다. 소속의 필요성은 기본적으로 일터, 가족, 마을 공동체를 통해서 충족되었다.

---

[17] Helmut Thielicke, *The Trouble with the Church* (New York: Harper and Row, 1965), 1-11.
[18] 처음 세 가지 항목은 1971년에 행한 소퍼의 강연에서 제시되었고, 이는 후에 다음 책 속에 편집되었다. "What I Have Learned about Communicating with the Outsider," in Harold Bales, ed., *Bridges to the World* (Nashville: Tidings, 1971), 42-54.

그러나 오늘날 현대인들은 다양한 영역에서 소외를 경험하고 있다. 스포츠 사냥, 노천 채굴, 멸종 위기에 처한 종(種)들, 생태 위기의 증가 등에 의해 드러난 바와 같이 많은 이들이 자연으로부터 소외되어 있다. 또한 이웃으로부터 소외된 사람들도 많이 있는데, 고층 아파트 거주자들이 이웃이 누구인지 서로 모른다는 점과 경제 거래를 하면서 서로를 믿지 않는다는 점 등이 이를 입증해 준다. 또 어떤 이들은 안정적인 삶을 위해 필요한 정치 체계와 경제 체계로부터 소외를 경험하기도 한다. 이것에 대한 예로 평생 직장을 보장하던 사회 체계가 무너진 현실, "어느 누구에게도 투표하지 마세요. 그것은 정치인만 이롭게 할 뿐입니다!"라는 자동차 범퍼 스티커―자동차 범퍼에 붙인 홍보 스티커(역주)―를 들 수 있다. 또한 평생을 바쳐 일을 했지만 아무런 보람을 느끼지 못한 채 오직 여가를 즐기는 일에만 집착하는 현대인의 모습에서 알 수 있듯이 많은 사람이 직업으로부터도 소외되어 있다.

브루스 라슨은 한 사적인 인터뷰에서 소외된 사람들이 보이는 특성 중 하나가 고독이라고 진단하면서 "많은 사람들이 고독으로 죽어가고 있습니다."라고 말했다. 일부 전문의들은 고독이 미국에서 일어나는 죽음의 가장 큰 원인이라고 주장하기도 한다. 라슨은 인터뷰를 하면서 이렇게 물었다. "새벽 2시에 당신의 아이가 죽어가고 있거나 배우자가 당장 이혼하자고 소리치고 있다고 가정해 봅시다. 그러면 과연 당신은 그 시간에 누군가에게 전화해서 당신의 고통을 하소연할 수 있습니까? 당신의 말을 기꺼이 들어줄 사람이 있습니까? 만일 당신에게 그런 사람이 없다면 당신은 매우 불행한 사람입니다."

6) 세속화된 사람들은 잘 믿지 않는다

로버트 슐러는 세속화된 사람들이 대체로 잘 믿지 않는 경향을 보인다고 지적하였다. 대부분의 신학자들처럼 슐러는 인간이 선천적으로 타인을 신뢰하는 본성을 지니고 이 세상에 태어나지만 자라는 과정에서 불신을 배우게 된다고 생각하였다. 그러나 에릭 에릭슨(Eric Erikson)의 글을 읽고 나서 그는 어린아이가 어머니의 가슴에 매달리는 행위가 "일종의 신뢰의 결핍과 선천적 불안정성을 드러내는 표현"이라는 사실을 알게 되었다.[19] 슐러는 신뢰의 결핍이야말로 죄의 본질이라고 생각하였다. 인간은 본질적으로 이런 고통을 가지고 태어나기 때문에 아주 어린 시절부터 격려해 주고, 사랑해 주고, 긍정해 줘야 한다.

이런 인간의 근본 문제는 사람들에게 상처를 주고, 교묘하게 조작하고, 착취함으로써 더욱 경계심을 갖게 만드는 소외된 사회 경험에 의해 강화된다. 슐러는 "비그리스도인을 '악인'이나 '타락한 사람' 또는 '부끄러운 영혼'으로 규정하기보다는 하나님을 신뢰하지 않는—두려워하거나 의심하는—사람으로" 이해하는 것이 더 낫다고 주장하였다. 그는 "하나님께서는 긍정적인 신앙을 방해하는, 감금된 자기 파괴적 두려움과 죄로부터 모든 인간의 잠재성을 해방시키기를 원하신다."고 말했다.

또한 슐러는 세속화된 사람들이 가지고 있는 하나님에 관한 이미지가 그들의 불안정성을 강화한다고 지적하였다. 어떤 이들은 하나님을

---

[19] Robert Schuller, *Believe in the God for Believes in You* (Nashville, TN: Thomas Nelson Publishers, 1989), 36.

인간의 생명을 위협하는 '죽음의 신'(Grim Reaper), 착한 일을 하면 선물을 주는 산타클로스(Santa Claus), 나쁜 짓을 하는지 감시하는 경찰, 또는 국민을 이용하고 국가를 조종하는 표리부동한 정치가 등으로 상상한다.[20]

7) 세속화된 사람들은 낮은 자존감을 가지고 있다

로버트 슐러는 세속화된 사람들 중 많은 이들이 자존감의 상실 또는 낮은 자존감으로 인해 고통당하고 있다고 지적하였다. 이것은 매우 놀라운 사실이다. 옥중에서 생활하는 동안 디트리히 본회퍼는 세속성이 점차 증대됨으로써 '강한' 사람들('strong' people) 곧 '성숙한 인간'이 탄생할 것으로 예상하였으며, 만약 그렇게 된다면 교회가 인간의 약점보다 강점에 대해서 더 많이 말하는 법을 배워야 할 것이라고 말했다. 그러나 어느 누구도 오늘날 수많은 사람들이 자기 자신을 믿지 못하고, 자기 정체성을 확신하지 못하고, 자기 자신을 긍정적으로 평가하지 못하고, 자존감을 느끼지 못하며 살아가는 현실을 쉽게 예견할 수는 없었다.

슐러는 여러 심리학자들이 몇 가지 서로 다른 욕구들을 인격을 구성하는 본질적인 욕구로 규정했다는 사실을 잘 알고 있었다.[21] 프로이트(Freud)는 쾌락이라는 욕망을, 아들러(Adler)는 권력욕을, 프랭클

---

[20] Ibid., 41-43.
[21] 슐러의 저서 *Believe in the God Who Believes in You*의 서문과 다음 저서를 참조하라. Robert Schuller, *Your Church Has a Fantastic Future* (Ventura, CA: Regal Books, 1986), 106-7.

(Frankl)은 인간의 폭넓은 의미 추구를 기본 욕구로 보았다. 슐러는 이 견해들을 모두 존중하면서도 특별히 프랭클의 의견에 주목하였다. 그는 자존감의 상실과 낮은 자존감이 너무 유행병처럼 번져서 어쩌면 이 현상이 다음 종교개혁의 초점이 될 수도 있다고 지적하였다. 그의 의견을 들어 보자.

> 하나님의 사랑을 신뢰하지 못하거나 그리스도께서 이미 구원을 베풀어 주시고 용서해 주셨음을 신뢰하지 못하는 우리의 문제는 근본적으로 자존감의 부족에서 비롯된다. 우리는 하나님으로부터 어떤 정죄도 받지 않고 무조건적으로 사랑을 받을 수 있다는 사실을 믿을 만큼 자신을 소중한 존재로 여기지 않는다. 따라서 우리는 '은혜로' 구원하기 위해 초청하시는 하나님께 필사적으로 저항한다. 우리의 내면에 근원적으로 자리 잡고 있는 수치심과 자기를 가치 없는 존재라고 생각하는 마음은 사랑이란 그만한 대가를 치르고 '얻는' 것이고, 따라서 '무언가를 해야만' 한다고 믿게 만든다.[22]

슐러는 자존감이야말로 세속화된 사람들의 여러 가지 문제를 푸는 열쇠가 된다고 말했다. 그는 한 사람의 감정적 충족이 긍정적인 자존감과 무관하게 실현될 수 없으며, 신앙이 없이 살아가는 사람들은 자신의 삶에서 영적, 감정적 공백을 메우기 위해 유물론에 의지할 가능성이 높다고 지적하였다. 그러나 그는 적절한 긍정적 자존감은 오직 하나님 또는 하나님의 사람들과 맺은 언약적 관계(covenantal relation-

---

[22] Robert H. Schuller, *Self-Esteem: The New Reformation* (Waco: Word Books, 1982), 156.

ships) 안에서 형성될 수 있다고 강조하였다. 관계는 자기 이해와 자존감에 결정적인 요소다. 왜냐하면 "나라는 존재는 내가 생각하고 있는 바의 내가 아니며, 또한 당신이 나에 대해서 생각하고 있는 바의 나도 아니고, 오직 당신이 나에 대해서 어떤 생각을 가지고 있으리라는 사실을 인식하고 있는 바로서의 나이기 때문이다." 슐러는 '자기 이미지 이식'(self-image transplant)의 가능성을 선언하면서 사람들에게 지금 당장 그것을 실천하라고 도전하였다.[23]

현재 슐러의 수정 교회에서 동역자로 사역하고 있는 브루스 라슨은 세속화된 사람들의 삶이 하나님과의 관계 단절 또는 하나님 없는 삶이라는 기본적인 의미에서 그들을 죄인으로 규정하였다. 그는 세속적인 사람들이 하나님으로부터 분리된 삶을 사는 이유로 자아와 관련된 세 가지 문제를 지적하였다. (1) 세속화된 사람들은 자기 중심적이다. 태어날 때 그들은 음식, 변화, 사랑을 구하는 울음을 터뜨리며 이 세상에서 삶을 시작한다. 성장하면서 그들은 울음을 그치고 자신이 원하는 것을 얻기 위해 부모와 형제, 나중에는 직장을 대상으로 '일'(work)하는 법을 배우지만, 그들은 여전히 자기 중심적이다. (2) 세속화된 사람들은 자기 기만적이다. 라슨은 성경에 나오는 모든 가정을 포함하여 이 세상에 존재하는 "모든 가정이 역기능적"이라고 생각했으며, 따라서 "우리 모두는 역기능적인 가정으로부터 형성"됨으로써 결국 자신이 어떤 존재인지도 모른 채 살아가게 된다고 말하였다. 우리 중 어떤 이들은 요셉과 같이 '존중 받는' 아이로 태어나고, 어떤 이들은 야곱과 같이 '멸시 받는' 아이로, 어떤 이들은 요셉의 형들과 같이 '무시당하

---

[23] 다음을 참조하라. Robert H. Schuller, *Believe in the God Who Believes in You*, 2장.

는' 아이로 이 세상에 태어난다. (3) 결국 이런 자기 기만이 우리의 자존감에 영향을 미칠 때 사람들은 너무 낮거나 너무 높은 자존감을 가지고, 그리고 분명하고 정확한 자기 정체성을 가지지 못한 채 가정을 "졸업하게 된다."

8) 세속화된 사람들은 역사를 통제할 수 없는 것으로 생각한다

케네스 채핀은 세속화된 사람들 중 많은 이들이 역사를 통제할 수 없는 것으로 인식하기 때문에 미래에 대해 매우 불안하게 생각한다고 지적하였다. 그들은 역사가 놀라운 사건, 충격, 위협 등의 끝없는 연속이라고 생각한다. 예를 들자면 존 에프 케네디(John F. Kennedy)와 로버트 케네디(Robert Kennedy), 마틴 루터 킹(Martin Luther King)의 암살, 냉전 시대의 베트남 전쟁, 소비에트 연방의 갑작스러운 해체, 페르시아 만 사태, 변동이 심한 증권 시장과 기름 가격으로 인한 경기 침체, 실업, 도시 폭동, 약물과 에이즈 확산 등과 같은 사건들인데, 세속화된 사람들은 역사를 이런 충격적인 사건들의 연속으로 인식하고 있으며, 따라서 그들은 "아무도 그런 사건들에 책임이 없다."고 생각한다.

9) 세속화된 사람들은 인간의 본성 역시 통제할 수 없다고 생각한다

세속화된 사람들은 역사를 통제할 수 없는 것으로 생각하는 것처럼 인간의 본성과 가족 역시 통제할 수 없다고 생각한다. 사무엘 슈메이커는 1940년대와 1950년대에 자기 파괴적 중독이 넓게 확산됨으로써 세속화된 현대의 많은 어린이들이 고통을 당하게 될 것이라고 예견하였다. 그는 알코올 중독자들을 치료하는 사역을 하면서 그들이 다른 문제를 가지고 있는 사람들 속에서 어떤 행동 패턴을 나타내는지 연구하였다.[24] 세속화된 '강한' 사람들이 등장하리라고 한 본회퍼의 예언과는 달리, 슈메이커는 점점 더 많은 사람들이 통제할 수 없는 나락으로 떨어지는 현실을 보았다. 사실 슈메이커와 같은 시대를 살았던 사람들 중에서 중독에 관한 만족스러운 일반 이론을 발전시킨 사람은 아무도 없었다. 이런 상황에서 슈메이커는 많은 사람들이 내적인 힘을 스스로 조절하지 못하고 자신에게 발생하는 문제들을 스스로 관리하지 못해 결국에는 그 문제들이 그들을 파괴하게 만들고 온전한 자유를 누리지 못한 채 무기력하게 살아가는 모습에 주목했던 것이다.

그런데 슈메이커는 문제를 가지고 있는 사람들보다도 문제 자체가 더 중요하다는 의미에서 다음과 같이 말하였다. "거의 모든 사람이 문제를 가지고 있다는 것 또는 문제와 더불어 살아간다는 것 자체가 또 하나의 문제다." 그가 주목한 현상은 오늘날 더 확산되고 있다. 수많은 사람들이 알코올, 담배, 음식, 약물 등과 같은 어떤 '실체'(substance)에 중독되고 있다. 어떤 사람들은 일, 돈, 섹스, 도박, 의존 관계와 같은 어떤 '과정'(process)에 중독되고 있다. 상황이 이렇게 전개되면서 그들의 삶은 점점 더 통제하기 어렵게 되었다.

---

[24] 예를 들어 슈메이커는 자신의 저서 *How to Become a Christian* (New York: Harper & Row, 1953), 3장에서 다음과 같이 말했다. "이 세상에는 알코올에 취하지 않는 사람들이 많이 있다. 하지만 그들은 두려움, 자기 연민, 우울증, 자기 방식대로 삶을 살고자 하는 욕망에 깊이 취해 있다. 저녁에 매우 심술궂은 분위기로 집에 돌아오는 남자, 자신의 병을 이용하여 타인으로부터 관심과 도움을 받으려는 여자, 이 둘은 모두 취한 사람들이다. 한 사람은 분위기에 취했고 다른 한 사람은 자기중심주의에 취한 것이다."

10) 세속화된 사람들은 스스로 하나님께 나아가는 문을 찾지 못한다

슈메이커는 그리스도의 제자가 아닌 사람들이란 결국 '길을 잃은' 사람들을 뜻하기 때문에 우리가 그들을 찾아 나서야 한다고 보았다. 그들은 하나님, 궁극적인 실재, 믿음을 찾고 있지만 그들 스스로는 "이 세상에서 가장 중요한 문" 곧 "하나님을 만났을 때에만 들어갈 수 있는 문"을 찾지 못한다. 철학자 우나무노(Unamuno)는 "하나님을 부인하는 자들은 그분을 찾지 못하는 절망감 때문에 부인하는 것"이라고 말했다.[25] 슈메이커는 이 점에 대해서 자신의 유명한 시에서 다음과 같이 묘사하였다.

> … 문이 어디에 있는지 간절히 알기 원하지만
> 지금까지 사람들이 찾은 것이라고는
> 오직 문이었으면 싶은 벽일 뿐
> 그들은 마치 소경처럼 벽을 따라 천천히 나아간다.
> 손을 내밀어 더듬으면서
> 문인가 싶었지만, 거기에 틀림없이 문이 있을 거라고 생각했지만
> 그들은 결코 문을 찾지 못한다. …
> 굶주린 거지가 죽어가듯이 사람들은 문 밖에서 죽어간다.
> 한겨울 잔인한 도시의 추운 밤에
> 그들은 문을 찾지 못했기 때문에 죽어간다.

---

[25] 다음에서 재인용함. Samuel Shoemaker, *Extraordinary Living for Ordinary Men* (Grand Rapids: Zondervan, 1965), 24.

그들은 문과 전혀 상관없는 곳에서 살아가고 있다.

왜냐하면 아직 문을 찾지 못했기 때문이다.[26]

지금까지 살펴본 세속화된 사람들의 10가지 특징은 이미 널리 알려져 있는 내용이다. 세속화된 사람들 중 대다수는 아닐지라도 많은 사람들이 이런 특징을 보이고 있다. 물론 세속화된 사람들의 특징이 이 10가지에 국한되는 것은 아닐 것이다. 어쩌면 이 10가지 특징은 서구의 모든 교회가 그들이 처한 선교 현장을 이해할 수 있도록 돕는 현장 분석 지도(map)에 해당한다고도 볼 수 있다. 10가지 중에서 어떤 특징은 다른 특징들을 보조적으로 설명해 주기도 한다. 한 예로 낮은 자존감을 가지고 있는 사람들이 중독에 더 잘 빠지는 경향을 들 수 있다. 어쨌든 세속화된 사람들 중에서 여기에 묘사된 모든 특징을 보이는 사람들을 발견하는 것은 오늘날 그리 어려운 일이 아니다.

---

[26] 이 시의 전문은 Helen Smith Shoemaker의 자서전 *I Stand by the Door: The Life of Sam Shoemaker* (Waco: Word Books, 1978)에서 찾을 수 있다.

2장

세속화된 사람들에게 복음을 전하기 위한 주제와 전략

　기독교 세계가 쇠퇴한 이후 다시 선교 현장이 되어 버린 서구 사회에서 우리는 어떻게 세속화된 사람들에게 복음을 전하고, 어떻게 그들이 신앙을 갖게 할 수 있을까? 1장에서 설명한 세속적인 사람들에 관한 프로필은 앞으로 논의하게 될 여러 가지 전략적 방법을 암시해 주고 있다. 이 장에서 다루는 주제와 전략은 그 프로필에 해당하는 사람들에게 복음을 전할 수 있는 모든 방법을 제시하는 데 초점이 맞춰져 있지 않다. 오히려 우리가 전도하려고 하는 주민들에 관해서 깊이 생각하고 그들의 프로필을 작성하는 것이 얼마나 중요한 일인지 일깨워 줄 것이다.

　여기에서 다루는 주제와 전략은 결코 이론적으로만 접근해서 얻은 것들이 아니다. 그것들은 세속화된 사람들에게 복음을 전하고 있는 교회와 복음 전도자들이 지금도 사용하고 있는 것들이다. 따라서 나는 이 장에서 세속화된 사람들을 위해 현재 사용되고 있는 전도 전략을 넘어 전 세계 모든 사람들에게 복음을 전하는 일을 다루는 교회 성장 연구(church-growth research)의 확정된 원리들을 추가해서 주제와 전략을 설명하고자 한다.

1. 기독교의 기본 진리를 가르쳐라

세속화된 사람들은 대체로 기독교의 기본 진리에 관해 잘 모르기 때문에 그들에게 복음을 전하려고 할 때 우선적으로 가르치는 사역이 필요하다. 도널드 소퍼는 수년 동안 옥외 집회에서 나온 현장(現場)의 질문들을 통해 기독교 복음 전도자가 한 가지 질문에 같은 대답을 반복해야 한다는 사실을 알게 되었다. "'기독교란 무엇인가?' 이 질문은 불신자들이 무엇을 모르고 있는지 정확하게 말해 준다. 따라서 기독교 전도자는 몇 번이고 되풀이하여 진정한 기독교—사람들이 기존에 오해하고 있던 기독교가 아닌—가 무엇인지 설명하고, 드러내고, 제시할 준비가 되어 있어야 한다."

소퍼는 오늘날 기독교 교사들이 저지르고 있는 잘못에 대해서 날카롭게 지적하였다. 세속화된 사람들은 대부분 기독교에 대해서 기본적인 내용조차 이해하지 **못하고** 있는데도 기독교 교사들은 그들이 다 알고 있다고 전제하고 커리큘럼의 "중간에서부터 시작"하고 있다는 것이다. 소퍼의 말을 들어 보자. "내 말이 진부하게 들릴지 모른다. 그러나 만일 열정적인 복음 전도자가 예수 그리스도의 이야기 곧 그분의 말씀, 그분의 삶과 죽음, 제자들에게 일어난 일들에 관해 말한다면, 다시 말해서 기독교의 가장 기본적인 내용에 집중하고, 그 내용에 대해서 지금껏 들어 보지 못한 새로운 복음이라고 느낄 정도로 그들에게 선포한다면 그것은 마치 인내하면서 계속 황무지를 개간하여 마침내 옥토로 만드는 작업과도 같다."[1]

여러 가지 경험을 종합해 볼 때 오늘날의 기독교 교육을 위해서는 기본적으로 두 가지를 고려해야 한다. 첫째는 사람들의 주의를 계속 집중시킬 수 있을 만큼 교육이 재미있어야 한다는 것이다. 둘째는 사람들이 수동적으로 정보만 받게 하기보다는 참여를 통해서 효과적으로 배우게 해야 한다는 것이다. 세속화된 사람들을 위한 교육 사역에 헌신한 선구적인 인물로는 호주연합교회(the United Church of Australia) 선교위원회에 속해 있는 데이비드 로빈슨(David Robinson)을 꼽을 수 있다. 그는 호주에서는 상당히 저명한 인물로 비신자들에게 기독교 음악을 가르치고 성극 공연에 직접 참여하게 함으로써 자연스럽게 기독교의 진리를 가르치는 효과를 얻고 있다.

호주에서 사역하고 있는 마이클 베네트(Michael Bennett)는 가르치는 사역의 또 다른 모델을 제시하고 있다. 그는 자신이 집필한 『쉽게 풀어 쓴 기독교』(Christianity Explained)의 지도자 지침서를 사용하여 사람들에게 마가복음을 공부시킨다.[2] 그 지침서는 도전적인 세 가지 원칙에 기초하고 있다. 첫째, 학습자들이 아무것도 모른다는 것을 전제하라. 심지어 그들이 다윗 왕이나 시몬 베드로조차 모른다고 가정하라는 것이다. 둘째, 학습 모임 중에 그들에게 크게 소리 내어 읽거나, 큰 소

---

[1] Donald O. Soper, *Popular Fallacies About the Christian Faith* (London: The Epworth Press, 1938; rpt. by Wyvern Books, 1957), 124.

[2] Michael Bennett, *Christianity Explained* (Singapore: Scripture Union, 1988).

리로 기도하거나, 성경 또는 기독교에 관한 질문에 대답할 것을 요구하지 말라. 바로 이런 것들이 두려움을 가중시켜 학습 모임에 참여하기를 꺼리게 만들기 때문이다. 셋째, 여유를 가지고 천천히 진행하라. 어떤 한 가지를 설명한 뒤 그들이 그것에 바로 반응하리라고 기대하는 것은 무리다. 만약 교육 과정이 6주라면 그들은 일반적으로 5주차 또는 6주차가 되어서야 겨우 반응할 것이다. 게다가 적극적으로 반응하는 사람은 반응하는 두세 명 가운데 한 명 정도에 불과할 것이다.

2. 헌신적인 삶을 살도록 초청하라

사무엘 슈메이커는 너무도 많은 기독교 지도자들이 기독교의 기본 내용에 관해 잘못 알고 있으며, 알고 있더라도 가르치지 않고 있으며, 설교자들 역시 분명하게 기독교의 기본 진리에 삶을 맡기도록 사람들을 초청하지 않고 있다는 의견에 공감하였다. 그는 대부분의 목회자들이 아직 그리스도인의 삶을 시작하지도 않은 사람들에게 무조건 충성하고 헌신하라고 요구하고 있다고 지적하였다. 그가 보기에 그것은 마치 아직 달리기로 결심하지도 않은 사람에게 오래 달리는 법이나 컨디션을 유지하는 법을 일러주는 것만큼이나 비논리적이다. "회중석에 앉아 있는 사람들은 대부분 기독교적 체험을 단순한 열망이 아닌 사실로 만들 수 있는 방법에 대해서 한 번도 들어본 적이 없는 사람들이다. 게다가 소위 그리스도인이라 불리는 사람들 중에도 확실하게, 다시 말해서 분명하고도 결정적인 방식으로 그리스도인의 삶을 시작한 적이 없는 사람들이 많이 있다."

현재 교회가 처한 상태 곧 비신자들로부터 낮게 평가되는 교회의 위상, 세상에 아무런 영향도 미치지 못하는 무기력한 모습, 습관적으로 경건의 의무를 행하는 것으로 자기만족에 빠지는 신앙 수준은 우리가 영적으로 무기력하고 점점 더 퇴보해 가는 시대에 살고 있음을 입증해 준다. … 내가 주장하고자 하는 바는 문제의 핵심이 처음 신앙생활을 시작하는 지점에, 아니 좀 더 정확히 말하자면 그 시작조차 확실하게 하지 않았다는 사실에 있다는 것이다.[3]

3. 삶의 참된 의미를 깨닫게 하라

오늘날 세속화된 사람들은 죽음 이후의 삶에 관심이 없고, 그 대신 죽음 이전의 삶에 더 많이 집착한다. 따라서 교회가 그들이 삶의 의미를 이해하고 발견할 수 있도록 도와줄 때 사람들의 필요를 따라 복음을 전할 수 있을 것이다. 실제로 딘 켈리(Dean M. Kelley)는 그의 저서 『왜 보수적인 교회들이 성장하는가?』(*Why Conservative Churches Are Growing*)에서 사람들에게 삶의 의미를 깨우쳐 주는 것이야말로 기독교의 중심적이고 필수적인 기능이라고 언급하였다.[4] 따라서 사람들이 자신에게 주어진 삶의 의미와 목적을 이해하고 발견할 수 있도록 돕지 않는 교회는 교회의 본질적 사명을 무시하는 교회라고 할 수 있다.

---

[3] Samuel Shoemaker, *Children of the Second Birth* (New York: Fleming H. Revell Company, 1927), 87-89.

[4] Dean M. Kelley, *Why Conservative Churches Are Growing* (New York: Harper & Row, 1977). 특별히 3장, "The Indispensable Function of Religion"을 참조하라.

4. 진지하게 대화하라

자신의 죄를 인식하기에 앞서 먼저 의심부터 하는 경향이 오늘날 세속화된 사람들에게 나타나는 가장 우선적인 특징이라면 과연 그들에게 효과적으로 복음을 전하기 위한 적절한 전략은 무엇인가? 지금까지 기독교는 교회에 출석하지 않는 사람들을 대상으로 대중 집회를 열고 권위 있는 설교를 통해 전도하는 전통적인 방식에 집중해 왔다. 그러나 대부분의 세속화된 사람들은 그런 설교가 매우 **권위주의적**이라고 생각한다. 따라서 그들은 그런 설교에 귀를 기울이지 않는다. 그런 설교는 카리스마적인 권위에 기초한 웅변조의 설교―아직도 이런 유형의 설교를 좋아하는 교인들이 있다―를 좋아하는 신자들에게나 환영받을 뿐이다.

릭 워렌은 한 사적인 인터뷰에서 이 시대에 '위대한 웅변가'가 더는 존재하지 않는다고 말했다. 그는 오늘날 청중의 마음을 사로잡는 사람은 위대한 웅변가가 아니라 자니 카슨(Johnny Carson)이나 로널드 레이건(Ronald Reagan)과 같이 청중과 진솔한 대화를 나누는 사람이라고 말했다. 워렌은 세속화된 사람들에게 복음을 전하는 전도자가 되려고 하는 사람들에게 이런 조언을 들려주었다. "당신은 그저 복음에 관해서 해설하는 사람(commentator)이 아니라 그들과 소통하는 전도자(communicator)가 되기로 결심하십시오. … TV는 미국인들이 무언가에 집중할 수 있는 시간을 단축시켜 놓았습니다. 그러므로 문제의 핵심으로 바로 들어가십시오. … 만약 누군가의 말을 인용하려면 고전에나 나오는 위인의 금언 대신 로잔느 바(Rosanne Barr)나 빌 코스비(Bill Cosby)처럼 현대인들이 잘 알고 있는 사람의 말을 인용하십시오."

의심이 많은 사람들의 관심을 끄는 데 가장 효과적인 방법은 대화다. 도널드 소퍼의 옥외 포럼은 효과적인 대화의 한 형식을 보여준다―미국의 경우에 영국의 옥외 집회와 비슷한 것을 꼽으라면 라디오 프로그램에서 청취자가 직접 전화로 참여하는 방식이 될 것이다. 의심이 많은 사람들을 대상으로 한 사무엘 슈메이커의 인터뷰 역시 효과적인 대화의 모델이 될 수 있다.[5] 대화 방식을 통해 세속화된 구도자들과 적극적으로 소통하는 교회들은 이미 기대했던 것보다 더 많은 열매를 거두고 있으며, 따라서 이 방식은 서구의 모든 지역 사회에서 다양하게 적용될 수 있다.

나는 의심이 많은 사람들을 대상으로 상당히 폭넓은 대화 사역(dialogical ministry)을 해왔는데, 이런 경험을 통해서 네 가지 중요한 사실을 발견하였다. 첫째, 만약 당신이 상대방이 의심하는 내용에 맞춰 그들과 진솔하고 열린 마음으로 대화에 임한다면 그들에게 얼마든지 만족스러운 대답을 줄 수 있다. 하나님은 당신의 지성을 그냥 내버려 두지 않고 사용하기를 원하신다. 당신이 오랫동안 공부한 것들은 실제로 사

---

[5] 호주연합교회 선교위원회 소속인 데이비드 로빈슨은 마닐라에서 개최된 제2차 로잔대회(Lausanne II)의 한 세미나에서 꽤 유용하게 보이는 대화 방식을 제시하였다. (1) 당신이 먼저 묻는다. "지금 당신이 염려하는 것은 무엇입니까?" 그러면 그들은 일반적으로 건강, 근심, 직장, 결혼, 자녀라고 대답한다. (2) 당신이 또 묻는다. "이 불확실성은 무엇을 의미합니까?" 당신은 성경이 그들의 고민에 대한 해답을 가지고 있다고 말한다. 그러면 그들은 대체로 당신의 말에 귀를 기울일 것이다. (3) 때로는 그들에게 문제의 핵심이 무엇인지 정확하게 밝히라고―"나의 문제는 … 이다"―요구할 필요가 있으며, 그렇게 함으로써 그들을 문제로부터 해방시킬 수 있다. 그들은 종종 "만일 내가 성경을 믿지 않는다면 어떻게 해야 됩니까?"라고 묻기도 한다. 그러면 로빈슨은 다음과 같은 말로 그들을 격려한다. "그저 읽기만 하십시오. 하나님께 마음을 여십시오. 그리고 적절한 때에 믿기로 결심하십시오."

람들을 도울 수 있는 대답을 만들어 낼 것이며, 그들의 신앙이 성장하는 데 방해가 되는 걸림돌을 제거할 것이다.

둘째, 대화를 하다 보면 사람들이 묻는 질문에 당신이 적절하게 대답하지 **못할** 수도 있다. 하지만 이런 상황을 두려워하지 말라. 이런 경험은 당신으로 하여금 더 성경을 찾게 만들고 말씀 앞에 무릎을 꿇게 만들 것이며, 다른 사람들이 대답을 찾기 위해 그저 '책상 신학'에 매달리는 동안 좀 더 적절한 신학적 설명을 찾아 현장에 적용하도록 도울 것이다.

셋째, 대화를 하는 과정에서 전도자는 상대방의 신앙뿐만 아니라 그가 가진 의심에 관해서도 솔직해야 한다. 의심은 인간 조건의 일부이며, 이런 세속적인 특성은 비단 그들뿐만 아니라 우리들에게도 동일하게 나타난다. 복음 전도자는 **우선적으로** 그들의 말을 경청해야 한다. 그런 뒤에 그 의미를 파악하고, 그 다음에 그의 의문에 대해 적절하게 대답하고, 마지막에 믿음을 고백하게 해야 한다. 이때 중요한 것은 전도자가 상대방의 의심에 깊이 공감하면서 자신은 의심에 대해서 어떻게 생각하고 있는지 나누는 것이다. 그리고 많은 경우에 모든 의심이 해소되기 전에 먼저 그리스도인이 되는 것이 좋다는 사실을 그들에게 알려줄 필요가 있다.

넷째, 그리스도인이 상대방을 정죄하거나 위협적으로 대하지 않고 오히려 배려하는 마음으로 대화를 나눌 때 종종 그 대화의 과정 자체가 상대방에게 해방의 체험이 되기도 한다. 의심의 내용을 밝히고 대화를 통해서 함께 나누면 그것이 더는 영혼을 억압하지 못하고 마치 "어금니 뽑히듯 뽑혀진다." 그런 뒤에 본격적인 '믿음의 실험'(the experiment of faith)을 감행할 수 있게 된다. 그러나 의심이 많은 사람으로 하여금 의심을 해소하고 신앙을 갖도록 돕는 일은 하나님께 용서를 구하도록 돕는 일보다 더 오랜 시간이 걸리는 과정이다. 소퍼의 말을 들어 보자. "죄는 마치 부싯돌과 같아서 감정의 불꽃에 점화되면 금방 타오른다. 반면에 의심은 녹(綠)과 같아서 오직 조심스럽게 닦음으로써만 제거될 수 있다."[6]

5. 의심과 질문에 응답하라

세속화된 사람들이 교회가 과연 궁극적 진리를 제대로 알고 있고 가르칠 수 있는지에 대해서 의심하고 있다면 교회는 당연히 그들의 의심을 이해하고, 자신이 주장하는 진리가 무엇인지 분명하게 밝히고, 사람들의 질문에 대답하는 변증론을 개발해야 한다. 도널드 모건(Donald Morgan)은 자신의 저서 『분열된 세계의 치유』(*How to Get It Together When Your World Is Coming Apart*)에서 하나님에 대해 의문을 가지고 있는 세속화된 사람들이 빈번하게 제기하는 질문들을 소개하고 있다. 하나님은 존재하는가? 하나님은 어떤 분인가? 우리는 하나님을 알 수 있는가? 하나님은 우리를 알고 있는가? 하나님은 우리의 삶에 관여하는가? 과학 시대에 기적을 믿을 수 있는가?[7]

---

[6] "Donald Soper on Preaching to Doubters," *The Methodist Recorder* (May 24, 1962).

[7] Donald Morgan, *How to Get It Together When Your World Is Coming Apart* (Old Tappan, NJ: Fleming H. Revell, 1988).

6. 신실한 그리스도인들과 교제할 수 있게 하라

교회와 그리스도인을 신뢰하지 않는 세속화된 사람들은 신실한 그리스도인들을 만날 필요가 있다. 교회 컨설턴트로서 나는, 하나님이 언제나 증인과 더불어 교회에 계시며, 모든 교회에 은혜를 체험하고, 하나님과 타인들을 사랑하며, 누가 봐도 신실한 사람들이 있음을 보았다. 현명한 교회 지도자라면 사람들이 기독교의 지식을 배움으로써가 아니라 결정적인 순간에 사로잡힘으로써(more caught than taught) 신앙을 갖게 된다는 점을 잘 알고 있기 때문에 구도자들이 신실한 그리스도인들을 만나 그들의 얼굴을 직접 보면서 질문을 던지고 서로 교제할 수 있는, 일종의 사회적 기회들을 마련해 줄 것이다.

사무엘 슈메이커는 이런 분명한 목적을 위해 목요 저녁 모임을 만들었다. 그는 현재 '믿음의 실험'을 행하고 있는 사람들로 이 모임을 구성하였으며, 그들이 모임을 통해서 솔직하게 삶의 고민을 나누고 해결책을 모색하도록 기획하였다.

> 세상 사람들은 … 악한 사람이 선한 사람으로 변화될 때 또는 선한 사람이 자기만족의 유혹을 뿌리치고 그리스도인이 될 때 그것의 의미를 알게 된다. 갈 곳을 몰라 방황하고 있는 사람이 자신이 가야 할 어떤 운명적인 한 방향을 발견할 때 또는 표류하고 있는 한 인생이 항구로 들어올 때 그들은 그것의 의미를 깨닫게 된다. 정리해서 다시 말하자면, 그들은 그것의 의미를 깨달을 뿐만 아니라 좋아한다. 따라서 그는 자신의 영혼을 향해 이렇게 속삭인다. '이것

이야말로 진정한 기독교의 모습이 아닌가!'[8]

슈메이커의 『거듭난 자녀들』(Children of the Second Birth)에 나오는 몇 가지 사례 중에는 열등감에 사로잡혀 있던 어느 한 사람에 관한 이야기가 나온다. 그는 프린스턴에서 열린 한 집회에서 슈메이커의 설교를 들은 적이 있었는데, 그 후 뉴욕으로 이사와 트리니티 교회에 등록하고 기독교 신앙이 어떻게 사람들을 변화시키는지 알아보기 시작하였다. 처음에 그가 이 교회에 등록한 이유는 사람들이 믿음을 가진 뒤 점차 삶에 변화가 일어나는 것을 목격했기 때문이었다. 그러나 시간이 지나면서 "그는 실험적으로 **진정한** 기독교를 경험해 보기로 결심하였다. 그 후 그는 한 신실한 신자에게서 신앙에 대한 안내를 받았다. … 휴가를 맞아 고향으로 돌아왔을 때 그의 삶은 완전히 달라져 있었다."[9]

한 가지 사례를 더 들어 보자. 늘 안절부절못하는 불안한 삶을 살다가 결국에는 심각한 질병에 걸린 한 여인이 있었다. 신앙적으로 볼 때 그녀는 아직 완전히 회심하지 않은 상태였는데, 이 여인이 어느 날 슈메이커의 목요 저녁 모임에 참석하였다. 그녀는 모임에 참석한 사람들의 "얼굴에 기쁨이 넘쳐나는 것을 보았으며," 분위기를 보고 하나님의 임재를 느낄 수 있었다. 여러 날을 고심한 끝에 그녀는 마침내 그리스도께 "굴복하였다." 그리스도 앞에서 회개하고 지난날의 삶을 정리하자 증오에서 해방되고 고통 중에서도 평화를 느낄 수 있게 되었다. 그러자 "그녀의 삶 이곳저곳에서 기적이 일어나기 시작하였다."[10]

---

[8] Samuel Shoemaker, *Children of the Second Birth*, 13.
[9] Ibid., 35-42.
[10] Ibid., 51-58.

7. 소외감을 극복할 수 있게 하라

도시 교회 지도자들은 세속화된 사람들 중 많은 이들이 자연으로부터 소외되어 있음을 잘 알고 있다. 따라서 이런 점을 고려하여 그들이 하나님의 자연 계시를 느낄 수 있도록 자연 환경에서 진행하는 수련회를 계획할 수도 있을 것이다.

또한 세속화된 사람들 중에는 이웃으로부터 소외된 채 살아가는 사람들도 있다. 교회 지도자들은 이런 점을 고려하여 구도자를 위한, 지원 그룹을 포함하는 다양한 소그룹을 활성화할 필요가 있다. 도널드 소퍼는 초기 옥외 집회 사역을 통해서 다음과 같은 사실을 알게 되었다. "대부분의 사람들이 하나님을 참된 분으로 인정하는 일은 오직 생명력 넘치는 기독교의 친교를 통해서 일어난다. … 현대 불가지론이 가지고 있는 문제의 핵심은 친교에 있다. 불가지론은 기독교의 친교가 무너짐으로써 나타났다. 따라서 기독교의 친교가 회복되면 불가지론을 극복하고 믿음과 확신을 가질 수 있을 것이다."[11]

---

[11] 다음을 참조하라. Donald Soper, *Question Time on Tower Hill* (London: Hodder and Stoughton Ltd., 1935), 21-23. 소퍼의 전체 문장들을 보면 그가 친교의 역할을 신앙을 잃어버렸을 때와 다시 신앙을 회복했을 때로 구분해서 이해하고 있음을 알 수 있다. "하나님의 교회가 확신을 잃어버리면 하나님(에 관한) 의심이 뒤따라온다. 교회 지도자들에 … 대한 불신으로 인해 대중들은 그들이 … 증거하는 영적인 실체를 믿지 않게 되었다. … 제도에 대한 환멸이 먼저 오고 그 다음에 제도 배후의 실체(에 관한) 의심 … 뒤따라왔다. 자신을 그리스도인이라고 생각하지 않는 사람들이 많이 있지만 사실 그들 중 대부분은 아직 하나님에 대한 신앙을 버리지 않았으며 교회의 유용성을 부정하지도 않았다. …"

"신앙이 쇠퇴하는 현상은 친교가 쇠퇴하는 현상에서 발생한다. 무신론은 개인적인 연구에 의해 발생할 가능성이 거의 희박하다. 대부분의 경우에 그것은 개 교회 공예배와 전체 기독교에 대한 도덕적 환멸의 산물이다. 대부분의 사람들이 하나님을 또한 세속화된 사람들 중에는 정치적 권력과 경제적 힘으로부터 소외된 삶을 살아가는 사람들이 많이 있다. 이런 점을 고려하여 교회 지도자들은 기독교 사회 운동을 전도에 접목하고, 소외된 사람들을 사회 정의를 위한 활동에 참여하고 있는 그리스도인들에게 소개하여 함께 활동하도록 도와주어야 한다.

사실 복음 전도자들은 사회 정의 운동을 좁은 의미로만 생각하는 경향이 있다. 하지만 사회 정의 운동은 전도 개념과도 매우 긴밀한 연관성을 가지고 있다. 윌리엄 템플(William Temple)은 "사회적 증언은 전도를 위한 예비 활동이면서 동시에 그것의 결과이기도 하다."고 말했다. 사회적 증언과 사회 개혁이 전도를 위한 예비 활동이라고 말할 수 있는 이유는 도움이 필요할 때 도움을 받고, 정의롭고, 인도적인 환경에서 살아가는 것이야말로 사람들이 우주가 우호적이라는 메시지를 믿을 수 있게 만드는 조건이 되기 때문이다.

사람들의 사회 경험과 인식이 하나님의 말씀을 믿는 데 영향을 미친다는 사실은 출애굽기 6장의 기록에서도 알 수 있다. 모세는 하나님께서 이스라엘 백성의 신음을 들으시고 구원해 주실 뿐만 아니라 그들에게 땅을 주실 것이라고 선포하지만, 정작 이스라엘 백성은 "마음의 상함과 가혹한 노역으로 말미암아 모세의 말을 듣지 아니하였더라."(출 6:9)고 하였다. 이처럼 가난, 기아, 폭력, 전쟁, 쾌락주의, 물질주의의 환경은 사람들이 하나님의 말씀에 귀를 기울이기 어렵게 만든

참된 분으로 인정하는 일은 오직 생명력 넘치는 기독교의 친교를 통해서 일어난다. … 현대 불가지론이 가지고 있는 문제의 핵심은 친교에 있다. 불가지론은 기독교의 친교가 무너짐으로써 나타났다. 따라서 기독교의 친교가 회복되면 불가지론을 극복하고 믿음과 확신을 가질 수 있을 것이다."

다. 그런데도 우리는 우리가 살고 있는 환경 안에서 실제적이고도 지속적인 전도 활동을 수행해야 한다. 왜냐하면 우리에게는 좀 더 좋은 조건을 갖춘 환경을 기다릴 만큼 시간적 여유가 없기 때문이다. 그러므로 우리는 정의롭고 인도적인 사회를 만들기 위해 아쉬운 대로 현재의 사회 조건 안에서 더 많은 사람들을 그리스도에게로 인도해야 한다. 그러면 그렇게 만들어진 좋은 사회가 더 많은 사람들이 믿을 수 있는 조건이 될 것이다.

세속화된 사람들 중에는 자신의 직업에서 소외되어 있는 사람들이 많이 있다. 이런 점을 고려하여 교회 지도자들은 직업에 관한 개신교의 교리를 재발견하고 그것을 새로운 세대가 이해할 수 있도록 적절하게 재해석해야 한다.

특별히, 소외된 사람들의 외로움을 잘 알고 있는 그리스도인들은 그들과 정서적 연대를 이루고 정직한 태도로 그들과 교제해야 한다. 이와 관련하여 브루스 라슨은 다음과 같이 말했다. "우리는 모두 고독한 사람들이다. 인간은 누구나 홀로 자기 인생을 살아갈 수밖에 없다. … 결혼한 사람이든지 결혼하지 않은 사람이든지 간에 우리는 모두 고독한 사람들이다. 따라서 우리가 일평생 의지할 수 있는 분은 오직 예수뿐이다. 그분은 우리에게 '내가 결코 너희를 버리지 아니하고 너희를 떠나지 아니하리라.'(히 13:5; 신 31:6)고 말씀하신다. 다른 사람들은 모두 우리를 버리거나 포기할 수 있다."

더 나아가 라슨은 복음에 대한 왜곡된 응답이 우리를 고독하게 만들 수 있다고 경고하였다. 성경은 우리에게 "하나님을 신뢰하고 사람들을 사랑하라."고 가르치지만, 마귀는 이 진리를 왜곡하여 "하나님을 사랑하고 사람들을 신뢰하라."고 유혹한다. 이에 대해 라슨은 이렇게 경고하였다. "만일 당신이 마귀의 말을 믿고 따른다면 끝내 괴로움을 당하게 될 것이다. 왜냐하면 사람을 신뢰하다가 결국에는 서로에 대해 실망할 것이기 때문이다. 물론 당신이 사람을 신뢰할 때에는 당연히 좋은 의도로 그렇게 하겠지만, 시간이 지나면서 인간의 연약성으로 인해 자기도 모르는 사이에 상대방에게 실망하게 될 것이다." 따라서 라슨은 이렇게 조언하였다. "하나님을 신뢰하고 사람들을 사랑하라. 우리는 지금도 계속해서 남을 위해 자신을 희생하고 있다. 결단코 사람들을 사랑하는 일을 멈추지 말라. 그러나 신뢰의 대상은 오직 하나님뿐이어야 한다."

8. 긍정적으로 대하라

세속화된 사람들 중 많은 이들이 남을 잘 신뢰하지 않는다. 이런 사실을 알고 있는 교회 지도자라면 그들을 긍정하는 사역(ministries of affirmation)에 관심을 가질 것이다. 그러나 로버트 슐러는 이 사역에 조심해야 할 점이 있음을 지적하였다. 우리는 세속화된 구도자들을 대할 때 그들에게 모욕감을 주지 않고 그들의 품위를 손상하지 않도록 조심해야 할 뿐만 아니라 우리가 그들보다 더 낫다는 인상을 주지 않도록 조심해야 한다.

긍정의 사역은 세속화된 구도자들이 우리를 불신할지라도 그 문제를 개인적으로 취급하지 않는 사회 정서적 성숙함을 요구한다. 또한 그들과 함께 시간을 보내면서 그들을 긍정해줄 뿐만 아니라 그 경험을 잘 관리해 줄 것을 요구한다. 다소 시간이 걸릴지라도 인내하면서 그들의 경험을 긍정해 주면 남을 잘 믿지 못하는 사람들이 점차 마음을 열고 신뢰하는 법을 배우게 될 것이다.

슐러는 우리가 세속화된 사람들을 대할 때 그들이 거부되거나 모욕을 당하거나 굴욕을 당했다고 느끼지 않아야 하며, 미리 설정된 진행 과정이 있는 것도 아니라는 사실을 그들에게 알려줘야 한다고 조언하였다. "우리는 '구원받지 못한 영혼들' 곧 불안해하고 남을 쉽게 믿지 못하는 습성을 가진 사람들이 구원하는 은총의 진리를 듣고 깨닫기 전에 먼저 적극적으로 그들을 긍정해 줄 필요가 있다는 사실을 알아야 한다."[12]

9. 자신의 존엄성과 가치를 발견하게 하라

세속화된 사람들 중에는 낮은 자존감(自尊感)을 가진 사람들이 많다. 이런 사실은 창조의 교리—인간은 존엄성과 중요한 책임성을 지닌 하나님의 형상으로 창조되었다—야말로 오늘날 기독교 운동이 전해야 할 좋은 소식임을 의미한다. 신약 성경의 복음은 인간에 관한 이런 진리를 전제하고 있으며, 이 진리는 그동안 서구 문화 속에서 오랫동안 잊혀 왔지만 오늘날에는 전도 메시지의 아주 중요한 부분으로 인식되고 있다.

그런데 불행하게도 오늘날 대부분의 복음 전도자들이 전하는 메시지는 '나쁜 소식 – 좋은 소식'의 순서로 구성되어 있다—인간이 타락했으나 하나님께서 우리의 구원을 위해 예수 그리스도를 보내주셨다는

---

[12] Robert H. Schuller, *Self-Esteem: The New Reformation*, 156.

내용 전개를 가리킨다(역주). 그러나 우리는 성경이 '좋은 소식 – 나쁜 소식 – 좋은 소식'의 순서로 진행되고 있다는 사실을 알아야 한다. 성경은 (타락하지 않은 상태의) 선한 창조로부터 시작하고 있으며, 그렇기 때문에 우리 역시 그렇게 해야 한다.

로버트 슐러는 사람들이 기독교 운동이 추구하는 회심자가 되기 전에 먼저 자신의 존엄성과 가치를 발견해야 한다고 지적하였다. 자신을 여전히 나쁜 존재로 여기고 있는 사람들을 회심시키는 일은 "마치 몸이 점점 빠져들고 있는 늪에서 세례를 베푸는 것만큼이나 어려운 일이다." 자신에 대해 부정적으로 생각하는 사람들일지라도 예수 그리스도를 영접하고 회심하면 당연히 그들도 천국에 들어갈 자격을 얻지만, 그들은 여전히 정서적으로 문제가 있는 그리스도인으로 살아갈 수밖에 없다. 그들 중 어떤 사람들은 목회자가 되기도 할 것이다. 그러나 근본적으로 정서적 문제를 해결하지 않으면 제대로 된 목회를 하기 어려울 것이다.

사실 부정적인 기독교에서 해방되는 것은 매우 어려운 일이다. 그러나 슐러는 세속화된 사람들이 잃어버린 죄인인 것은 맞지만 그들에게 남아 있는 긍정적인 가치에 호소하는 일이 얼마든지 가능하며, 그들이 자신의 존엄성과 가치를 긍정적인 회심의 출발점으로 인식하도록 돕는 일 역시 가능하다고 생각하였다.

만일 브루스 라슨이 말한 바와 같이, 대부분의 사람들이 역기능 가정에서 자라나고, 그런 까닭에 자신의 정체성과 가치에 대해서 잘못된 인식을 가진 채 살아간다면, 교회는 그들의 참된 정체성을 찾아주는 하나님의 새로운 가족이 되어야 한다. 어떤 사람은 밝은 분위기에서 자발적으로 자기 의견을 말할 수 있는 소그룹 경험을 통해서 자기 정체성과 가치를 발견하고 사람들에게 이렇게 말할 것이다. "그래요! 이제 나는 내 부모가 늘 말했던 그런 존재가 아닙니다. 해와 별들이 나를 중심으로 돌지는 않습니다. 그렇다고 해서 내가 하찮은 존재인 것도 아닙니다. 난 폐물이 아닙니다."

구도자들은 소그룹 속에서 다음과 같은 경험을 할 수도 있다. "경건하고 헌신된 사람들이 나를 사랑해 주고, 내게 있는 은사를 일깨워 주고, 내가 새로운 삶을 살 수 있도록 도와주었습니다. 덕분에 나는 그들의 눈으로 내 모습을 바라보게 되었고, 내가 누구인지 알게 되었습니다." 라슨은 사람들이 "직접 선교 활동에 참여하거나 고등학생, 노숙자, 약물 중독자 등 다양한 사람을 돕는 사역에 참여함으로써" 자신의 존재를 발견하고 있다고 말했다. "따라서 선교란 단순히 세상을 개선하기 위해서 도움이 필요한 사람들을 돕는 것만을 가리키지 않는다. 그것은 자신이 어떤 존재인지를 깨닫는 것이 될 수도 있고, 그 과정에서 어떤 선한 일을 행하는 것이 될 수도 있다."

10. 하나님 나라에 대한 희망을 갖게 하라

세속화된 사람들 중에는 역사를 통제할 수 없는 것으로 생각하고 미래를 두려워하는 사람들이 많이 있다. 이렇게 불안한 삶을 사는 세대를 위해서 우리는 성경적 계시의 한 차원을 보여주는, 하나님 나라에 관한 기독교 교리―하나님 나라에 관한 약속의 성취, 그리스도의 재림, 그것과 연관된 섭리론 등―를 의미 있게 재해석할 필요가 있다. 케네스 채핀의 말을 들어 보자.

(불행하게도 많은 교회가) 재림의 교리―이것 또한 신약 성경이 말하는 중요한 교리다―를 받아들였으나 그것을 선택된 소수에게만 전해지는 비교(秘敎) 집단의 교리로 바꾸었으며, 결국에는 그것을 열광주의자들과 혼잡한 시온주의자들에게 양도하고 말았습니다. 우리는 이 교리가 본래 희망의 교리였음을 깨닫지 못했습니다. 이 교리는 예수 그리스도 안에 임하신 창조주 하나님께서 여전히 우주 만물을 책임지고 있다는 확신을 분명하게 말해 줍니다. 우주 만물은 통제할 수 없는 것이 아닙니다. 하나님께서는 우주 만물의 마지막을 이미 정해 놓으셨으며, 그 마지막을 향한 시간의 흐름 속에서 자신의 궁극적인 목적과 약속을 성취하십니다. 따라서 만약 당신이 재림의 교리가 입고 있는 모든 천박한 옷들을 벗겨낼 수만 있다면 재림의 교리를 통해서 다른 사람들보다 더 의미 있게 세속화된 사람들에게 호소할 수 있을 것입니다.

11. 중독자들에게 치유의 기회를 제공하라

세속화된 사람들 중에는 중독 증세를 보이고 자신의 삶을 제어하지 못하는 사람들이 많이 있는데, 이들을 위한 프로그램으로 '12단계 운동'(12-Step Movement)이 널리 보급되고 있으며, 그것의 미래 전망 역시 밝은 편이다. 1990년대에 이 운동은 공식적인 기독교 체제 밖에서 일어난 부흥의 토대가 되었으며, 오늘날에는 이미 알려진 다른 유명한 전도 프로그램들을 통해서 은혜를 경험하는 사람들보다도 12단계 그룹들 안에서 능력을 주시는 하나님의 은혜를 경험하는 사람들이 더 많다는 보고도 있다.

'알코올 중독자 갱생회'(Alcoholics Anonymous)와 그것으로부터 파생되었지만 다른 중독자들을 위해 마련된 12단계 프로그램들은 처음에 사무엘 슈메이커의 지도 아래 뉴욕에서 시작되었다. 갈보리 감독교회(Calvary Episcopal Church)가 갈보리 선교회(Calvary Mission)를 시작한 때가 이 무렵이었는데, 시간이 가면서 이 선교회는 "'카펜터'―갈보리 선교회에서 '목수의 공방'(The Carpenter's Shop)을 운영하였다(역주)―가 상처 입은 사람들을 회복시키는 장소"로 알려졌다. 오늘날 12단계 운동은 과거 그 어느 때보다도 교회의 온전한 사역으로 수용되어야 한다. 현재 서구 사회는 12단계 그룹을 많이 필요로 하고 있지만 교회 이외의 조직들은 그 일을 추진할만한 능력을 가지고 있지 않다.

아트 글래서(Art Glasser)는, 오늘날 우리의 문화 속에서 소유욕이 강하고 파괴적인 마귀가 사용하는 주된 수단이 '중독'이라고 주장하였다. 교회는 연약한 자들을 불쌍히 여기시고 회복시키시는 '승리자 그리스도'(Christus Victor)의 능력을 중독에 사로잡힌 이 시대의 수많은 사람들에게 드러내도록 부름 받았다. 한 예로 슐러의 수정 교회는 최근에 중독자들을 위한 여러 가지 사역을 개척하고 있다. 이 교회는 알코올 중독자, 알코올에 중독된 성인 아이, 알코올 중독자 갱생회, 도박 중독자 갱생회, 마약 중독자 갱생회, 과식 중독자 갱생회를 만들고 이 사역들에 지원 그룹을 제공하고 있다.

세속화된 사람들에게 복음을 전하기 위한 확실한 전략들은 또한 교회가 어떻게 성장하고, 믿음이 어떻게 모든 지역 주민들에게 전파될 수 있는지에 관해 우리가 알고 있는 많은 교회성장학적 지식을 통해 제시된다.[13] 비록 케네스 채핀이 교회성장학파의 사상을 주장하지 않았을지라도, 나는 그의 폭넓은 경험과 의견이 교회성장학파의 주요 통찰과 일치하고 있음을 보여주고자 하며, 그렇게 함으로써 사람들이 교회성장학의 모든 지식을 일괄적으로 수용하거나 수용하지 않거나 간에 다음에 설명하는 교회 성장 원리들이 매우 유용하다는 것을 설명하고자 한다.

12. 수용적인 사람들을 파악하고 그들에게 복음을 전하라

세속화된 사람들이 자신의 삶에 만족하지 못할 때, 하나님의 선행적 은총이 그들의 영혼을 감동시킬 때, 그들이 '뭔가 다른 것'에 마음을 열 때, 그들과 대화를 나누는 일이 좀 더 쉬워졌을 때, 그들은 자신의 인생에서 복음을 받아들일 수 있는 수용적인 상황을 맞이한 셈이다. 하나님께서 예비해 두신 사람들에게로 인도해 달라고 기도하면서 수용적인 사람들을 파악하기 위해 교회 성장의 지침을 사용하는 교회는 그 교회가 있는 곳이 심지어 북미 또는 유럽일지라도 얼마든지 다수의 사람들을 추수할 수 있다. 케네스 채핀은 '전도하기를 싫어하는 증인들'에게 "우리는 하나님께서도 가지 않은 적대적인 세상으로 보냄을 받은 것이 아니다. 오히려 그분의 세상을 향해 그분의 뒤를 **따라**

---

[13] 이후에 나오는 다섯 원리들은 다음의 책에 자세히 설명되어 있다. George G. Hunter III, *To Spread the Power: Church Growth in the Wesleyan Spirit* (Nashville, TN: Abingdon, 1987).

증인이 되도록 초대받았다."는 사실을 깨달으라고 조언하였다.[14]

13. 사회적 관계망을 활용하여 다가가라

세속화된 사람들은 낯모르는 그리스도인들보다 친척이나 친구 등 자신의 사회적 관계망에 속한 신뢰할만한 그리스도인들이 다가갈 때 좀 더 수용적인 태도를 보인다. 신자와 비신자 사이, 특히 새 신자와 비신자 사이의 사회적 관계망은 도널드 맥가브란(Donald McGavran)이 말한 바 있는 소위 '하나님의 다리들'(the bridges of God)을 기독교 운동에 제공한다. 신자들에게 친척, 친구, 이웃, 동료와 같은 사회적 관계망을 활용하여 세속화된 비신자들에게 복음을 전하는 방법을 가르치고 지도하는 교회는 예상했던 것보다 훨씬 더 많은 사람들이 복음에 수용적인 태도를 보인다는 사실을 알게 될 것이다.

그러나 이런 관계망 유형의 복음 전도는 항상 동일한 방식으로 이루어지지 않으며, 동일한 종류의 경험을 수반하지도 않는다. 가까운 친척에게 복음을 전하는 것은 어려운 일이며 서툴고 어색한 경험을 동반할 수밖에 없다. 그 이유는 케네스 채핀의 다음 말에서 찾을 수 있을 것이다. "사랑하는 사람들에게 복음을 전할 때는 지나치게 감정이 이입되는 경우가 많다. 그러면 괜히 긴장감과 어색한 분위기가 만들어지기도 하는데, 사실 사랑은 본래 그런 것이 아니다." 채핀은 다음과 같이 고백하기도 하였다.

---

14 Kenneth Chafin, *The Reluctant Witness*, 19.

나의 인생 여정에서 내가 가장 어려워했던 전도 대상자는 바로 아버지였다. 당시에 나는 25살이었고 아버지는 45살이었다. 나는 수년 동안 침례교 설교자로 사역했었다. 아버지는 캔자스에 살고 계셨는데, 내가 오클라호마 주 북동부에 있는 한 작은 교회에서 설교 사역을 감당하고 있을 때 나와 함께 한 주간을 보내기 위해 오셨다. …

만약에 당신이 나를 찾아와 **당신의** 아버지에게 복음을 전해 달라고 부탁했더라면 그 일을 쉽게 했을 수도 있었을 것이다. 그러나 나의 아버지에게 복음을 전하는 것은 정말 어려운 일이었다. 아버지에게 예수에 관해서 말하려고 할 때마다 과거에 아버지의 마음을 아프게 해드렸던 일들이 떠올라 말문이 막혀 버렸다. 그래서 결국 아버지에게 이렇게 말씀을 드렸다. "아버지, 전에 아버지를 속상하게 해드렸던 모든 것에 대해서 제가 지금 너무나도 죄송하게 생각하고 있다는 걸 알아주셨으면 해요." 그것이 내가 할 수 있었던 최선의 표현이었다. 나는 울기 시작했다. 이전에는 그리스도인이 되는 것에 관해서 아버지에게 한 번도 말해 본 적이 없었다. 그런데 그날 밤 아버지는 예수 그리스도께 자신의 삶을 완전히 맡기는 결단을 하셨다.[15]

가까운 가족에게 복음을 전하는 것은 정말 어려운 일이다. 그러나 우리는 위에 언급된 채핀의 사례에서 가족 전도와 관련된 몇 가지 중요한 통찰을 얻을 수 있다. 첫째, 성령께서 채핀의 아버지가 응답하도

---

[15] Ibid., 26-27.

록 예비하셨다. 둘째, 그의 아버지는 그동안 그리스도 안에서 채핀의 삶이 어떻게 변화되었는지 지켜보았다. 셋째, 채핀이 복음을 전할 때 성령께서는 그가 말로 표현할 수 있는 것보다 더 많은 것을 전할 수 있게 하셨다. 넷째, 오클라호마 주 북동부에 위치한 채핀의 교회는 구도자들에게 따뜻한 분위기를 제공하였을 뿐만 아니라 아직 믿지 않는 사람일지라도 가족처럼 따뜻하게 환영하였다. 때때로 먼저 믿은 그리스도인이 아직 믿지 않는 다른 가족을 전도하기 위해 복음의 씨를 뿌리고 계속 물을 주는 경우가 있다. 하지만 그 구도자를 수확하는 일은 엉뚱하게도 교회의 다른 신자 또는 다른 집단이 그를 초대할 때 일어나기도 한다.

반면에 친구 관계망을 통해 복음을 전하는 방식은 다소 손쉬우면서도 다른 방법들보다 더 많은 새 그리스도인을 획득할 수 있는 전도 유형이다. 물론 신앙이 신자의 친족과 친구의 관계망을 따라 자동적으로 확산되는 것은 아니다. 그것은 다른 사람을 위한 의도적인 노력을 필요로 한다. 신앙의 확산을 위해서는 비신자들과 친구 관계를 계속 유지해야 한다. 케네스 채핀은 "때때로 다른 사람들이 우리를 알아볼 때 매우 당황하며, 무의식중에 믿음의 형제들로만 구성된 세계를 구축하고 그 안에 안주하려고 하는 경향을 보인다."고 지적하였다.[16]

지역 사회의 경우에는 좀 더 의도적인 접근 방식이 요구된다. 시카고 지역의 윌로우크릭 커뮤니티 교회(Willow Creek Community Church)는 비신자들 중 많은 이들이 신뢰할만한 그리스도인 친구를 두고 있지 않다는 사실을 알게 되었다. 그들은 기독교의 영향에서 벗어나 있으며,

---

[16] Kenneth Chafin, *Help! I'm a Layman* (Waco: Word Books, 1966), 38.

따라서 범퍼 스티커, TV 복음 전도자, 라디오 삽입 방송(radio spots)— 프로와 프로 사이의 짧은 삽입 방송(역주), 전도 소책자과 같이 흔한 전도 방식을 사용하는 전도자들도 그들을 놓치거나 빠트릴 가능성이 많다. 결국 그런 사람들에게 복음을 전하는 일은 그리스도인들이 직장, 이웃, 학교, 클럽 등에서 비신자들과 성실하고도 신뢰할만한 인간관계를 형성할 때 비로소 시작될 것이다.

14. 문화적으로 적합한 사역을 제공하라

아프리카 원주민들에게 효과적으로 선교하기 위해서는 사람, 언어, 예전, 음악, 건축, 욕구, 격렬한 투쟁의 원인, 논쟁점, 지도자, 그들의 문화에 맞는 리더십 스타일 등을 잘 알아야 한다. 세속화된 사람들에게 복음을 전할 때에도 동일한 원리가 적용된다. 그런데 이런 기독교 선교의 기본 원리가 다른 선교 현장에는 잘 적용되고 있는데, 서구 사회라고 하는 새로운 선교 현장에는 잘 적용되지 않고 있다. 그것은 우리가 행하는 것이 서구의 비신자들에게 매우 '낯설고 이질적인' 것으로 비쳐진다는 사실을 우리 자신이 몰랐기 때문이다. 케네스 채핀이 지적했듯이, 이미 25년 전만 해도 비신자 구도자들은 우리의 건물, 예전, 스테인드글라스 창문, 오르간 음악, 안내 위원, 헌금 접시, '주일에만 얼굴을 내미는 신자들'을 문화적으로 낯설고, 이상하고, 심지어 위협적인 것으로 경험하고 있었다.[17]

---

[17] Ibid., 107.

교회를 방문했지만 등록하지 않고 되돌아간 세속화된 구도자들과 인터뷰한 결과, 그들 대부분이 교회가 자신들을 '교회에 충성하는 사람'(church people)으로 만들려고 한다고 생각하고 두려움 내지 거부감을 느꼈다는 사실을 알게 되었다. 이들의 경험이 말해 주는 바처럼, 그들을 가로막는 장애물은 신학적인 것이 아니라 문화적인 것이었다. 다시 말해서 그들은 복음을 접하기 전에 먼저 문화적 장애물을 통과해야만 했다. '구도자에게 민감한 교회들'(seeker sensitive church)이 관심을 가졌던 것도 바로 이 문화적 장애물을 제거하는 것이었다. 일반적으로, 세속화된 사람들이 '교회'를 그들의 문화와 소원한 것으로 경험할 때, 그들은 기독교의 하나님이 자기들과 같은 부류의 사람들을 위한 존재가 아니라고 생각한다. 그러다 보니 오해이긴 하지만, 그들은 먼저 그리스도인들처럼 옷을 입고, 말하고, 성경을 가지고 다니고, 기도하기 위해 무릎을 꿇어야만 하나님이 자기들을 받아 주실 것이라고 생각한다.

이런 장애는 매우 비극적이다. 사도행전 15장에 의하면 초대교회는 예루살렘 공의회를 통해서 이 문제를 단호하게 정리하였다. 최초의 교회공의회는 이방인들이 그리스도의 제자가 되기 전에 먼저 문화적으로 유대인이 될—할례를 받거나 돼지고기를 포기하는 등—필요가 **없다**고 결론지었다. 그런데 그 뒤 시간이 지나면서 우리는 이런 중요한 교훈을 잊어버렸고, 그 결과로 선교에 큰 손상을 입고 말았다.

오늘날 비신자들 중 많은 이들은 엘리자베스 1세 시대의 영어로 기도하는 법과 18세기 독일 파이프 오르간 음악을 즐기는 법을 배우는 것이 예수 그리스도를 믿는 전제 조건이라고 생각하고, 그렇게 말하기도 한다. 그러나 예수는 자신이 이 땅에 사는 인간의 문화를 파괴하기 위해서 온 것이 아니라 오히려 그것을 완성하기 위해서 왔다고 말씀하셨다! 그리고 기독교의 계시는 이 땅의 어떤 문화를 통해서도 전파될 수 있으며, 바로 이 점이야말로 기독교가 보편적 신앙임을 나타내 준다. 기독교는 각 민족의 문화가 하나님의 계시를 그 민족에게 가장 적절하고도 효과적으로 전할 수 있는 매체임을 인정한다. 따라서 이렇게 선교지의 문화를 배려하는 기독교 운동은 각 문화에 토착화된(indigenous)—또는 상황화된(contextualized)—교회를 발전시킨다.

앨런 워커는 "마치 바울이 헬라 세계에서 선교 활동을 하면서 했던 것처럼 복음은 **어디에서나** 상황화되어야 한다."고 주장하였다. 그가 이런 주장을 하는 이유는, 기독교의 형태가 상황화된 곳에서는 "기독교가 토착화되어 다른 곳보다 훨씬 더 빠르게 성장하고 있는 것"을 직접 보았기 때문이다. 그는 반대로 기독교의 형태가 선교지 문화와 어울리지 못하고 이질적인 것으로 인식되는 곳에서는 "대체로 기독교가 생명력을 잃고 무너지고 있는" 모습도 보았다.

워커는 호주에서 지금까지 기독교 대각성(大覺醒) 또는 기독교 운동이 일어나지 않는 현상을 언급하면서 그 이유로 "기독교가 호주 문화에 토착화된 형태를 발전시키지 못한 점"을 꼽았다. 호주의 기독교는 형식 면에서 볼 때 영국과 북미의 기독교를 그대로 옮겨온 것이며, 그런 점에서 '이질적'으로 느껴진다. 그는 기독교가 어느 곳에서나 '동일한 복음'에 기초하고 있고 '보편적인 신앙'을 말하고 있지만, 그것은 또한 모든 민족과 문화에 상황화되어야 한다고 지적하였다.

신앙이 선교지 문화에 적절하게 토착화되는 것은 교회 음악과, 사람들이 그 음악에 자발적으로 참여하여 즐기고, 그런 축제적인 모습이 많은 사람들에게로 빠르게 확산되는 현상에서 가장 뚜렷하게 나타난다. 유진 나이다(Eugene Nida)의 관찰에 따르면 "교회 성장이 가장 창의적이고 광범위하게 이루어지는 시기는 찬송가가 적절하게 토착화된 때였다."[18]

교회 언어가 서구의 토착화 과정에서 간과되어 왔다는 사실은 매우 놀라운 일이 아닐 수 없다. 루이스(C. S. Lewis)는 목회자 후보자들이 목사 안수를 받기 전에 먼저 그들이 신학적인 내용을 평범한 영어로 옮길 수 있는 능력을 갖추고 있는지 시험해 봐야 한다고 주장하였다. 그의 말을 직접 들어 보자. "우리가 선교사들을 반투 족(Bantus)에게로 보낼 때에는 반투어를 배우게 하면서도 미국 또는 영국으로 가는 선교사들에게는 그들이 미국 영어 또는 영국 영어를 할 수 있는지 전혀 묻지 않는 것은 매우 부끄러운 일이다. 아무리 바보라도 **학습된** 언어는 쓸 수 있기 마련이다. 특정 지방 또는 특정 집단이 사용하는 토착어는 좋은 실험 대상이 될 수 있다. 만일 당신이 믿고 있는 기독교 신앙을 해당 지방 토착어로 바꾸어서 표현할 수 없다면 당신은 그것을 제대로 이해하지도, 믿고 있지도 않는 것이다."[19]

15. 다양한 모임과 프로그램을 제공하라

새로운 모임들—예를 들면 새 학급, 새 그룹, 새 성가대, 새 회중—

---

[18] 다음을 참조하라. Eugene Nida, "Dynamics of Church Growth," in *Church Growth and Christian Mission*, ed. Donald A. McGavran (Pasadena, CA: William Carey Library, 1976).

[19] 다음에서 재인용함. Bruce Larson, *Ask Me to Dance* (Waco: Word Books, 1972), 10–11.

은 옛 모임들보다 세속화된 사람들을 더 잘 훈련시킬 수 있다. 왜냐하면 세속화된 사람들은 자기들끼리만 친하고 늘 고정된 내용만 다루는 기존 그룹보다 모든 사람을 동등하게 대하는 새로운 그룹에 더 관심을 보이기 때문이다.

케네스 채핀은 새로운 교회들을 개척하는 사역이야말로 교단의 선교 전략 중에서 가장 중요한 사역이 되어야 한다고 오랫동안 주장해 왔다. 왜냐하면 개척 교회에 등록한 사람들 중에서 적어도 70%가 교회에 처음 나온 새 신자들이고, 그들 중에서 최소한 70%는 기존 교회가 전도하지 않을 사람들이기 때문이다. 이와 관련해서 채핀은 이렇게 말했다. "교회 개척 사역을 중단한 교단을 제게 말씀해 보십시오. 그러면 그 교단이 이미 심각한 상태에 빠져 있다는 것을 입증해 드리겠습니다."

채핀은 또한 주일학교야말로 전도의 '비밀 병기'라는 점을 지적하면서 주일학교가 새 학급 증설을 통해서 어떻게 크게 성장할 수 있는지를 설명하였다. 새로 증설되는 학급들은 기존 학생들로 구성되지 않고 새로운 학생 모집을 통해 만들어지기 때문에 새로운 사람들이 들어오는 관문이 된다. 어떤 교회들은 새로운 예배 회중, 성가대, 성경 공부 그룹, 봉사 활동 그룹, 사역, 인적 서비스, 기타 여러 가지 활동을 늘림으로써 새로운 사람들을 많이 얻게 되자 '모임 증식의 원리'(multiplication of units principle)를 크게 강조하기도 한다.

릭 워렌(Rick Warren)은 새들백 교회가 다양한 모임과 프로그램을 제공하는 데 이론적 근거가 된 '주낙' 전도 철학에 관해 이렇게 설명한다. "당신이 낚시 바늘을 많이 사용하면 할수록 더 많은 고기를 잡을 수 있을 것이다!" 그리고 새로운 낚시 바늘은 낡은 바늘보다 더 많은 고기를 잡게 할 것이다. 워렌에 따르면 "오늘날에 이루어지는 모든 성장은 과거의 성장에 비해 매우 빠른 편이다. 따라서 당신은 성장해야 될 사람들을 위해 낡은 교회 안에 새 모임을 많이 만들어야 한다."

　모임 증식을 위한 워렌의 기본 원리 중 하나는 사람들에게 선택권을 주는 것이다. 워렌은 래이 배키(Ray Bakke)와 함께 한 관찰을 통해서, 10년 전의 슈퍼마켓이 8천 개의 물건을 갖추고 밤 10시에 문을 닫았던 것에 비해 오늘날의 슈퍼마켓은 스페인 제품 코너, 아시아 제품 코너, 다이어트 식품 코너 등에서 두 배의 물건을 팔고 있을 뿐만 아니라 24시간 영업까지 한다는 사실을 알게 되었다. 그런데 길 아래쪽에 있는 교회는 여전히 주일예배를 오전 11시에 한 번만 드리고 있고, 20년 전과 똑같은 선택권을 제공하고 있으면서도 사람들이－그들은 다양한 선택권을 원하고 있다－왜 자기네 교회를 그냥 지나쳐 가는지 의아하게 생각하고 있다! 반면에 새들백 교회는 다양한 예배, 다양한 유형의 소그룹, 다양한 사역 등 예수께로 나올 수 있는 다양한 방법을 제공하고 있다. 왜냐하면 "컨베이어 벨트가 돌아가는 것처럼 일주일 내내 동일한 시간에 동일한 일을 반복하겠다고 말할 사람이 현대인 중에는 거의 없기 때문이다."

16. 필요를 채워주는 사역을 하라

　우리는 세속화된 사람들의 고민, 그들이 필요로 하는 것, 그들의 삶을 이끌어가는 동기에 관심을 기울이고 돕는 사역을 통해서 그들에게 좀 더 쉽게 다가갈 수 있다. 인간의 다양한 욕구를 충족시켜 주는 전략은 교회가 기독교의 '적절성'(relevance)을 드러내는 주된 방법이다. 이런 전략은 세속화된 사람들 중에서 너무나 많은 이들이 기독교 신앙을 부적절한 것으로, 특히 지역 사회와 주민들이 실제적으로 고민하고 있는 문제들을 해결하는 데 부적절한 것으로 보고 있다는 점에서 꼭 필요하다. 따라서 '사람들이 가려워하는 곳을 긁어주는' 사역을 개발하는 교회는 가급적 그들 중 더 많은 이들을 사역에 참여시키고 훈련시킬 것이다.

케네스 채핀은 세속화된 사람들이 표현하고 있는 다양한 욕구들 곧 삶의 의미와 목적을 찾아 실현하고 싶은 욕구, 인정받고 싶은 욕구, 공헌하고 싶은 욕구, 타인에게 필요한 사람이 되고 싶은 욕구, 자기 인생의 의미를 이해하고 싶은 욕구, 죽음을 받아들이는 법을 배우고 싶은 욕구 등이 비록 비종교적인 언어로 표현되고 있기는 하지만 사실상 내용적으로는 매우 종교적인 욕구들임을 간파하였다. 세속화된 사람들은 이런 주제들에 대해서 궁금해 하며 질문을 던지는데, 이때 그들의 질문은 복음 전도를 위한 일종의 '접촉점'이 된다. 채핀은 "내가 이전에 생각했던 것보다 더 쉬운 접촉점이 거기에 있었다."고 말했다. 그는 사역 없이 전도만 할 때보다 사역을 통해서 사람들을 만날 때 좀 더 효과적으로 접촉점을 얻을 수 있다는 사실을 알게 되었다.

최근에는 전도 대상자의 필요를 감지하고 그 필요를 채워주려고 노력할 때 많은 접촉점이 생겨나고 있다. 그런 노력의 예로, 결혼 생활에 실패한 사람들을 위한 세미나, 의료 혜택을 받지 못하는 이민자들을 위한 상담소, 슬픔을 극복하기 위한 그룹 등을 언급할 수 있다. 이와 관련하여 채핀은 이렇게 말했다. "이런 사람들을 위한 섬김의 사역에 관심이 없는 교회는 오래지 않아 문을 닫을 가능성이 높다. 진정한 교회는 복음을 분명하게 전파할 뿐만 아니라 사람들의 필요를 따라 섬기는 사역에도 힘을 쏟는다."

세속화된 사람들에게 복음을 전하는 일은 부분적으로 지역 교회가 지역 사회와 주민들의 삶에 관심을 가지고 정성스럽게 돌봄으로써 '적절하면서도 신뢰받는 지역 교회'(a relevant credible local church)가 되는 것을 포함한다. 그러나 우리의 선교 활동이 전체 교회를 옹호하는 변명이 되어서는 안 된다. 왜냐하면 케네스 채핀이 고백한 바처럼, "교회가 너무나도 침체되고 많은 점에서 잘못된 모습을 보여 왔기 때문에 전체 교회를 옹호하려다가 자칫 전체 교회의 잘못에 대해 사과하는 데 시간을 다 쓰고 끝날 수도 있기 때문이다."

그러나 전체 교회의 문제와는 달리 지역 교회는 세속화된 사람들의 필요에 신실하게 응답하는 교회가 될 수 있으며, 그런 교회는 세속화된 사람들을 찾아 얻기 위해 그들에게 복음을 전해야 할 사명과 편견 없이 그들을 대하는 개방적인 태도를 동시에 추구할 것이다. 그 결과로, 세속화된 사람들이 교회 안에서 그리스도의 제자가 되면 그들은 곧바로 전체 교회와 관련된 좋은 것들을 많이 발견하고 경험하게 될 것이며, 전체 교회를 있는 모습 그대로 사랑하게 될 것이다. 하지만 세속화된 사람들에게 처음부터 전체 교회의 모든 것을 드러내는 것은 결코 지혜롭지 않은 처사다.

욕구 충족의 원리(the principle of meeting needs)는 신앙을 가르치는 교사와 복음을 전하는 설교자가 명심해야 할 원리다. 내가 행한 인터뷰에 의하면, 세속화된 사람들에게 효과적으로 복음을 전하는 전도자들은 모두 이 원리를 잘 알고 있었으며, 나름대로 그들의 필요를 충족시켜 주려고 노력하고 있었다. 예를 들어 소퍼는 이런 말을 하였다. "스

피커스 코너(Speaker's Corner)—런던의 하이드 공원 북동쪽 한 모퉁이에 마련된 공간인데, 이곳에서는 누구든지 마음대로 발언할 수 있다(역주)—또는 타워 힐(Tower Hill)—런던 타워 북서쪽에 위치한 광장(역주)—에서 무슨 일이 일어나든지 간에 한 가지 분명한 사실이 있다면 그것은 청중들이 당신의 메시지가 자기들과 상관이 있을 때에만 듣는다는 것이다."[20] 이런 이유 때문에 소퍼는 옥외 집회를 시작할 때 일반적으로 그날 뉴스에 나타난 특정한 욕구나 문제, 또는 의미, 평화, 경제 정의와 같이 사람들이 관심을 보일 만한 주제를 언급함으로써 말문을 여는 경우가 많았다.

도널드 모건은 뉴잉글랜드에 사는 세속화된 사람들이 주로 "심리학과 기술이라고 하는 두 분야"에 관심을 가지고 있다고 말한 적이 있다. 그런데도 기독교 복음 전도자들은 "자신이 이미 알고 있는 익숙한 세계하고만 대화하든지," 아니면 그리스도인들이란 어쩔 수 없이 현실과 동떨어진 삶을 살 수밖에 없다는 식의 생각을 강조하려고 한다. 하지만 바쁘게 살아가는 현대인들은 자신과 직접적으로 관련이 없어 보이는 일에 시간을 허비하지 않을 것이다.

모건은, 중세 시대에는 복음이 법률적인 언어로 전달되었지만 오늘날에는 최소한 심리학적 언어로 전달해야 복음이 제대로 전달될 수 있다고 생각했던 슐러, 레슬리 웨더헤드(Leslie Weatherhead) 등의 의견에 동의하였다. 따라서 그는 익숙한 '대중심리학'(pop psychology)의 언어를 받아들였으며, 이런 관점에서 복음은 사람들이 무엇을 고민하고 있는지 분명하게 드러낼 수 있어야 한다고 말했다. 『분열된 세계의 치유』

---

[20] Donald Soper, *Calling for Action: An Autobiographical Inquiry*, 10.

라는 그의 책 제목은 이에 대한 좋은 본보기가 된다. 이 책은 고통, 분노, 걱정, 우울, 두려움, 노화, 냉정을 잃지 않는 방법, 그만 두고 싶은 유혹과 같은 인간의 공통적인 경험에 관해 장별로 설명하고 있다.

릭 워렌 역시 세속화된 사람들은 대중심리학의 언어로—예컨대 "내 삶은 통제 불능이야." 또는 "내 삶이 무너지고 있어."와 같은 표현들—자신들의 삶을 묘사하고 있음을 간파하였다. 세속화된 사람들이 교회에 갑자기 나타났다면 환자가 병원 응급실을 찾을 때처럼 무언가 긴급한 도움이 필요했기 때문에 교회를 찾아온 것임을 알아야 한다. 그들은 지금 당장 도움 받기를 원한다. 워렌은 "응급실에 들어온 환자는 '타피오카'(tapioca)에 해당하는 라틴어 단어가 무엇인지에 대해서 관심이 없을 것"이라고 말한다. 따라서 워렌은 성경 말씀을 가장 효과적으로 설교하고 가르치는 방법은 한 절 한 절 강해하는 방식이 아니라 '주제별 강해'(topical exposition)라고 하였다. 여기에서 주제별 강해란 설교자가 스트레스, 고독, 결혼 관계, 의미와 목적의 추구, 위기 또는 통제하기 어려운 문제를 다루는 일과 같이 한 주제에 대해서만 말하는 방식을 가리킨다.

워렌은 언젠가 전통적인 설교 언어를 사용하지 않고 일곱 가지 치명적인 죄에 관한 시리즈 설교를 한 적이 있었다. 그는 이 시리즈에 '당신의 삶을 혼란하게 하는 습관과 고민으로부터 탈출하기'라는 제목을 붙였다. 탐욕에 관한 설교를 할 때에는 세속화된 사람들에게 먼저 이런 질문을 던졌다. "왜 나는 항상 남보다 더 많이 소유해야 한다고 생각합니까? 내가 현재 얼마나 가지고 있는지 상관없이 나는 더 많이 가지려고 합니다! 왜 내게 이런 마음이 생기는 것일까요?" 질문을 던진 뒤에 워렌은 "더 많이 소유하면 그것이 나에게 안전 또는 만족을 보장해 줄 것이라고 생각하기 때문입니다."라는 보편적인 경험을 말해 주고 물질 소유에 대한 성경적인 이해를 제시하였다.

케네스 채핀과 같은 몇몇 복음 전도자들은 청중들이 자신의 상황을 성경에 묘사된 어떤 인물 또는 상황과 동일시하게 함으로써 성경 메시지와 자신의 연관성을 발견하게 하였다. 언젠가 채핀이 구약 성경에서 인간적인 면모를 적나라하게 보여주는 다윗의 생애를 다룬 시리즈 설교를 한 적이 있는데, 이것을 하나의 모델로 삼을 수 있을 것이다.[21] 예를 들어 채핀은 다윗이 자신의 아들 압살롬이 죽었을 때 죄와 슬픔으로 인해 쉽게 상실감을 극복할 수 없었다고 말했다. 이와 마찬가지로 우리 역시 우리를 꼼짝달싹 못하게 만들고, 쉽게 극복하기 어려운 과거의 경험들을 가지고 있다.

또한 다윗은 예루살렘에 성전을 지을 준비를 했지만 하나님께서 그의 당대에 성전이 건축되는 것을 금하심으로 인생의 꿈이 좌절되는 경험을 하였다. 이와 마찬가지로 대부분의 사람들 역시 자신의 계획이 성취될 수 없음을 알게 될 때 좌절을 경험하게 된다. 또한 채핀은 다윗이 자신의 인생에서 가장 크게 발전했던 때는 왕궁에서 편하게 지내던 때가 아니라 오히려 도망자로서 망명 생활을 하던 때였음을 지적하였다. 이런 다윗의 사례를 통해서 우리는 우리에게 일어나는 좋지 않은 사건으로부터 미래 축복의 씨앗을 발견하는 원리를 깨닫고 "우리의 인생 여정에서 침체의 시기에 해야 할 일"이 무엇인지 알게 된다.

---

[21] 이 시리즈 설교는 휴스턴의 남부 중앙 침례교회(South Main Baptist Church)에서 설교되었고 지역 텔레비전에 방송되기도 했지만 아직 출판되지 않았다. 아쉬운 대로 채핀의 책 *How to Know When You've Got It Made* (Waco: Word Books, 1981)에서 다윗의 생애에 관한 그의 몇 가지 통찰을 찾을 수 있다.

17. 세속화된 사람들을 하나님께로 인도하라

마지막으로, 만약 세속화된 서구인들이 길을 잃고서 믿음에 이르는 문을 발견할 수 없다면 사무엘 슈메이커처럼 기꺼이 '문 곁에 서 있고자' 하는 그리스도인들이 이 세대에 많이 생겨나야 한다. 슈메이커는 시의 형식을 빌려서 다음과 같이 선언하였다. "나는 [하나님을 믿는 믿음에 이르는] 문 곁에 서 있네. 나는 문 안에 들어가 있지도 않고, 문 밖에 떨어져 있지도 않을 것이라네." 물론 슈메이커 역시 문 안으로 깊숙이 들어가듯이 부요함, 기독교 공동체의 심원함, 체험, 친교의 세계 안으로 깊이 들어가 하나님의 거룩한 성도가 되어 다른 성도들과 함께 즐겁게 살아가는 많은 그리스도인들을 존경한다. 그러나 이런 마음과는 상관없이 그는 문 곁에 있는 그의 '오래되고 익숙한 자리'를 더 좋아하였다. 그 문은

> 하나님의 음성을 듣고서 그분이 거기에 계심을 알 수 있을 만큼 충분히 가깝게,
> 그렇다고 해서 사람들의 소리를 들을 수 없을 만큼 문밖에 멀리 떨어져 있지도 않다네.[22]

북미와 유럽의 선교 현장에 있는 수많은 교회들은 지금까지 중요하게 여겨온 '교회를 위한 선한 봉사'(good church work)로부터 '교회의 본

---

[22] 슈메이커의 시(詩) '나는 문 곁에 서 있네: 나의 인생에 대한 변명'의 전문은 그의 자서전 *I Stand by the Door: The Life of Sam Shoemaker*, ix-x에 수록되어 있다.

질적 사역'(the Work of the Church)으로 사역의 방향을 전환해야 한다. 슈메이커와 같은 이들에게는 '문 곁에 서는' 사도적 사역을 위해 더 많은 동역자들이 필요하다.

3장

세속화된 사람들과 소통하기

　이사야서 55장 11절에 의하면 하나님은 특정한 목적을 위해 말씀하시며, 그 말씀은 목적을 이루기 전에 헛되이 하나님께로 돌아오지 않는다. 그런데 우리는 동일한 이사야서 55장을 통해서 한 가지 오래된 소망을 유산으로 물려받았다. 그 소망은 사람들이 하나님을 만날만한 때에 찾을 것이며, 그들의 영혼이 생명을 얻을 수 있는 하나님의 언약을 받게 될 것이며, 사람들이 하나님께로 돌아오게 될 때 "들의 모든 나무가 손뼉을 칠 것"(12절)이라는 것이다. 이 목적을 위해 하나님께서 말씀하신다. 그런데 고린도후서 5장에 의하면 하나님께서는 홀로 사람들을 구원하지 않으시고 이미 화해된 하나님의 사람들과 함께 구원하신다. 하나님은 우리를 그리스도의 사신(使臣)으로 삼으시고 화해의 메시지를 위탁하심으로써 "우리를 통해" 권면하신다(20절).
　북미와 유럽에서 일하는 하나님의 사신들에게 다음과 같은 의문이 점증하고 있다. 전혀 기독교적 배경이나 기억이 없고 기독교적 용어를 모르는 세속화된 비신자들과, 우리가 말하는 내용을 전혀 이해하지 못하는 수많은 불가지론자들에게 어떻게 화해와 생명의 메시지를 효과적으로 전할 수 있는가? 우리는 이것이 복합적인 커뮤니케이션의 문제라는 사실과, 모든 복잡한 것을 꿰뚫을 수 있는 신기한 마법이나 만병통치약 또는 즉효 약처럼 누구에게나 통할 수 있는 정형화된 전도 공식이란 존재하지 않는다는 사실을 잘 알고 있다. 그러므로 우리는 "성령으로 아니하고는 누구든지 '예수를 주시라' 할 수 없느니라."(고전 12:3)는 말씀을 기억하게 된다. 만일 만인을 구원하기 원하시는 '추수의 주님'을 우리가 마음과 뜻을 다해 사랑한다면 성령께서 우리의 가장 귀한 수고를 통해 복음을 전하신다는 사실을 재발견하게 될 것이다.

그렇다면 세속화된 비신자들에게 우리의 사역에 대해 알려주는 데 도움이 되는 통찰과 모델은 무엇인가?

1. 커뮤니케이션의 역학 관계

하나님의 은혜가 성례전의 물과 빵과 포도주를 통해서 전달되듯이 하나님의 말씀은 인간이 행하는 일상적인 커뮤니케이션의 역학 관계를 통해 전달된다. 찰스 피니(Charles G. Finney)가 지적한 바와 같이, 하나님의 계시는 일반적으로 인간의 정신과 청취(聽取)의 '법칙들'을 중지시키지 않으며, 오히려 그런 법칙들을 통해서 전달된다.[1]

---

[1] 다음을 참조하라. Charles G. Finney, *Lectures on Revivals of Religion*, ed. William G. McLoughlin (Cambridge: Harvard University Press, 1960), 1장. 이 책은 지난 18세기 중반에

어거스틴(Augustine)은 기독교 복음 전도자가 기독교의 진리를 더 잘 전달하기 위해 세속적인 커뮤니케이션 이론을 배워야 한다고 생각했던 최초의 사람이다. 그는 커뮤니케이션 이론을 포함한 모든 지식이 기독교 운동에 기여할 수 있다고 믿었다. 그는 출애굽 사건에서 선택한 한 가지 은유를 사용하여 기독교의 설교자들과 교사들에게 "애굽 사람들에게서 … 보화를 취하라"고 권면하였다.[2] 그는 복음의 커뮤니케이션을 지나치게 과장하여 마치 그것만이 유일한 과제인 것처럼 생각하지도 말고, 또한 우리 자신을 비하하여 마치 아직 준비되지 않은 사람들인 것처럼 생각하지도 말라고 가르쳤다.

우리는 커뮤니케이션과 설득에 관한 잘 입증된 모델들로부터 교회와 세속화된 사람들 사이의 커뮤니케이션에 관해서 많은 것을 배울 수 있다. 더욱이 오늘날에는 서구 사회가 많은 종교, 운동, 이념이 각축을 벌이는 경쟁의 장(場)이 되었을 뿐만 아니라 미디어 시대를 맞아 전도자들에 대한 대중의 기대가 높아졌기 때문에, 기독교 전도자들도 이런 정보에 대해 잘 알고 복음을 전해야 세속화된 사람들이 그것을 진지하게 받아들이게 된다. 그러나 아쉽게도 우리는 이 연구에서 모든 커뮤니케이션 이론을 충분하게 다룰 여유가 없다. 다만 한 가지 커뮤니케이션 모델에 대해서는 좀 더 자세히 다룰 수 있을 것이다.

여러 판(版)으로 출간되었다.

[2] 어거스틴이 행한 '탈취'는 다음 저서로 열매를 맺었다. *On Christian Doctrine* (*De Doctrina Christiana*), trans. D. W. Robertson, Jr., Library of Liberal Arts (Indianapolis: Bobbs-Merrill, 1958). 이 강의 시리즈는 어거스틴이 키케로의 수사학을 수용, 개작하였음을 보여준다. 어거스틴의 책은 그 당시에 가장 정교한 커뮤니케이션 이론서로서 기독교 설교자와 교사들이 많이 활용하였다. 이 책은 거의 천 년 동안 그리스도인들에게 가장 영향력 있는 커뮤니케이션 교과서가 되었다.

아리스토텔레스(Aristoteles)의 수사학적 커뮤니케이션 모델은 지난 23세기 동안 매우 유용한 것으로 입증되어 왔다.³ 아리스토텔레스는 효과적인 커뮤니케이션을 연구한 결과 그것의 세 가지 공통적 구성 요소를 밝혀냈다. 그는 모든 설득 행위에 세 가지 변수 곧 말하는 자(communicator), 메시지(message), 듣는 자(audience)가 내포되어 있으며, 그것들은 각각의 환경과 상황에 따라 적절하게 적용된다고 보았다. 특별히 그의 모델은 설득이, 말하는 자의 **에토스**(*ethos*)와 메시지의 **로고스**(*logos*)와 듣는 자의 **파토스**(*pathos*)가 상호 작용함으로써 일어나는 행위임을 보여 준다.

아리스토텔레스는 말하는 자의 세 가지 특성 곧 지성, 인격, 선한 의지가 말하는 자의 **에토스**를 구성하며, 듣는 자는 바로 이 세 가지 특성을 인식함으로써 상대방의 의도를 파악하게 된다. 그는, 일반적으로 사람들은 말하는 자가 충분한 지식을 가지고 있고, 도덕적이며, 듣는 자의 복지에 관심을 가지고 있다고 느낄 때 그 말하는 자의 메시지가 참되다고 확신하는 경향이 있음을 발견하였다. 아리스토텔레스 이후에 이루어진 연구들은 말하는 자의 에토스에 작용하는 부가적인 요소들을 밝혀 주었는데, 그것들은 말하는 자의 힘 또는 패기에 대한 듣는 자의 경험, 말하는 자의 신뢰성에 대한 듣는 자의 지각(知覺), 듣는 자가 말하는 자를 좋아하는 정도와 같은 것들이다.

---

3 다음을 참조하라. Aristotle, *The Rhetoric of Aristotle*, trans. Lane Cooper (Englewood Cliffs, NJ: Prentice-Hall, 1960). 아리스토텔레스의 전통을 이어받고 있는 것 가운데 뛰어난 현대의 교재 하나를 소개한다면 다음의 책을 꼽을 수 있다. Edward P. J. Corbett, *Classical Rhetoric for the Modern Student*, 3rd ed. (New York-Oxford: Oxford University Press, 1990).

아리스토텔레스는 메시지의 **로고스**에 대해 논의하면서 메시지가 듣는 자를 논리적으로 설득할 수 있어야 한다고 말했다. 이를 위해 그는 먼저 좋은 추론과 건전한 논증의 중요성을 언급하였다. 그는 또한 사람들이 메시지에 공감하고 따르도록 하기 위해서는 메시지를 잘 작성해야 한다는 점을 강조하였다. 이를 위해 그는 듣는 자가 메시지를 분명하고 흥미 있는 것으로, 더 나아가 감동적인 것으로 느끼게 만드는, 말하는 자의 언어 양식의 특징들을 가르쳤다.

아리스토텔레스가 말하는 듣는 자의 **파토스**는 듣는 자의 감정 상태를 가리킨다. 한 예로 아리스토텔레스는 사람들이 즐거워할 때와 화가 날 때 전혀 다르게 반응한다는 것을 알고서 듣는 자의 감정 상태를 분별하고 조절함으로써 메시지를 공정하게 수용할 수 있는 방법을 말하는 자들에게 가르쳤다. 그는 또한 듣는 자의 욕구에 부합한 메시지의 중요성, 설득을 이끌어 가는 동기의 역할, 그리고 현대의 연구를 통해서 좀 더 충분히 발전된 설득의 특징들에 대해서 이미 어느 정도 알고 있었다.[4]

---

[4] 물론 아리스토텔레스의 이론은 지난 23세기 동안 계속 발전하였다. 커뮤니케이션에 관한 전통적인 연구들은 세 가지 구성 요소에 대한 아리스토텔레스의 이해를 더 확대하였다. 어거스틴은 『기독교 교리에 관하여』(*De Doctrina Christiana*)라는 책에서 의사소통 과정이 진행될 때 듣는 자가 '인식하는' 말하는 자의 성격만이 아니라 그 말하는 자의 '실제' 성격 역시 매우 중요하다고 보았다. 스티븐 툴민(Stephen Toulmin)의 논증 모델은 아리스토텔레스의 연역법 모델을 보완하고 확장함으로써 커뮤니케이션에 관한 우리의 지식을 발전시켰다. 언어학과 일반 의미론과 같은 학문들은 커뮤니케이션에 필요한 효과적인 언어 사용에 관해서 말해 준다. 행동 과학은 듣는 자와 커뮤니케이션의 다양한 사회문화적 맥락에 대한 이해 능력을 키워 준다.

더 나아가 오늘날 커뮤니케이션 이론에 영향을 미치는 여러 가지 지식이 이미 알려진 커뮤니케이션의 **역학 관계**에 부가되었다. 아리스토텔레스와는 달리 우리는 이제 커뮤니케이션을 한쪽이 일방적으로 진행하는 발화(發話) 사건으로 인식하지 않고 오히려 (신비스러운) '과정'으로 인식한다. 커뮤니케이션은 아리스토텔레스가 전제한 것처럼 직선적이지 않고 오히려 시간이 흐르면서 계속 '순환하는' 쌍방의 대화를 의미한다. 우리는 내용의 전송이 아닌 '의미'의 커뮤니케이션을 더 강조한다. 내용 전달이 커뮤니케이션의 가장 기본적인 기능이라는 점에서 효과적인 커뮤니케이션은 자연스럽게 '관계적인' 특성을 띨 수밖에 없다. 아리스토텔레스가 전제한 것처럼 커뮤니케이션이 의도적인 행위인 것은 사실이지만 그것은 때때로 의도와 상관없이 우연한 방식으로 이루어질 수도 있다. 따라서 만일 말하는 자가 수용자의 문화에 맞게 메시지의 형식을 조절할 수 있다면 그 어떤 문화적 상황에서도 효과적인 커뮤니케이션이 이루어질 수 있다.

또한 아리스토텔레스는 말하는 자, 메시지, 듣는 자를 커뮤니케이션 과정의 3요소로 말했지만 오늘날에는 그 세 가지 외에 다른 **구성 요소들**이 언급되고 있다. 여기에서 '말하는 자'는 그룹, 운동, 또는 단체—정부 또는 교회 등과 같은 집단 자체를 뜻하며, 단순히 그 집단의 입장을 전달하는 대변인을 뜻하지 않는다—가 될 수 있다. 말하는 자는 듣는 자를 자극하기 위해 어떤 의미 있는 내용으로 시작할 수 있으며, 부분적으로는 지식 또는 가설에 기초하고, 그것에 듣는 자의 주관적 지식, 태도, 욕구, 문화 등을 고려하여 메시지를 '기호화'한다.

메시지는 하나 또는 그 이상의 '경로'를 통해 전달되며, '엔트로피'(entropy)의 법칙처럼 전달 과정에서 메시지의 상실 또는 왜곡 현상을 겪으며, '소음' 곧 메시지가 중도에 걸려 전달되지 않는 현상, 상징의 애매함, 환경의 혼란 등을 포괄하는 방해 요소의 영향을 받는다. 그런데 이 모든 요소들에 대한 설명은 메시지의 '중복성' 곧 메시지를 전달하는 과정에 필요한 창조적 반복을 옹호하기도 한다.

듣는 자는 오랫동안 문화화(enculturation)의 경험을 통해 만들어낸 '여과 장치'를 사용하는데, 메시지의 '의미'를 결정하기에 앞서 이 여과 장치를 통해 메시지를 받아들여 '기호화'한다. 또한 듣는 자는 말하는 자의 언어를 통해, **그리고** 말하는 자의 다양한 비언어 및 '준언어' 메시지로부터 메시지의 의미를 파악한다. 듣는 자 역시 언어적 및 비언어적으로 말하는 자에게 '피드백'하는데, 이 피드백은 말하는 자가 더 큰 효과를 낼 수 있도록 메시지를 조정할 수 있게 해 준다. 직접적인 원인과 환경은 커뮤니케이션 행위가 일어나기 전에 그것의 상징을 통해 듣는 자의 기대에 영향을 미칠 뿐만 아니라 나중에 그의 반응에도 영향을 미친다. 효과적으로 의사소통하는 사람들은 대개 이런 커뮤니케이션의 역학 관계와 구성 요소에 관해서 잘 알고 있지만, 반면에 그렇지 못한 사람들은 이런 내용에 대해 잘 모른다.

기독교 선교와 복음화에 커뮤니케이션 이론을 적용한 현대의 교재들 중에서 유진 나이다의 책이 가장 오랫동안 사용되고 있다. Eugene A. Nida, *Message and Mission: The Communication of the Christian Faith*, rev. ed. (Pasadena, Calif.: William Carey Library, 1990).

아리스토텔레스 이후 커뮤니케이션 분야가 발전을 거듭했지만 우리는 여전히 아리스토텔레스의 이론에 의지하고 있으며, 그의 모델은 세속화된 사람들을 염두에 두고 있는 기독교 전도자들에게 여전히 중요한 것으로 평가되고 있다. 특별히 커뮤니케이션 과정의 세 가지 핵심 요소들 곧 말하는 자, 메시지, 듣는 자에 대한 아리스토텔레스의 정의는 효과적인 커뮤니케이션을 계획하고 의사소통의 실패 원인을 진단하는 데에 앞으로도 계속 유용하게 사용될 것이다.

예를 들어 앞에서 나는 교회의 에토스에 관한 듣는 자의 낮은 인식 때문에, 또는 교회의 메시지가 분명하지 않거나 교회의 언어가 선교지 주민들에게 제대로 토착화되지 않았기 때문에 기독교의 메시지가 거부될 수 있다는 점을 지적하였다. 특별히 효과적인 커뮤니케이션 사건은 단지 한 가지 원리에 의해서가 아니라 여러 가지 커뮤니케이션 원리가 함께 어우러져 상승 작용을 함으로써 발생한다는 점을 알아야 한다. 케네스 채핀의 『전도하기를 싫어하는 증인들』(*The Reluctant Witness*)에 나오는 다음의 짤막한 사례는 나름대로 교양이 있고 여행을 많이 한 어느 멕시코 여성에게 복음을 전했을 때 에토스, 파토스, 로고스가 어떻게 상호 작용을 하는지를 보여 준다.

> 내가 통역을 통해서 그녀가 어떻게 예수 그리스도를 믿게 되었는지 질문하자 그녀는 이런 이야기를 들려주었다. "내가 이 도시에 처음 왔을 때만 해도 모든 것이 낯설고 무척 외로웠지요. 그때 당신의 교회에 출석하고 있는 한 부인이 저를 찾아왔어요. 마침 그날이 성탄절이었는데, 그녀는 예쁜 종이로 정성껏 포장한 책 한 권을 제게 선물로 주었습니다. 그런데 그보다 더 기뻤던 것은 그녀가 나를

자기 집으로 초대해 식사 대접을 해주었기 때문입니다. 나는 그녀의 모습을 보면서 그녀가 내게 보여준 것이 진짜 사랑임을 알게 되었고, 그렇게 그녀를 신뢰하게 되자 하나님의 사랑에 관한 그 책의 이야기도 참될 것이라고 확신하게 되었습니다."[5]

2. 수용 과정

사람들이 기독교 메시지를 받아들이는 과정은 마치 그들이 어떤 새로운 진리, 습관, 생활 양식을 받아들이는 과정 또는 단계와 같다. 행동 과학 분야의 풍부한 연구 전통은 '혁신의 확산'(diffusion of innovations) 곧 새로운 이념, 새로운 기술, 새로운 습관, 새로운 주장이 일정한 사회 내에서 어떻게 사람들에게로 확산되는지를 집중적으로 연구해 왔다.[6] 그 결과 그들은 사람들이 새로운 것을 받아들이는 단계적 '수용 과정'(adoption process)을 발견하였다. 내 생각에, 기독교적 회심 경험으로부터 얻은 자료들을 검토해 보면 확산에 관한 일반 연구의 결론을 사람들이 기독교를 경험하는 6단계로 수정해서 사용해도 무방할 것 같다.

(1) 의식(awareness)
(2) 관련성(relevance)

---

[5] Chafin, *The Reluctant Witness*, 127.
[6] 다음을 참조하라. Everett M. Rogers, *Diffusion of Innovations*, 3rd ed. (New York: Free Press, 1983).

(3) 흥미(interest)

(4) 시도(trial)

(5) 수용(adoption)

(6) 강화(reinforcement)

각 단계의 의미는 위에 언급한 용어 자체에서 거의 분명하게 드러난다. 첫째, 사람들은 처음에 기독교를 추상적인 개념으로서가 아니라 어떤 특별한 운동, 사람들이 모인 집단, 교회, 진리의 주장(主張)으로 인식한다. 둘째, 사람들은 기독교가 어떤 식으로든 자신과 관련이 있다고 인식하게 되는데, 예를 들어 기독교가 그들의 욕구 충족에 도움이 되거나 그들의 삶, 집단, 사회를 이끌어 가는 동력이 될 수 있다고 생각한다. 셋째, 그들은 (아마도) 질문을 하거나, 책을 읽거나, 세미나에 참석하거나, 교회의 예배에 참여하는 방식으로 관심을 표현한다. 넷째, 시도 단계로 들어서게 되면 그들은 가능성 곧 기독교를 믿으면 자신의 삶이 앞으로 어떻게 달라질지 상상하고, 마치 자신이 이미 그리스도인이 된 것처럼 커피 대화 모임에 참여하기도 한다. 그들은 그밖에도 다양한 방식으로 기독교 신앙이 자신에게 맞는지 시험해 본다. 다섯째, 그들은 의식적으로 믿음을 수용하고 적절한 시기와 장소를 택하여 공개적으로 세례를 받음으로써 정식 교인이 된다. 여섯째, 기독교 신앙을 받아들였지만 자신에게 일어난 일에 대한 확신이 없어 고민하는 시기가 온다. 그들은 이 시기에 자신의 결심을 강화하고 자신의 선택이 옳았음을 확증할 수 있는 특별한 체험을 추구한다. 일반적으로 제자 훈련 사역과 교회의 예전이 그들의 믿음을 강화해 주기도 하고, 새로운 교우 관계, 의미 있는 소그룹 참여, 은사 발견, 사역에의 참여로 이어지는 일련의 과정이 그들의 경험과 결심을 확증해 주기도 한다.

비록 간략하게 언급했지만, 수용 과정에 대한 이런 이해는 세속화된 사람들에게 기독교를 효과적으로 전달하는 데 몇 가지 중요한 실마리를 제공한다. 우리는 일반적으로 시도 단계와 수용 단계에서 어느 정도 뚜렷한 반응을 볼 수 있을 것으로 생각하지만, 수용 모델은 이 두 단계를 분명하게 구분한다. 이 모델은 시도 단계에서 반응했던 사람들 중 일부가 나중에 교회에서 보이지 않는 이유를 알게 해 준다. 그리고 이 모델은 기독교 공동체, 성경, 사역을 통해서 새로운 회심자들의 신앙을 더 강화하고 확신시킬 필요가 있음을 깨닫게 해 주며, 면담을 통해서 사람들이 지금 어느 단계에 속해 있는지 알게 해 주며, 따라서 그들의 신앙 상태에 맞는 방식으로 커뮤니케이션을 할 수 있도록 도와준다. 그러나 전체 과정이 단지 몇 분 또는 몇 시간 만에 끝나는 것이 아니고 보통 여러 주 또는 여러 달이 걸리기 때문에 사람들이 자연스러운 속도로 참여하면서 하나님의 선한 시간에 새 생명으로 거듭나는 과정을 건너뛰지 않고 한 단계씩 앞으로 나아갈 수 있도록 도와주어야 한다.

수용 이론을 통해서 드러난 이런 통찰들은 기독교 운동사에서 최근에 처음 등장한 것이 아니다. 성찰적 복음주의자들 중에는 이미 수용 이론과 일치하는 이해를 가지고 선교 활동을 하는 사람들도 있다. 가령 캐논 브라이언 그린(Canon Bryan Green)과 같은 사람은 회심에는 최소한 네 가지 선결 조건이 따른다고 주장하였다.

첫째, 그린은 세속화된 사람들 가운데는 하나님이나 초월적인 것에 대한 감각이 부족한 사람들이 많기 때문에 "초자연적인 것에 대한 감각이 회심의 선결 조건이 되어야 한다."고 주장하였는데,[7] 이것은 수용 이론의 의식 단계와 비슷하다. 영국 버밍햄의 세인트 마틴스 교회(St. Martin's in the Bull Ring)에서 그린은 교회를 방문하는 사람들이 하나님 의식(意識)을 발견할 수 있도록 도와주는 세 가지 전략을 개발하였다. (1) 교회 건축물은 신비, 놀라움, 경외감의 감정을 일으킬 수 있다. (2) 구도자들이 예배하고, 찬양하고, 기도하는 회중들 가운데 참여할 때 하나님의 임재를 느낄 수 있다. (3) 묵상을 통해서 "하나님께서 우리에게 임재하시는" 경험을 할 수 있다. 따라서 그린은 설교를 마친 뒤 언제나 '거룩한 침묵'(sacramental silence)의 시간을 가졌다. 이것에 관해서 그린은 다음과 같이 설명하였다.

> 우리는 사람들에게 하나님을 믿게 하려고 논쟁할 수도 없고, 그들을 위협하거나 설득할 수도 없다. 그들은 스스로 하나님을 만나야 한다. 그런데 왜 그들을 잠잠히 내버려두지 않는가! 나는 선교 활동을 할 때뿐만 아니라 교회에서 통상적인 설교를 할 때에도 습관적으로 복음을 전한 뒤 침묵의 시간을 가진다. 물론 이것은 설교자에 의해 간섭받지 않고 교인들 각자가 하나님과 직접 대면할 수 있는 진짜 침묵을 의미한다.[8]

그런데 교회에 발을 들여놓은 적이 없는 세속화된 사람들에게 하나님에 관한 의식을 심어주기 위해서는 그리스도인들이 어떤 노력을 해

---

[7] "There Is No Mass Evangelism," *British Weekly* CXXXII (May 8, 1952): 1.
[8] Ibid.

야 하는가? 그린이 처음에 전도한 1세대 회심자들 중에서 20명을 면담해 본 결과, 나는 그들이 하나님에 관한 의식을 갖게 된 데에는 삶에서 작용하는 몇 가지 전형적인 동력이 영향을 미쳤음을 알게 되었다. 그 동력을 구체적으로 언급하자면, 교회가 지역 사회를 섬기는 사역을 눈으로 보는 것, 신뢰할만한 모범적인 그리스도인들을 알고 교제하는 것, 그리스도인들과 친분 관계를 맺는 것, 한 사람 또는 다수의 그리스도인들과 위협적이지도 않고 정죄하지도 않는 열린 대화를 나누는 것, 한 사람 또는 다수 그리스도인들의 증언이나 간증을 듣는 것, 그린의 잡지 칼럼 또는 그가 시(市)에서 행한 연설을 읽고 좋은 느낌을 갖는 것, 교회를 방문해 달라는 개인적인 초청—때로는 다수를 초청하기도 하고, 때로는 초청자와 함께 오기도 한다—을 받는 것, 방문자가 처음 교회에 왔을 때 짧은 몇 분 동안 교인들의 호의적인 태도와 희망적인 분위기를 느끼는 것 등이다.

그린의 전략은 그의 회심자들에게서 얻은 자료와 일치하고 있었다. 하지만 그린은 설교가 '철저한 불신자들'(complete outsider)에게는 적용될 수 없음을 알게 되었다. 왜냐하면 "그들에게는 하나님이 무의미한 상징일 뿐이며, 그들은 하나님에 대한 필요성을 전혀 느끼지 않기 때문이다. … 따라서 이런 사람들에게 복음을 전할 수 있는 유일한 전략은 교회가 세상으로 스며들어가는(to infiltrate) 것뿐이다."[9]

회심을 위한 그린의 두 번째 선결 조건은 수용 이론의 관계성 단계와 흥미 단계에 상응한다. 따라서 복음 전도자들은 기독교 메시지가

---

[9] 다음에서 재인용함. Isabel Baumgartner, "The Lord's Barnstormer," *The Episcopalian* (Sep. 1963): 38.

사람들의 삶을 이끌어 가는 욕구나 동기와 밀접한 관련이 있음을 보여주어야 한다. 그린에 따르면, 세속화된 구도자들의 욕구가 적어도 부분적으로는 하나님과의 소원한 관계를 나타내는 증상임을 그들에게 이해시키는 분이 성령이시기 때문에 복음 전도자들은 수용 이론이 요구하는 것과 상관없이 이 성령의 사역을 도와야 한다. 하나님에 대한 이런 깊은 욕구는 하나님의 법을 가르치거나, 그들의 성품을 그리스도의 성품과 비교하거나, 세상에 편만한 죄의 현실을 드러내 보이거나, 예수의 십자가 사건이 인간이 지은 죄의 결과임을 알려줌으로써 입증할 수 있다.[10]

회심을 위한 그린의 세 번째 선결 조건은 그리스도의 생애와 사역에 관한 적절한 지식이 전달되어야 한다는 것이다. 그린이 말한 이 세 번째 선결 조건은 듣는 자가 흥미 단계에 있을 때 가능하다. 그린은 그리스도에 관해 아는 것이 회심의 본질적인 요소가 아니라는 윌리엄 제임스(William James)의 주장을 부정하고, 동시에 그리스도에 관한 완전한 교리를 제시하는 것이 회심을 일으키는 데 필수적이라는 주장도 부정하였다. 그린은 세속화된 구도자들은 "예수 그리스도께서 하나님에 관해 증거한 것이 그의 영혼에 호소하여 깨닫게 만들 때까지" 그리스도에 관해 충분히 알아야 한다. "회심이 일어나기 전에 어렴풋하게나마 그리스도를 통해 하나님의 마음을 엿본 경험이 그의 상상력을 사로잡아야 한다."[11]

회심을 위한 그린의 네 번째 선결 조건은 수용 이론의 흥미 단계와

---

[10] Bryan Green, *The Practice of Evangelism* (New York: Charles Scribner's Sons, 1951), 81–82.
[11] Ibid., 27–29.

평행을 이룬다. 비록 회심이 사도적 전도자들의 목표임에도 불구하고 "우리가 불신자들에게 회심에 관해 말한다고 해서 회심의 역사가 일어나지는 않는다."[12] 만일 우리가 회심에 관해서 설교하면 청중은 그 메시지를 단지 율법의 한 형태 곧 의롭게 되기 위해 반드시 해야 하는 어떤 행위 정도로 받아들인다. 사실 회심은 하나님께서 그리스도 안에서 우리를 용납하셨다는 복음을 전할 때 일어난다. 우리가 그리스도를 높일 때 그리스도의 영은 사람들을 하나님께로 인도하여 새로운 삶을 살게 하신다.

그러므로 회심은 사람들이 초월적인 것을 인식하고, 하나님에 대한 절실한 필요를 느끼고, 복음을 이해하고, 그리스도에게 주목할 때 일어난다. 여기까지 이르면 수용 단계 중 처음 세 단계 곧 의식 단계, 관련성 단계, 흥미 단계가 성취된 것이다. 이때 복음 전도자는 구도자가 '믿음의 실험'을 할 수 있도록 격려함으로써 시도 단계로 나아갈 수 있도록 도와야 한다.

그리고 구도자들이 실험을 통해 자기 확신을 가지면 복음 전도자는 그리스도의 영을 영접하고 그분의 제자가 되도록 초청함으로써 그들이 수용 단계로 나아갈 수 있도록 도와야 한다. 이 '최종 결정의 과제'는 전형적으로 사람들에게 위기를 야기하며, 결국 '예'와 '아니오' 중 하나를 선택함으로써 해소된다. 이 점에 관해서 그린은 다음과 같이 설명하였다. "이 위기는 선택의 위기라고 할 수 있다. 따라서 위기를 해소하기 위해서 반드시 감정적 체험이나 극적인 회심이 필요한 것은 아니다. 전도는 단지 '받아들이든지 거부하든지 하라'는 극단적인 방

---

[12] Ibid., 27.

식으로 복음을 제시하는 것이 아니다." 전도는 어떤 응답으로 초대하는 행위를 뜻한다.[13]

3. 선교 원리

기독교 세계가 쇠퇴한 이후 서구에서 기독교 복음을 효과적으로 전해야 할 과제는 모든 선교 현장이 직면하고 있는 커뮤니케이션의 과제와 비슷하다. 이런 점에서 문화와 복음의 만남에 관한 레슬리 뉴비긴의 삼중 구조는 우리에게 매우 유용하다. 뉴비긴은 『헬라인에게는 미련한 것이요』에서 선교 현장의 커뮤니케이션이 어떻게 이루어져야 하는지를 다음과 같이 설명하였다. (1) 선교 커뮤니케이션은 수용자 문화의 언어로 이루어져야 한다. 다시 말해서 선교사는 "적어도 잠정적으로는, 해당 언어로 표현된 것들에 대한 이해 방식을" 받아들여야 한다. (2) 선교 커뮤니케이션은 '마음의 방향 전환'을 뜻하는 회개를 요구함으로써 선교지 문화의 현실 이해를 철저하게 문제 삼아야 한다. (3) 복음의 전달자인 선교사는 수용자들이 믿음을 발견하고 회심을 체험할 때 그것이 근본적으로 기적 또는 하나님의 역사로 말미암아 성취된 것이지 선교사의 위대한 신학이나 커뮤니케이션 능력으로 성취된 것이 아님을 알아야 한다.[14] 또한 뉴비긴은 효과적인 선교 커뮤니케이션은 항상 두 가지 위험 사이에서 올바른 길을 찾는 것을 뜻한다고 말하기도 하였다.

---

[13] Bryan S. W. Green, "Evangelism and the Young," *The Expository Times* LVIII (1946): 32.
[14] Leslie Newbigin, *Foolishness to the Greeks: The Gospel and Western Culture*, 1-11.

한편, 그는 커뮤니케이션에 실패할 수도 있다. 그가 현지 언어를 구사하고 있지만 그것은 외국인이 하는 말처럼 들린다. 그의 메시지는 실없는 사람이 중얼거리는 것처럼 들릴지도 모른다. 다른 한편, 그가 현지 언어에 너무 능통하여 사람들이 그를 매우 익숙한 인물―순결한 행위를 요구하는 도덕주의자 또는 모든 인간이 원하는 구원의 길을 제시하는 구루(guru)―로 받아들일 수도 있다. 그의 메시지는 단순히 기존 세계관에 흡수되어 좀 더 경건하거나 좀 더 잘 행동하라는 요구로 들린다. 결국 그는 현실과의 관련성에 초점을 맞추다가 혼합주의(syncretism)에 빠질 수도 있고, 그 혼합주의를 피하려고 노력하다가 현실과의 관련성을 잃어버릴 수도 있다.[15]

의심할 여지없이, 여러 문화권에서 선교하는 교회의 폭넓은 경험을 통해서도 귀중한 교훈을 얻을 수 있다. 그중의 하나는 미국의 개인주의를 다른 문화에 강요하지 말았어야 했다는 것이다. 우리는 이것을 진작 깨달았어야 했다. 미국인과 유럽인은 무엇이든 개인적으로 결정을 내리기 때문에 서구인들에게는 세례를 받고 그리스도를 따르라고 초청할 때 개인적 결단을 촉구해도 상관이 없다. 그러나 서구 이외의 문화권에서 개인은 그들의 정체성이 집단 정체성에 묻혀버릴 정도로 가족이나 친족이나 종족이나 카스트나 집단―또는 일본의 경우처럼 회사―에 종속되어 있고, 의사 결정은 집단의 결정 과정에 의해 이루어진다. 이런 문화권에서 개인이 스스로 결정할 것을 요구하는 것은

---

[15] Ibid., 7.

그들의 공동체를 떠나 다른 공동체에 합류하라는 요구가 될 수 있다. 따라서 그것은 그들에게 비극적인 사회적 결과를 가져올 수도 있는 매우 중요한 문제다.[16]

이제 서구의 개인주의에 대한 우리의 전제들을 재검토해 보자. 그러면 많은 서구인들 또한 집단적 충성심과 하위문화 정체성을 가지고 있으며, 따라서 서구인들과 제3세계 사람들 사이에는 단지 정도의 차이가 있을 뿐이라는 사실을 좀 더 분명히 알게 된다. 이것에 대해서 앨런 워커는 내게 이렇게 말한 적이 있다. "기독교의 복음을 전하는 과정에서 우리는 과도한 개인주의에 너무 열중한 나머지 사람들을 그들의 문화, 사회 집단, 친구 집단에서 빼내 우리 집단으로 끌어들이려 하고 있습니다. 하지만 아직 그런 방식을 수용할만한 준비가 되지 않은 경우가 많아요." 그는 집단의식이 강하게 나타나는 서구의 하위문화에서는 마치 인도나 아프리카에서 전도하는 것처럼 해야 한다고 주장하였다. 다시 말해서 집단 전체를 신앙과 교회로 초청해야 한다는 것이다! 이미 청소년 갱들과 오토바이 갱들을 위한 몇몇 도시 사역과, 선원들을 위한 항구 사역들이 이런 가능성을 증명해 주고 있다.

이와 같이, 세속화된 사람들을 향한 기독교의 복음 전도자들은 커뮤니케이션 이론의 오랜 전통, 좀 더 새로워진 확산 이론, 선교 이론, 일찍이 논의된 교회 성장 이론으로부터 이미 상당한 도움을 받았다. 아무도 처음부터 다시 시작할 필요가 없다. 전략적으로 볼 때 우리는 방대한—물론 복잡하긴 하지만—기회 앞에 아무 옷도 걸치지 않은 채

---

[16] 완전한 설명을 보려면 다음을 참조하라. Donald A. McGavran, *Understanding Church Growth*, third edition, rev. and ed. by C. Peter Wagner (Grand Rapids: Eerdmans, 1990), 13장.

서 있는 것이 아니다. 다행스럽게도 세속화된 선교 현장의 회심자, 교회, 사도적 개척자, 기독교 운동으로부터 얻은 자료는 우리가 가야 할 희망의 새 길을 환하게 비춰 주고 있다. 이제 아래에서, 세속화된 사람들과 커뮤니케이션하기 위한 4가지 독특한 기독교 모델을 살펴보도록 하자. 그것들은 그동안의 진부한 전도 모델들로부터 벗어나 희망의 길로 나아가는 '획기적인' 새 모델들이다.

4. 세속화된 사람들은 어떻게 그리스도인이 되는가: 4가지 모델

1) 존 웨슬리의 '구원의 서정'

첫 번째 새 모델은 존 웨슬리(John Wesley)의 '구원의 서정'(Order of Salvation)—'서정'(序程)은 순서와 과정을 뜻한다(역주)—이다. 웨슬리는 영국의 산업 혁명 과정에서 도시로 이주한 1세대 사람들이 교회와 능동적인 관계를 유지하지 못하고 있고, 영국 국교회 역시 도시화에 기민하게 반응하여 그들에게 복음을 전하기 위해 교회를 개척하고 목회자를 파송해야 했지만 그러지 못한 까닭에 결국 이후 세대들이 전혀 복음을 접해보지 못한 채 오늘날 우리가 접하는 '세속화된' 사람들처럼 되어 버렸다는 사실을 알게 되었다.[17] 웨슬리와 초기 감리교인들은 기독교에 대한 기억이 전혀 없고 교회에 대해서 부정적인 태도를 가진

---

[17] 레슬리 폴의 뛰어난 연구를 참조하라. Leslie Paul, *The Deployment and Payment of the Clergy* (Westminster, England: W. & J. MacKay & Co. Ltd., 1963).

사람들을 상대로 전도해야 했다.

웨슬리는 불신자들을 그리스도인으로 만드는 두 가지 일반적인 모델 곧 (1) 세례, 결혼식과 같은 통과 의례에 의존하는 영국 국교회의 모델과 (2) 세상 사람들에게 복음의 메시지를 전한 뒤 그들이 회심하면 교회로 환영하는 재세례파의 모델이 세속화된 사람들에게는 비생산적이라고 생각하였다. 도널드 맥가브란이 지적했듯이, 이 두 가지 전략은 "작동해야 하지만 작동하지 않는 것들"이었다. 이 모델들과는 달리 웨슬리는 신학적 연구와 더불어 자신의 경험을 성찰하고, 사람들이 실제로 어떻게 그리스도인이 되는지 관찰한 뒤 세속화된 도시인들이 그리스도인이 될 수 있도록 돕는 4단계 전략을 개발하였다.[18]

웨슬리의 전략 중 첫 번째 단계는 사람들에게 그들이 길을 잃었다는 사실, 하나님에 대한 필요성, 다가올 진노를 피하고 새로운 삶을 경험하고 싶은 열망을 일깨워주는 것이다. 웨슬리는 '현장 설교'(field preaching)를 하면서 사람들을 각성시켜 구원의 대열에 참여하게 만드는 데 사역의 주안점을 두었다. 초기 감리교인들의 전도 사역 역시 사람들을 각성시키는 것을 목적으로 삼았다.

---

[18] 추가로, 웨슬리가 주요 신학 용어에 대한 성경적 의미를 분명하게 깨닫고서 자신의 사역을 감당했다는 점이 언급되어야 한다. 구원은 본질적으로 영혼이 천국에 갈 수 있도록 준비하는 것이 아니라 인간의 삶에 작용하는 죄의 권세로부터의 구원이었다. 구원은 믿음을 통해 경험되며, 믿음은 정통 교리의 형식을 빌려 배웠음에도 불구하고 단순히 그 정통 교리에 대한 동의가 아니라 하나님께 대한 인격적인 신뢰를 뜻한다. 그리스도인이란 하나님의 사랑과 용서를 경험한 사람이며, 현재 새로운 삶을 살고 있는 사람이며, 하나님의 뜻을 행하고 모든 사람에게 선한 일을 행할 수 있게 하는, 신앙공동체 안에 매개된 은혜로, 그리고 사랑의 힘으로 현재 새로운 삶을 살고 있는 사람이며, 이 세상에서 개인적인 의와 사회적인 의를 함께 추구하는 사람이다 (웨슬리의 고전적인 글 "The Character of a Methodist"를 참조하라).

두 번째 단계로, 각성한 사람들은 그들에게 믿음이 있든지 없든지 간에 또는 무엇인가를 체험했든지 그렇지 않든지 간에 감리교의 속회 (class meeting)에 언제든지 가입할 수 있게 하였다. 각 속회는 평신도가 인도하며, 12명을 넘지 않도록 조직된 구속적 소그룹(redemptive cell)이었다.[19] 각성한 사람들이 하나님의 은혜를 경험하고 새로운 삶을 살기 원하면 언제라도 속회에 가입할 수 있었다. 그들이 속회에 가입해서 매주 속회 모임에 열심히 참여하고 그리스도인으로서 새로운 삶을 경험하며 살겠다는 진지한 열망을 가지고 있으면 그들에게 믿음이 없거나 무엇인가를 체험하지 않았을지라도 3개월 후에 감리교의 신도회(society)에 등록할 수 있었다. 웨슬리는 사람들이 기독교의 지식을 배움으로써가 아니라 결정적인 순간에 사로잡힘으로써(more caught than taught) 신앙을 갖게 된다는 점, 구도자들이 성직자들보다 평신도들에게서 영향을 받기 쉽다는 점, 이런 방식으로 복음이 확산되기 위해서는 설교보다도 소그룹 생활이 훨씬 더 중요하다는 점을 잘 알고 있었던 것 같다.

세 번째 단계로 감리교 지도자들은 평신도들에게 매주 하나님께서 정하신 선한 시간에, 그리고 하나님께서 허락하신 선한 방법으로 칭의 (稱義, justification)의 은혜를 체험하라고 지도하였다. 그 결과 진지하게

---

[19] 속회는 인간 영혼의 '체육관'과 같은 기능을 하였다. 이 모임에서 회원들은 진정한 그리스도인으로 살아갈 수 있도록 서로 도와주었다. 그들은 그리스도인의 규범적인 삶을 세 가지 서약으로 표현하였는데, 그 세 가지는 (1) 선을 행하며 (2) 악을 피하고 (3) 은혜의 수단에 자신의 영혼을 의지하며 살겠다는 것이었다. 매주 한 번씩 모이는 이 속회는 기본적으로 한 사람씩 돌아가며 지난 한 주 동안 세 가지 서약을 어떻게 지키며 살았는지 보고하는 방식으로 진행되었으며, 한 사람의 말이 끝날 때마다 참여한 다른 회원들이 지지하고 축하거나, 아니면 이의를 제기하거나 질책함으로써 새로운 삶을 다짐할 수 있도록 도와주었다.

새로운 삶을 추구하는 사람들은 대부분 하나님의 은혜와 용서를 체험하였다. 이런 체험은 일반적으로 그들이 각성한 때로부터 수개월 내지 수년 뒤에 일어났으며, 다른 사람들과 함께 있는 환경에서보다는 혼자 있을 때 더 많이 일어났다.

네 번째 단계로 감리교 지도자들은 칭의의 은혜를 체험한 사람들에게 자신의 생애에서 언젠가 성화(聖化, sanctification)의 은혜를 체험해야 한다는 사실을 가르치고 이 은혜를 사모하라고 지도하였다. 이 성화는 두 번째 은혜 체험을 가리키는데, 사람들은 이 체험을 통해 자신을 하나님의 뜻에 온전히 복종시키고, 철저하게 사랑의 능력으로 자유로운 삶을 사는 거듭난 사람이 된다. 각성한 사람들 중 대부분이 칭의의 은혜를 체험했지만, 칭의의 은혜를 체험한 감리교인들 중 대부분은 성화의 은혜를 기대했음에도 불구하고 체험하지 못했다. 그러나 성화의 은혜 체험에 대한 이들의 기대는 감리교 운동의 확산과 완성에 귀중한 동력이 되었다.

종합해서 말하자면, 웨슬리는 자신의 체험 구조를 다른 사람들에게 그대로 이식하는 전략을 가지고 있었던 것 같다. 그는 하나님의 은혜를 체험하기 전에 그리스도인으로 살려고 오랫동안 인간적인 노력을 다했지만, 나중에 그리스도인으로 살 수 있도록 능력을 주시는 하나님의 은혜를 경험한 뒤에 완전히 변화되었다. 한 세기 동안 속회 모임은 감리교의 특징적인 제도로서 영국과 미국의 수많은 사람들에게 기독교의 실체를 전하는 데 기여하였다. 이 감리교는 지금도 속회 모임의 증식을 통해 많은 사람들에게로 확산되고 있는데, 제3세계의 여러 나라에서 상당한 성과를 거두고 있으며, 그중에서도 특히 한국에서 성공적인 열매를 거두고 있다. 그러므로 존 웨슬리의 '구원의 서정'은 세계의 여러 나라와 문화 속에서 세속화된 사람들에게 효과적으로 복음을 전할 수 있는 유익한 모델임이 폭넓게 입증된 셈이다.

2) 아그네스 리우의 '삼각' 스케일

두 번째 새로운 모델은 홍콩에 소재하고 있는 중국 신학대학원(China Graduate School of Theology)의 아그네스 리우(Agnes Liu)에 의해 최근에 개발되었다. 그는 지난 16년간 중국의 전통 종교를 버리고 세속화된 근로자들에게 복음을 전하면서 연구 프로젝트를 진행해 왔다. 리우 박사와 동료들은 홍콩의 기독교가 주로 중산층을 대상으로 복음을 전했으며 근로자 계급에 속한 사람들에게는 복음을 전하지 않았다는 사실을 알게 되었다. 그 뒤 근로자 계급의 문화에 대한 광범위한 조사와 더불어 연구 프로젝트가 시작되었다. 리우 박사는 근로자 계급의 문화 곧 그들의 말투, 어휘, 가치, 욕구, 영웅 등을 배우기 위해 몇 달 동안 봉제 공장에서 재봉사로 일하기도 하였다. 그녀는 이들이 경험하는 삶의 단조로움, 무익함, 소외, 직업병에 즉시 익숙해졌다.

리우와 그녀의 동료들은 공장 내에서 평신도가 인도하는 '공장 친교 모임'(factory fellowships)을 시작하였다. 공장 근로자들이 그리스도인이 되자 리우와 그녀의 동료들은 그들을 면담하고 자료를 모아 세속화된 중국인 근로자들을 그리스도인으로 만들 수 있는 모델을 개발하였다. 리우 박사의 모델은 '엥겔 지수'(Engel Scale)[20]로 요약되는 전통적인

---

20 '엥겔 지수'는 휘튼 대학(Wheaton College)의 제임스 엥겔(James Engel) 교수가 전도의 과정을 그 시간의 흐름과 심도에 따라 측정하기 위해 개발한 하나의 척도다. 이 척도는

전도 모델과는 다른 것이었다. 왜냐하면 면담 자료를 분석한 결과, 그들의 회심이—특별히 회심의 초기 단계에서—본질적으로 신학적 신념의 전이(轉移)가 **아니라는** 사실을 확인했기 때문이다. 그 결과로 만들어진 '리우 지수'(Liu Scale)는 삼각형으로 표현할 수 있는데, 그것의 세 변은 **태도**, **경험**, 그리고 회심자의 인생사(人生史)에 기초가 되면서도 제일 마지막에 요구되는 **신학적 지식**으로 구성된다.

홍콩의 세속화된 근로자들이 경험하는 회심은 전형적으로 네 가지 태도 변화의 과정을 밟는다. 첫째, 그들은 과거에 교회를 지루한 곳으로 생각했기 때문에 그리스도인이 되고 싶어 하지 않았다. 기독교 신앙을 향한 그들의 순례는 전형적으로 자신이 좋아하는 그리스도인들과 교제 관계를 형성하고 그들과의 동질감을 느낄 때 시작된다. 둘째, 그들은 교회(예배)를 좋아하고 교회에 대해서 긍정적으로 생각하기 시작한다. 셋째, 그들은 예수를 좋아하기 시작하고 그분에 관해서 더 많은 것을 배우고 싶어 한다. 넷째, 적절한 때에 그들은 예수께 자신의 삶을 전적으로 맡기게 된다.

과거든지 최근이든지 간에 이 같은 태도 변화가 일어날 때마다 그들은 그들의 인생사(人生史)에서 무척 중요하게 여겨질 만한 일련의 중요한 경험들을 하게 된다. 첫째, 이 회심자들 중 대부분은 전형적으로 한 번 이상의 기도 응답을 체험한다. 전도자들은 이들에게 '믿음의 실험'을 해 보라고, 또한 필요한 것이 있으면 주님께 기도해 보라고

'삼각 지수'와 비교할 때 직선적 지수(linear scale)로 대변되는데, 즉 불신자가 전도를 받아 회심하고 그리스도의 제자가 되기까지 성장하는 단계를 8가지 직선적인 과정으로 나누어서 설명한다(역주).

격려할 것이다. 그러면 이런 저런 일을 계기로 그들은 자신의 관심 사항—운전면허 시험에 합격시켜 달라는 것과 같은—에 대해서 기도하기 시작한다. 둘째, 그들 중 많은 사람들이 질병을 치료하고, 귀신을 쫓아내고, 긍정적인 자존감을 회복하는 예수의 능력을 체험한다. 셋째, 그들은 예수를, 용서하시고, 죄로부터 구원하시며, 그들을 새로운 삶으로 인도하시는 분으로 경험한다.

또한 과거든지 최근이든지 간에 이 같은 체험이 있을 때마다 그들은 성경과 신학 지식에 눈을 뜨게 된다. 물론 전에도 그런 내용에 관해서 들은 적이 있지만 그때는 그런 것에 전혀 관심이 없었다. 그들은 그저 교회에서 경험하는 우정이나 사랑 따위에 더 관심이 있었다. 그러나 이제 그들은 과거에 무심하게 지나쳤던 개념들을 사용하기 시작하며, 기독교에 관해 더 많은 지식을 배우고 싶어 하고 성경을 연구하고 싶어 한다.

현재 홍콩에서는 이 모델이 제시하는 바와 같은 인상적인 교회 성장과 창조적인 확산이 일어나고 있다. 100여 개 이상의 공장 친교 모임과 12개의 근로자 회중이 생겨났다. 이 사역은 식당 종업원, 택시 기사, 매춘부, 약물 중독자, 타밀(Tamil) 출신의 인도인 이주자들에게로 확산되었다. 식당 종업원들과 그들의 가족을 위한 예배가 현재 주일 밤 9시에 드려지고 있는데, 9시에 모이는 이유는 그때가 그들이 일을 마치고 모일 수 있는 시간이기 때문이다. 같은 이유로, 택시 기사와 그 가족들을 위한 예배 모임도 한밤중에 이루어지고 있다.

중독자들을 위한 모임 하나는 야외의 나무 그늘에서 모이고 있는데, 그 모임에서는 그들의 새로운 믿음을 나타내는 몇 가지 토착적인 상징이 사용되고 있다. 회복 중에 있는 약물 중독자들은 그들이 사용하던 주사기를 눈앞에 있는 나무에 걸어 놓고, 알코올 중독자들은 술병을, 도박 중독자들은 경마 표를 걸어 놓는다. 회중들이 씨름하고 있는 삶의 문제들과 관련하여 상징을 사용하는 토착적인 예전과 예배가 이제는 불신자들로 하여금 신앙에 관심을 갖게 만드는 좋은 계기가 되고 있다.

3) '표적' 모델

세속성에 물들어 있었던 회심자들과 면담하고 그들에게 복음을 전하는 일에 힘쓰는 교회들을 연구한 결과, 나는 세속화된 사람들 중 많은 이들이 더 깊은 신앙으로 나아가는 단계들을 발견하게 되었다. 네 개의 원으로 이루어진 다트 게임 표적을 상상해 보라. 그리고 세속화된 사람들이 가장자리 원의 바깥에 위치한 채 하나님께서 원하시는 표적 중심에 이르지 못하는 상황을 상상해 보라.(롬 3:23) '표적 중심'은 우리를 위해 하나님께서 설정하신 목표를 상징한다. 하나님께서는 하나님의 뜻을 위해 믿음, 소망, 사랑 안에서 살아가는 제자가 되라고 각 사람을 부르신다. 물론 여기에서 말하는 제자는 신약 성경이 설명하고 있고 기독교 운동이 필요로 하는 사람을 가리킨다. '표적 중심'을 향해 그려진 네 겹의 동심원은 아래에서 설명할 네 가지 장벽을 넘어 하나님의 은혜에 응답하는 단계들을 뜻한다.

(1) **관념의 장벽**(The Image Barrier): 중심에서 '가장 멀리 떨어져 있는' 세속화된 사람들은 전형적으로 기독교에 대해 부정적인 관념을 갖고 있기 때문에 신앙에 대해서 말하면 일단 뒤로—또는 옆으로—물러나

는 반응을 보인다.

관념의 장벽 가운데 첫 번째는 기독교를 허구적인 것으로 간주하는 견해인데, 이것은 계몽주의 사상에 물든 사람들이 지속적으로 펼치는 주장이기도 하다. 이들은 여전히 기계론적 우주관을 믿으며, 인간의 이성으로 궁극적인 진리와 합의적 도덕을 구현할 수 있다고 확신하며, 과학과 교육이 세상을 구원할 수 있다고 생각하는 사람들이다. 그들은 계몽주의 세계관에 근거하여 기독교가 이미 잘못된 것으로 판명이 났거나 다른 종교들과 동일한 종교에 불과하다고 생각한다.

그러나 계속해서 계몽주의적 대안에 먼지가 쌓이고 많은 사람들이 점차 그 대안에 대한 확신을 잃어 가고 있기 때문에 앞으로 더 많은 사람들이 신앙적 선택에―기독교를 포함해서―눈을 뜨게 될 것이다. 이런 상황에서 교회는 남아 있는 계몽주의의 풍선을 드러내고 터뜨림으로써, 그리고 기독교적 대안을 제시함으로써 모더니티의 해체를 가속화할 수 있다. 이때 기독교적 대안은 기존의 방식과는 달리 세속화된 토양에서, 세속화된 언어로, 선한 이성의 지원을 받아 기독교의 진리를 전하는 것이다.

기독교에 관한 두 번째 부정적인 관념은 기독교가 비그리스도인들의 삶과, 지역 사회와 세상의 관심사에 전혀 관심을 갖지 않는다는 생각이다. 이런 생각을 가진 사람들은 대체로 과거에 그렇게 교회 밖의 일에 관심을 기울이지 않는 교회(an irrelevant church)를 경험한 적이 있으나 그 경험을 모든 교회에 적용함으로써 일반화의 오류를 범하고 있다. 교회는 교회 내적인 친교나 제도에만 몰두하지 않고 좀 더 교회 밖의 일에 관심을 기울임으로써, 다시 말해서 사람들과 지역 사회가 고민하고 있는 문제에 뛰어들고, 진정한 기독교는 사람들의 필요에 민감하게 반응한다는 사실을 보여 줌으로써 이런 부정적인 관념을 개선할 수 있다―실제로 많은 교회가 그렇게 하고 있다. 세속화된 사람들은 그들이 지역 사회와 세상의 관심사에 관심을 기울이는 교회를 발견하게 될 때 이 장벽을 뛰어넘어 구도자가 될 수 있다.

기독교에 관한 세 번째 부정적인 관념은 기독교가 따분하다는 것이다. 연예가 대세인 시대에 텔레비전 시트콤(sitcoms)―고정된 등장인물과 동일한 배경을 바탕으로 한 에피소드 중심의 코미디 드라마(역주)―을 보면서 자란 사람들은 교회가 흥미롭지도 않고 자극적이지도 않다고 생각한다. 이런 상황에서 어떤 교회들은 논의 끝에 교회를 재미있는 곳으로 만들어도 괜찮다는 결론을 내리고 현대인들의 다양한 욕구를 충족시켜 주는 데 초점을 맞추고 있다. 그런 교회들은 신자들의 신앙을 성장시키고 그들을 격려하는 노력을 기울이면서도 현대인들의 짧은 주의력에 맞춰 예전과 프로그램과 대화를 조정하고, 무엇이든 흥미를 불러일으킬 수 있는 방식으로 하고, 심지어 참여한 사람들을 즐겁게 하려고 노력한다.[21]

(2) **문화의 장벽**(The Cultural Barrier): 세속화된 사람들 가운데 누군가가 구도자가 되었을 때 그가 전형적으로 경험하는 두 번째 장벽은 문화의 장벽―또는 스테인드글라스 장벽(stained-glass barrier)―이다. 세속

---

[21] 여기에서 관념의 장벽으로 세 가지 문제―진리, 관련성, 자극―를 예시했지만, 그것들이 가장 바깥쪽 장벽의 전부는 아니다. 하지만 적어도 그것들은 세속화된 청중이 다양하다는 사실을 말해주고 있으며, 왜 모든 장벽을 한꺼번에 해결할 수 있는 특효약이 없는지, 왜 사람들과 빨리 사귈 수 있는 지름길이 없는지, 왜 지금 있는 곳에서 쉽게 시작할 수 있는 대체 수단이 없는지를 보여 준다.

화된 사람들은 교회를 처음 방문할 때 문화적 이질감을 느낄 수 있다. 만일 그들이 신앙 용어를 이해하지 못하거나, 교회 음악에 적응하지 못하거나, 다른 교인들과 잘 어울리지 못하거나, 시설에 대하여 불편을 느낀다면 그들은 기독교가—그리고 기독교의 하나님이—자기와 같은 사람들을 위한 종교가 아니라고 생각한다.

그런데 교회는 의외로 이 문화의 장벽을 잘 인식하지 못하고 있다. 특별히 이런 현상은 교회의 전도 대상 주민들이 교인들과 동일한 문화적 환경 안에 있다고 생각할 때 더 심하게 나타난다. 교회는 주민들이 교회가 하는 일을 잘 이해하고 있고 또 그것에 관심을 가지고 있다고 생각하고 있으며, 심지어는 그들이 그러는 것이 당연하다고 생각한다. 그러나 전혀 교회를 다녀 본 적이 없는 세속화된 사람들은 일반적으로 우리의 문화와 그들의 문화가 다르다고 생각한다. 우리는 그들이 우리의 문화에 가깝다고 생각하지만, 그들은 문화적으로 우리가 그들에게서 매우 멀리 떨어져 있다고 생각한다.

이 문화의 장벽은 때때로 성실한 구도자가 '할례' 받기를 동의할 때 극복되기도 한다. 다시 말해서 구도자들이 '교인'이 되기 위해서는 반드시 재문화화(reinculturation)의 부담을 감수해야 된다는 것이다. 그런데 이런 일이 자주 일어나다 보니까 교회들마다 자기 교회에는 아무런 문화적 장벽이 없으며, 따라서 구도자가 교회의 방식에 적응하려고 노력하는 것이 당연하다고 생각한다. 그러나 세속화된 사람들에게 복음을 전하는 교회들은 그들의 선교 현장에서 그곳 주민들에게 토착화하기 위해 값비싼 대가를 지불하고 있으며, 그렇게 함으로써 대부분의 사람들이 신앙 자체를 생각할 수 없도록 방해하는 문화의 장벽을 제거해 나가고 있다.

(3) **복음의 장벽**(The Gospel Barrier): 관념의 장벽과 문화의 장벽이 극복되고 제거되면 그제야 비로소 구도자들이 자유롭게 복음 자체를 생각할 수 있는 단계에 이르게 된다. 그런데 이 복음은 다른 장벽들과는 달리 사람들이 반드시 맞닥뜨려야 하는 걸림돌이다.[22] 성경이 말하는 복음에는 여러 가지 중요한 패러다임들—언약, 왕국, 칭의, 속죄, 용서, 화해, 구원—이 있으며, 각 패러다임에는 의미를 전달하는 데 사용되는 많은 문화 형식이 있다. 아마도 전 세계적으로 가장 유용하게 사용된 패러다임은 아프리카와 남미에서 활발하게 전개되고 있는 '전 인류를 위한 새 생명 운동'(New Life for All Movement)이 제시한 신조일 것이다.

(1) 하나님께서는 모든 사람이 영생을 누리도록 창조하셨다.
(2) 인간은 죄로 말미암아 생명을 잃어버렸다.
(3) 하나님께서는 예수 그리스도를 보내셔서 사람들에게 새 생명을 주셨다.
(4) 사람들이 이 생명을 누릴 수 있는 길은
   자신들의 죄로부터

---

[22] 세속화된 사람들 중에 복음에 대해서 생각하는 사람들이 있다고 해서 그들 모두가 복음을 수용하는 것은 아니다. 예를 들어 그들 중에는 본회퍼가 말한 소위 '제자의 대가'를 받아들이지 않는 사람도 있을 테고, 자립을 강조하는 문화권에서는 은혜의 복음을 받아들이기 어렵다고 생각하는 사람도 있을 것이다. 윌리엄 더니스(William A. Dyrness)는 자신의 책 *How Does America Hear the Gospel?* (Grand Rapids: Eerdmans, 1989), 103에서 다음과 같이 말함으로써 이 점을 강조하였다. "현대적 의미에서 자급자족을 뜻하는 개인주의는 아담과 하와가 하나님처럼 되려고 시도했던 것과 밀접한 연관이 있어 보인다. 자아실현에 삶의 목적을 두고 무엇이든 자기 스스로 정의하려는 각 개인의 성향은 종종 이웃의 울부짖음을 듣거나 하나님의 음성에 듣고 순종하는 데 걸림돌이 된다."

그리스도를 신뢰하고 순종하는 삶으로,

새 생명의 공동체로 돌아서는 것이다.

(5) 새 생명을 부여 받은 자들은 자신의 모든 삶의 영역에서 신실하게 살도록 부름 받는다.

현재 많은 교단, 전통, 운동이 '전 인류를 위한 새 생명 운동'의 신조를 조금씩 수정하여 사용하고 있다. 왜냐하면 '전 인류를 위한 새 생명 운동'의 신조가 (1) 성경에서처럼 창조에서 시작하고, (2) 교회를 하나님의 구원 계획의 한 부분으로 포함하고 있으며, (3) 기독교 윤리와 기독교 생활 양식을 메시지의 일부로 포함하고 있으며, (4) 사람들이 관심을 가지고 있는 삶의 문제에서부터 시작함으로써 매우 보편적인 접촉점을 제공하고 있으며, (5) 기독교의 모든 신학적 전통이 사용할 수 있고 대부분의 문화권에서 그대로 가르칠 수 있기 때문이다.

세속화된 사람들에게 복음을 전하는 교회는 대부분 복음에 관한 설득력 있는 신조들일지라도 반드시 재검토해서 사용한다. 왜냐하면 구도자들이 종종 복음의 장벽을 큰 나무, 관목, 나뭇가지, 덩굴로 이루어진 위협적인 잡목 숲과 같이 뚫고 나가기 어려운 복잡한 신학 체계로 경험하기 때문이다. 따라서 효과적으로 복음을 전하는 교회들은 이런 신학적 장벽에 직면한 구도자들을 여러 가지 방식으로 돕는다.

첫째, 그 교회들은 한꺼번에 모든 것을 가르치려고 하지 않고 당분간 신앙의 기본 진리에 초점을 맞춘다. 예를 들어 어떤 교회는 하나님, 예수, 죄, 화해, 사랑의 윤리, 하나님 나라에 관한 분명한 확신을, 참된 제자를 양성하는 데 본질적인 것으로 인식하지만, 반면에 천사, 성체공존설, 요나의 큰 물고기, 에베소서의 기록 연대에 관한 확신은 덜 본질적인 것으로 인식한다. 배우는 사람들이 훗날 진정한 그리스도인이 되면 그들이 처음 교회에 들어왔을 때 긍정할 수 없었던 것들을 자연스럽게 긍정하게 될 것이다.

둘째, 그 교회들은 단지 전통을 영속시키고 흉내내기보다는 기독교의 기본 교리를 의미 있게 설명해 줌으로써 구도자들이 신학적인 장벽을 극복할 수 있도록 돕는다.

셋째, 그 교회들은 기독교의 진리를 받아들여야 할 타당한 이유들을 발견함으로써 구도자들과 공감대를 형성한다.

넷째, 그 교회들은 '믿음의 실험'을 장려한다. 그 결과 사람들은 믿음의 실험을 통해 기독교의 정당성을 확인하고 그것을 헌신의 계기로 삼게 된다.

다섯째, 그 교회들은 구도자들을 다그치지 않고 그들에게 충분한 시간을 준다. 적당한 때에 포기할 것을 권하기보다 수용 과정을 이해하고 그들이 변화되기를 기다린다.

(4) **헌신의 장벽**(The Total Commitment Barrier): 네 번째 장벽 또는 장애물은 복음을 받아들이고 그리스도인이 된 사람들에게 해당되는데, 하나님의 뜻을 구하고 순종하며 하나님 나라의 발전을 위해 사는, 온전히 헌신된 그리스도인이 되는 것과 관련이 있다. 처음에 그리스도인이 될 때 사람들은 대체로 그리스도에게서 얻을 수 있는 혜택을 바라고 믿는 경우가 많다. 그들이 원하는 것은 주로 삶의 의미를 발견하는 것, 더 높은 자존감을 얻는 것, 끈끈한 결혼 생활, 용납의 경험, 천국의 약속 등이며, 실제로 그들은 그런 축복을 받는다.

그러나 복음적 전통의 관점에서 볼 때 그들은 예수를 구원자(Savior)

로 영접하기는 했지만 아직까지 주님(Lord)으로 영접한 것은 아니다. 만일 그들이 전적으로 헌신하지 않는다면 그들의 신앙은 단지 명목적 그리스도인의 수준에 머물고 말 것이다. 다시 말해서 그들은 과거에 그랬던 것처럼 여전히 이기적이고 자기 중심적이며, 기독교가 약속하고 있는 변화의 능력을 체험하지 못하며, 실제로 기독교의 약속들이 이행되어도 구도자들이 그토록 눈으로 확인하고 싶어 하는 기독교의 진정성을 구체적으로 체험하지 못할 것이다. 그러므로 효과적으로 복음을 전하는 교회들은 그리스도인들이 자신들과 세상을 위해 하나님의 뜻에 순종하는 삶을 살도록 그들을 초청하고 도전한다.[23]

이렇게 신자들에게 복음으로 도전하는 일이 너무 어려워서 어떤 교회들은 이를 회피한 채 그저 사람들에게 구원 받고 전통적인 교회 생활에 충성하는 수준까지만 가르친다. 앞에서 나는 세속화된 사람들이 성경의 하나님이 그들의 주님이시고, 그 주님께 대한 올바른 응답은 하나님의 뜻에 자신의 전 생애를 맡기는 것임을 잘 모르고 있다는 사실을 언급한 적이 있다. 마찬가지로 이교도들 역시 하나님께서 자신의 백성에게 하나님의 뜻을 깨닫고 순종하라고 요구하신다는 사실을 모른다. 그런데 이미 관념의 장벽, 문화의 장벽, 복음의 장벽을 극복한 사람들조차도 이교도들처럼 하나님께서 자신들에게 헌신을 요구하신다는 것을 모르는 경우가 많다.

빌 하이벨스(Bill Hybels)를 포함하여 이렇게 온전한 복음을 주장하는

---

[23] 다음을 참조하라. "Power: Preaching for Total Commitment," 9장 in Bill Hybels, Stuart Briscoe, and Haddon Robinson, eds., *Mastering Contemporary Preaching* (Portland: Multnomah Press, 1989).

사람들은 그리스도께 전적으로 헌신해야 할 당위성이야말로 사람들에게 이해시키기 가장 어려운 주제라고 말한다. "세속화된 사고방식을 가진 사람들에게 이 주제에 관해 이야기하면 그들은 마치 나를 화성에서 온 사람처럼 생각한다. 그들이 볼 때 자신의 삶을 희생한 채 다른 사람의 일에 몰두하며 사는 것은 매우 어리석은 일이 아닐 수 없다. 그런 생각은 '당신이 원하는 모든 것을 소유할 수 있다'는 서구 문화의 신화와 모순되는 것이기 때문이다."[24]

4) '다양한 대화' 모델

전통적인 전도는 단 한 번—그것도 도전적인 방식으로 진행하는—대화를 나눈 뒤에 그리스도인이 되는 결정을 내리도록 유도하는 전략으로 유명하다—또는 악명이 높다. 이와는 달리, '다양한 대화' 모델(Multiple Conversations model)은 세속화된 사람들에게 복음을 전할 때 전통적 전도의 '단판승부식' 모델(single confrontation model)에 비해 성공 가능성이 훨씬 더 높다.

하지만 이 두 모델 사이의 차이점이 지나치게 과장되어서는 안 된다. 왜냐하면 대화의 과정에서 적절한 기회가 오면 반드시 '가벼운' 도전('soft' confrontation)이 필요하기 때문이다. 질문을 던지는 것이 가벼운 도전의 한 형태가 될 수 있다. 예를 들어 로버트 슐러는 새로 등록한 사람들에게 종종 이렇게 물었다. "당신처럼 선하고 명철한 분이 왜 기독교의 믿음을 받아들이지 않습니까?" 이때 그들의 반응을 보면 그

---

[24] Ibid., 114-15.

들이 그리스도의 진정한 제자가 되는 것을 가로막는 장벽이 무엇인지 알 수 있으며, 이를 통해서 해결의 실마리도 찾을 수 있다. 브루스 라슨은 한 내과의사로부터 사람들이 복음에 마음을 열도록 도와주는 세 가지 질문을 배운 적이 있다. "당신은 무엇 때문에 그토록 열심히 살고 있는지 생각해 본 적이 있습니까?" "당신은 인생의 참된 의미가 무엇인지 생각해 본 적이 있습니까?" "당신은 두려움이나 불길한 예감, 공황 상태나 극심한 공포를 느껴 본 적이 있습니까?"[25]

캐논 브라이언 그린(Canon Bryan Green)은 영국 버밍햄에서 도시 목회를 하는 동안 '대학 진학 준비 과정에 있는 학생들' 곧 16세에서 18세에 속한 예비 대학생들을 위해 목요 저녁 모임을 만들었다. 이 모임의 구성원들은 아직 신자는 아니지만 질문과 의심이 많고, 토론과 질문하기를 좋아하고, 기독교 신앙에 대해서 '실험'하고 싶어 하는, 말하자면 대화와 하나님의 영에 열려 있는 청소년들이었다. 순서는 방문한 강사가 먼저 짧게 어떤 주제를 제시한 뒤에 한 시간 반 정도 질문하고, 설명을 요구하고, 함께 연구하는 방식으로 진행되었다.

나는 여러 차례 외래 강사로 그곳을 방문한 적이 있는데, 어느 때는 그린이 무엇에 대해서 말을 하고 있는 것을, 어느 때는 그가 학생들의 얼굴과 몸짓을 관찰하는 등 모임의 한 구성원으로서 열심히 참여하고 있는 것을 보았다. 나는 또 그가 종종 아이들을 위해 기도하고 있는 것을 본 적도 있다. 간식 시간에 그린은 약간 수용적인 태도를 보이거나 학기 중에 특별한 문제로 고민하고 있는 학생들 중에서 한 명 또는 몇 사람과 사적으로 짤막한 대화를 나눌 뿐이었다. 그리고 가끔 다음과

---

[25] Bruce Larson, *Setting Men Free* (Grand Rapids: Zondervan, 1967), 34.

같은 질문을 던지곤 하였다. "이제 너는 예수님에 대해 어떻게 생각하니?" "네가 확실히 믿을 수 있다고 생각하는 것은 무엇이니?" "네가 예수님을 믿겠다고 결심하는 데에는 얼마나 더 시간이 필요하니?" 그린은 어느 누구에게도 압력을 가하지 않았지만, 이런 문제에 대해 결정을 내리는 데 아주 오랜 시간이 걸릴 것이라고 생각하지도 않았다. 그의 역할은 그 학생들이 적당한 기간―일반적으로는 여러 달―안에 그리스도께 '예 또는 아니오'라고 응답하도록 돕는 것이었다.

또한 가벼운 도전은 일반적으로 구도자의 관심거리에서 시작하는 다양한 대화를 필요로 한다. 한 실업가가 있었는데, 코네티컷 주 웨더스필드에 있는 제일 그리스도의 교회(First Church of Christ)에 여러 달 출석하더니 갑자기 출석을 중단해 버렸다. 도널드 모건이 그의 사무실로 찾아가서 물었다. "론, 요즘 교회에 나오지 않으시는데 무슨 문제라도 있습니까?"

그러자 그 사람이 대답하였다. "모르겠어요. 하지만 기독교 신앙에 대해 의문이 너무 많습니다." 모건이 제안했다. "그래요? 잠깐 시간 내서 얘기 좀 할까요? 당신이 알고 싶은 게 뭔지 말씀해 보세요." 그 날 이후 여러 차례 그를 만나 대화를 나눈 뒤 모건이 다시 그에게 물었다. "오늘은 무엇에 대해 알고 싶으십니까?"

그러자 그 사람이 대답하였다. "아닙니다. 충분합니다. 문제가 해결되었어요. 이제는 제 믿음을 고백하고 교회에 등록하고 싶습니다." 그 후 그는 적극적으로 헌신하는 평신도로 사역하고 있다.

캐네스 채핀은 가끔 강단 초청(pulpit invitation) 방식으로 사람들을 대화에 초대하기도 한다. "여러분 중에는 그리스도인이 되어야 할지 말아야 할지 고민하시는 분들이 있을 것입니다. 그런 분들에게는 대화가 필요합니다. 예배당 통로로 걸어 나오실 필요까지는 없지만, 적어도 대화가 필요한 것은 사실입니다. 사무실이나 집으로 초대해 주시면 제가 찾아가겠습니다. 아니면 미리 전화 주시고 제 사무실로 오셔도 좋습니다."

월넛 스트리트 침례교회(Walnut Street Baptist Church)에서는 구도자들이 종종 다음과 같은 과정을 통해서 그리스도인이 된다. 어떤 사람이 기독교 TV 채널을 통해 여러 달 동안 월넛 스트리트 교회의 예배를 지켜본 뒤 실제 예배에 나온다. 그는 성인 주일학교에도 참여한다. 적절한 때가 되면 주일학교 교사가 그를 목사에게 소개한다. "목사님, 토니 씨는 전에 로마 가톨릭 교회에 다닌 적이 있습니다. 그러던 중에 삶에서 어떤 큰일을 겪고 나서 기독교를 믿게 되었습니다. 만일 토니 씨가 전화하면 만나 주실 거죠?"

토니와 채핀의 대화는 토니의 요청으로 시작되고—이것은 심리적으로 중요하다—그들은 여러 차례 만나 대화를 나눈다. 그러다가 어느 시점이 되면 채핀이 토니에게 복음에 관해 이야기하고, 복음을 그의 고민거리와 연결해서 설명해 주고, 마지막에는 전도의 원리대로 그리스도를 영접하고 그분의 제자가 되도록 토니를 초청한다. 그러나 반드시 지금 결심할 필요는 없다고 말하면서 이렇게 덧붙인다. "언제라도 결심이 서면 그때 저에게 말씀해 주십시오." 그 뒤 몇 차례 대화가 더 진행되고, 마침내 토니는 준비되었다는 신호를 채핀에게 보낸다. 바로 이 시점이 토니가 결심한 때이며, 그는 그 이후에 진행될 과정을 위해 도움을 청하게 된다.

윌로우크릭 교회 역시 이와 비슷한 사역을 펼치고 있다. 이 교회는 평신도 사역자들을 훈련시켜 불신자들과 복음적인 대화를 나누는 사역에 참여하도록 지도하고 있다. 그들은 믿지 않는 구도자들과 먼저 좋은 신뢰 관계를 형성한 뒤에 성령께서 복음을 전할 기회를 열어 달라고 기도한다. 그들은 복음을 전할 기회를 얻게 되더라도 상대방이 즉각적으로 반응할 것을 기대하지 **않으며**, 그렇게 초청하지도 않는다. 빌 하이벨스가 지적한 바와 같이, 만일 누군가가 단 몇 분 만에 복음을 받아들이거나 "그 복음을 이해한다면 우리는 그저 그들의 정서적 안정성에 놀랄 수밖에 없을 것이다." 그러나 실제로는 복음을 전하는 일이 마치 씨앗을 심는 것과 같아서 구도자들은 복음을 들은 뒤에야 비로소 뭔가를 생각하고 질문을 제기하기 시작한다. 그리고 그들이 제기한 질문들은 의문이 모두 해소될 때까지 몇 주 또는 몇 달에 걸쳐 구도자와 전도자 사이에 진행되는 연속적인 대화의 주제가 된다.

5. 우리가 전하는 신학

세속화된 사람들에게 **무엇을** 전하는가? 이 질문에 대답하기 위해 우리가 전하는 기독교 신학과 효과적인 전달 방법에 관한 7가지 원리를 살펴보도록 하자.

1) 고전적 기독교를 회복하라

세속화된 사람들에게 전하는 신학은 아마도 토마스 오덴(Thomas Oden)이 '고전적 기독교'(Classical Christianity)—초기 기독교 신조들에 농축되어 있는—라고 불렀던 이른바 '성도들에게 전해진 신앙'과 가장 일치할 것이다. 세속화된 사람들이 기독교에 다가갈 때 그들은 일반적으로 어떤 '새로운 신학'이 아니라 '진정한 것'을 원한다. 이는 루터 당시의 독일과 웨슬리 당시의 영국에서처럼 교회들이 고전적 기독교를 다시 회복할 필요가 있음을 의미한다. 체스터튼(G. K. Chesterton)은 『영존하는 사람』(*The Everlasting Man*)에서 우리에게 다음과 같이 말하였다. "우리 시대 이전에 살았던 사람들은 물이 섞인 것처럼 희석된 교리에 만족하며 살았다. 이 현상은 시간이 흘러도 변함없이 반복되었는데, 때가 되자 검붉은 강물 속 어둠으로부터 강력한 붉은 포도주 원액이 등장하였다."—타락한 중세로부터 고전적 기독교를 회복한 종교개혁이 등장했다는 뜻(역주).

새로운 신학들은—그것이 자유주의 신학, 신정통주의 신학, 과정 신학이든지 간에—교회 안에서 나름대로 중요한 기능을 담당하고 있다. 그것들은 이미 널리 알려진 정통 교리를 믿지 않는 사람들일지라도 믿는 가정에서 아무 문제 없이 다른 그리스도인 식구들과 어울려 지낼 수 있게 해 주며, 또한 전통을 혁신하는 일에도 기여한다. 그러나 새로운 신학들은 세상에서 새로운 그리스도인들을 만드는 일에는 매우 무기력하다. 무언가 새로운 것을 원하는 세속화된 사람들은 새로운 종교를 선택한다. 그러나 특별히 인간의 선함에 관한 계몽주의의 가르침, 모든 종교에 내재해 있는 근본적인 연관성, 무조건 초자연적 세계를 부정하는 계몽주의의 편견 등을 그대로 수용한 자유주의 신학들은 정작 자신들이 적응하려고 애썼던 '현대인들의 마음'을 얻는 데에는 실패하였다.

2) 세속화된 사람들이 이해할 수 있는 언어를 사용하라

고전적 기독교가 말하는 진리는 단지 전통을 앵무새처럼 되풀이한다고 해서 효과적으로 전달되는 것이 아니다. 진리는 해당 지역에 사는 세속화된 주민들의 문화와 삶의 정황에 맞게 해석되어야 하며, 이런 일은 종종 일상에서 경험하는 언어를 끈기 있게 설명하는 노력을 포함한다.

그러나 앨런 워커가 지적하였듯이, 불행하게도 "말(words)에 대한 우상화 현상이 전도 영역 안에서 점점 심화되고 있다. 자신에게 익숙한 단어와 구절이 반복적으로 들리지 않으면 복음이 선포되고 있는 것이 아니라는 터무니없는 주장을 하는 사람들도 많이 있다."[26] 교회가 안고 있는 말의 우상화 문제는 오늘날 단지 복음 전달의 영역에 국한되지 않는다. 올바른 언어 사용을 강조하는 정치계의 동향이 보여 주듯이 여러 다른 분야에서도 상황에 맞는 언어적 적합성을 구현하기 위해 노력하고 있다.

세속화된 사람들에게 복음을 전하는 기독교 복음 전도자들 중에서 완전히 자유롭게 언어를 사용할 수 있는 사람은 아무도 없다. 그런데 이런 사실로부터 한 가지 문제가 생겨난다. "당신의 언어는 결코 이 시대의 모든 사람을 만족시키지 못할 것이다." 결국 교회 안에서 특정 집단을 향한 언어는 그 집단 밖에 있는 사람들을 놓치게 만들 것이다. 또한 기독교에 관한 기억이 전혀 없는 사람에게 적합한 언어가 어

---

[26] Alan Walker, *The Whole Gospel for the Whole World* (New York-Nashville: Abingdon, 1957), 59.

떤 그리스도인들에게는 충분히 종교적이거나, 복음적이거나, 포괄적이거나, 전통적이거나, 전위적이거나, 여피적인—yuppie: 여피족은 도시나 도시 근교에서 지적인 전문직에 종사하며 고소득을 올리는 젊은 이들을 가리킨다(역주)—소리로 들리지 않을 수도 있다.

사도적 복음 전도자들은 이런 문제를 어떻게 해결하는가? 그들은, 비신자들에게는 그들이 알아들을 수 있도록 말하고, 이미 믿는 사람들에게는 끈기 있게 설명하면서 그렇게 할 수밖에 없는 이유를 충분히 설명하고 그들에게도 그렇게 하라고 격려할 것이다. 사도적 사역을 하기로 결심한 그리스도인들은 이런 커뮤니케이션 정책의 필요성을 금방 깨닫게 될 것이다. 앨런 워커는 복음 전도자로 활동하던 젊은 시절에 이 같은 필요성을 발견하였다. 한번은 그가 어느 한 교회에서 설교를 했는데, 예배가 끝난 뒤 세속화된 방문자 한 사람이 그를 찾아와 설교 원고를 얻고 싶다고 말했다. 여러 날 후에

> [워커는] 그 사람에게서 그가 이해하지 못한 구절마다 밑줄을 친 설교 원고를 되돌려 받았다. 문제가 된 단어와 구절은 약 40개 정도 되었다. 예를 들어 그는 '그리스도 안'(in Christ)이라는 말이 무엇을 뜻하는지 알고 싶어 했다. … 그 일은 내게 결코 잊을 수 없는 귀중한 교훈을 주었다. 나는 다른 사람에게 자신의 신앙에 대해 말하려고 하는 사람은 누구나 자신에게 익숙한 분야의 지식이나 전문 용어를 피하고, 상대방이 충분히 알아들을 수 있는 적절하고도 신선한 언어로 복음을 전해야 한다고 생각한다.[27]

---

[27] Ibid., 59-60.

세속화된 사람들이 이해하지 못하는 교회의 전통적 용어에는 어떤 것들이 있는가? 때때로 문제는 단어의 **외연**(外延, denotation)—어떤 단어가 적용되는 대상을 가리킨다(역주)—에서 발생한다. 경우에 따라서는 '속죄'나 '성화'와 같이 지시체(指示體)가 전혀 없을 수도 있고, '왕국'이란 단어를 아서 왕(King Arthur)이나 헨리 8세(Henry VIII)와 연결하는 경우와 같이 잘못된 지시체를 가리킬 수도 있다. 이와는 달리 과거의 경험이나 시대 상황으로부터 생겨나는 단어의 **내포**(內包, connotation)—단어가 지니는 의미를 가리킨다(역주)—에서 문제가 발생하기도 한다. 예를 들어 세속화된 사람들은 '죄'를 섹스의 의미로, '속죄'를 그린 스탬프(green stamps)—일정 매수로 경품과 교환할 수 있는 쿠폰(역주)—를 받는 정도의 의미로 받아들일 수도 있다.

　이해하기 어려운 언어를 현 시대에 맞게 고쳐 사용하면 어떨까? **굿뉴스 바이블**(The Good News Bible)은 성경 메시지를 현지인들이 일상적으로 쓰는 영어로 표현한 좋은 모델이다. 유능한 복음 전도자는 그들이 대상으로 삼고 있는 주민들이 쉽게 이해할 수 있는 단어를 사용한다. 폴 틸리히(Paul Tillich)는 '칭의'(justification) 대신에 '용납'(acceptance)이란 단어를 사용하였으며, 소퍼는 인간에 대한 그리스도의 구원 사역에 대해 말할 때 '구원'(saving) 대신에 '구조'(rescuing)라는 단어를 사용하였다. 릭 워렌은 '주님'(Lord)이라는 단어가 고유 명사가 아니라는 사실에 착안하여 예수를 '관리자'(manager) 또는 '최고 경영자'(CEO)로 부를 수도 있다고 생각한다. 세속화된 사람들 중 많은 이들은 사람들을 지배하고 파괴하는 '마귀'라는 단어에 익숙하지 않지만 똑같이 사람들을 지배하고 파괴하는 수많은 '중독'에는 매우 익숙하다! 짐 하니쉬(Jim Harnish)는 바울의 칭의론을 자신을 포함하여 많은 사람을 조종하는 '일 중독증'이라는 용어로 해석하였다.

> 바울이 발견한 동시대인들의 잘못된 모습은 오늘날 우리 자신에게서 발견해야 할 모습이다. 하나님께서 우리를 구원하시고, 소중하게 여기시고, 가치 있는 존재로 만드신 이유는 그분이 우리를 사랑하시기 때문이지 우리의 행위 때문이 아니다. … 우주, 심지어 내 주위를 돌고 있는 것처럼 보이는 가까운 우주조차 궁극적으로 내게 의존하지 않는다. … 나 자신의 삶과 내가 살고 있는 세상을 바라볼 때, 나는 때때로 우리 시대의 가장 일반적이고도 교활한 이단은 자기 삶의 의미를 발견하고자 하는 욕망 곧 자기 스스로 행하는 존재의 정당화가 아닐까 생각한다.[28]

그러나 언어는 단지 복음을 해석하는 복잡한 전체 과정의 한 요소일 뿐 가장 중요한 요소가 아니다. 스테인드글라스처럼 종교적인 분위기를 물씬 풍기는 목소리(stained-glass voice) 또는 성직자의 근엄한 어투는 커뮤니케이션 과정에서 불명료한 단어 선택보다 더 심각한 해악이 될 수 있다. 그러므로 유능한 복음 전도자는 문화적으로 적절하고 자연스럽게 복음을 전한다. 다시 말해서 복음 전도자의 에토스 또는 신뢰성이 적절한 단어 선택보다 더 중요하다. "성령으로 아니하고는 누구든지 '예수를 주시라' 할 수 없기 때문에"(고전 12:3) 복음화 과정에서 가장 중요한 역할을 하는 요소는 성령이시다. 그러나 문화적으로

---

[28] James A. Harnish, *Jesus Makes the Difference! The Gospel in Human Experience* (Nashville, TN: The Upper Room, 1987), 2장, "Confessions of a Workaholic."

적절한 언어 곧 내용적으로 정확하고, 알아듣기 쉬우며, 대상 주민들의 관심을 끄는 언어가 효과적인 커뮤니케이션의 선결 조건임은 누구도 부정할 수 없다. 이런 요소들 없이는 결코 효과적인 커뮤니케이션이 이루어질 수 없다.

3) 교리보다는 예수의 말씀에 집중하라

세속화된 사람들 중 많은 이들이 교리에 싫증을 느끼고 있기 때문에 그런 교리와 연관된 구약 성경, 요한의 책들, 바울의 서신서에 쉽게 마음을 열지 않는다. 반면에 많은 이들이 예수와 그분이 하신 말씀에는 흥미를 보인다. 조지 갤럽(George Gallup)의 여론 조사원들이 미국인들에게 하루를 함께 보내고 싶은 역사적 인물이 누구냐고 물었을 때 약 2/3가 예수를 선택하였는데, 응답자들 중 37%는 교회와 전혀 관련이 없는 사람들이었다.[29] 그러므로 기독교 전략가들은 공관복음을 전도용 책자나 초신자 교육 자료로 만들어 사용하는 방안에 대해서도 고려해야 한다.

4) 예수의 신성보다는 인성에 초점을 맞춰라

세속화된 사람들에게 복음을 전할 때 우리는 얼마든지 새로운 가능성을 모색할 수 있다. 예를 들어 우리는 예수의 신성이 아니라 그분의 인성에서 시작할 필요가 있다. 그렇게 하면 구도자들이 기독교 초기

---

[29] "The Agents of Change in '89," *The Lexington Herald-Leader* (Dec. 30, 1989): Section C, 2.

에 사도들이 그리스도를 알아가던 과정을 똑같이 경험할 수 있기 때문이다. 종종 윌리엄 템플(William Temple)이 "만일 우리가 사람들에게 예수를 완전한 인간으로 소개한다면 예수의 신성은 저절로 증거될 것이다."라고 말했던 이유가 바로 여기에 있다.

이와 마찬가지로 브루스 라슨은, 우리가 삼위일체 하나님을 설명할 때 일반적으로 '성부, 성자, 성령'의 순서를 따르는데, 사실 이 방식은 신약 성경의 복음 전도 전략과 정반대된다고 지적하였다.

> 우리는 먼저 성부 하나님에 관한 교리를 가지고 사람들에게 다가간다. 그러나 이것은 기독교의 교리 중에서 가장 이해하기 어려운 부분이다. 우리는 그 다음에 성자에 관한 교리를 설명하는데, 이것은 그나마 이해할 만하다. 마지막으로 우리는 교회 안에 있는 성숙한 그리스도인들에게 성령에 관한 교리를 가르친다. … 그러나 우리는 순서를 바꿔 성령부터 증거해야 한다. 교회 밖의 사람들도 뭇 사람들 속에서 자유롭게 행하시는 하나님의 영을 이해할 수 있다. … 사람들이 다른 사람들의 심령에 역사하시는 성령의 온기에 반응할 때 그들은 비로소 성자에 대해서 배울 수 있고, 최종적으로 그들이 성숙하게 되었을 때 성부 하나님의 교리를 이해할 수 있게 된다.[30]

또한 그리스도인이 되는 일반적인 순서가 회개와 헌신의 순서로 이어지는데, 어떤 경우에는 정반대로 헌신이 먼저 오고 그 다음에 회개

---

[30] Bruce Larson, *Ask Me to Dance*, 111.

가 오기도 한다. 라슨의 회고를 들어 보자.

> 한번은 어떤 사람이 자신의 삶을 그리스도께 드리겠다는 결심을 고백하려고 차로 320km를 달려와 나를 만난 적이 있었다. 우리는 두 시간 동안 서재에서 대화를 나누었는데, 내가 먼저 그에게 삶에 어떤 변화가 필요한지 말해 보라고 하자 그는 이렇게 대답하였다. "한두 가지가 아닙니다."
>
> 나는 그에게 필요한 변화를 알아내기 위해 그가 지칠 정도로 집요하게 물었다. 그리고 마지막으로 물었다. "그렇다면 당신은 왜 헌신하지 않습니까?" 그가 대답하였다. "그것이 바로 제가 여기에 온 목적입니다." 우리가 함께 무릎을 꿇었을 때 그는 잠시 주저했으나 곧 주님께 완전히 복종하였다. 그 뒤 30분 동안 그는 자신의 습관, 두려움, 죄, 지금까지 살아오면서 생긴 모든 잘못된 인간관계를 고백하였다.[31]

하나님과 내적으로 깊이 소통하며 사람들이 회심하는 초기 단계를 잘 이해하는 기독교 복음 전도자들은 무엇보다도 자신의 착각으로부터 벗어나는 것이야말로 세속화된 사람들을 향한 복음 전도에 필수불가결한 요소임을 강조한다.

---

[31] Bruce Larson, *Setting Men Free*, 41.

5) 하나님의 나라를 메시지로 삼아라

하나님의 나라는 계몽주의 이후 서구에서 우리가 그 의미를 분명하게 드러내야 할 중요한 메시지다. 하나님의 나라 메시지는 역사란 결코 통제할 수 없는 것이 아니며, 하나님께서 그것을 주관하고 계신 까닭에 결국 하나님의 뜻대로 움직일 것이라는 좋은 소식을 담고 있다. 세속화된 세상은 과학적 사고방식에 따라 원인과 결과에 집착하지만 인간의 삶과 역사의 목적에 관해서는 아무것도 모르고 있다. 이런 현실은 오늘날 우리에게 인간의 삶과 역사에 개입하시는 하나님의 계획과 목적을 이 세상에 다시 소개할 수 있는 좋은 기회가 된다.

하나님 나라의 복음은 하나님께서 예수의 가르침과 사역을 통해 역사의 목적을 계시하셨고 교회의 선교를 통해 그 역사의 목적을 성취하기 위한 원대한 사역을 시작하였음을 분명하게 보여주며, 우리에게 차별화된 방식으로 이 사역에 동참하도록 요구한다. 이와 관련하여 짐 하니쉬는 다음과 같은 기억을 들려주었다.

1846년, 26세의 한 영국 여자가 하나님께서 자신에게 원하시는 일이 무엇인지를 놓고 고민하고 있었다. 그녀는 하나님께 이렇게 기도하였다. "하나님! 당신은 병든 자와 슬픔을 당한 자들을 위해 헌신하고픈 이 뜨거운 열망을 제게 주셨습니다. 그러니 저에게 할 일을 주시옵소서." 하나님께서 그녀에게 할 일을 주셨다. 그러나 크림 전쟁이 일어났을 때 불결한 병원 막사에서 플로렌스 나이팅게일(Florence Nightingale)이 보여준 희생적인 헌신이 우리가 병원과 간호 활동에 대해서 알고 있는 모든 것을 바꿔놓게 되리라는 것을 누가 과연 예언할 수 있었겠는가! 그녀는 단순히 하나님께서 자기를 부르셔서 일을 주셨다는 사실을 믿었을 뿐이다.[32]

6) 직업과 노동의 가치를 중시하라

세속화된 사람들에게 맞춰서 복음을 전하려고 하는 전도자라면 모든 사람이 일정한 직업으로 '부름'(calling)을 받았다는 점을 말하는 직업소명론과 노동(work)의 의미를 강조할 것이다. 도널드 모건은 미국 사회가 부분적으로 청교도적 직업 윤리에 기초하여 세워졌는데도—청교도들은 신앙과 노동의 관계를 분명하게 인식하고 있었다—오늘날의 교회가 대체로 노동의 세계를 무시하고 있다고 비판하였다. 교회의 이런 잘못된 태도는 사업을 하는 사람들은 적(敵)이고—이렇게 생각하는 이유는 사업에 성공하거나 돈을 버는 것은 거룩한 일이 아니라는 편견 때문일 것이다—가진 것이 없는 사람들이야말로 하나님의 진정한 백성이라고 생각하는 일부 신학자들의 편견을 반영하고 있다. 이와 관련하여 도로시 세이어즈(Dorothy Sayers)는 다음과 같이 자신의 생각을 밝힌 적이 있다.

> 불행하게도, 세속화된 직업을 이해하지도 않고 존중하지도 않음으로써 교회는 그 만큼 현실 세계에 대한 영향력을 상실하게 되었습니다. 교회는 노동과 종교가 서로 다른 영역이라는 세속적인 주장을 그대로 받아들였습니다. 그 결과 세속화된 세상의 노동이

---

[32] Harnish, *Jesus Makes the Difference!*, 100-101.

완전히 이기적이고 파괴적인 목적을 달성하는 수단으로 전락하게 되었고, 종교와는 상관없는 영역, 아니면 적어도 종교에 관심이 없는 영역이 되어 버렸다는 사실을 뒤늦게 발견하고서야 크게 놀라워 하였습니다. 그러나 이것이 어찌 놀라운 일이겠습니까? 도대체 자신의 삶에 별로 관심이 없어 보이는 종교에 흥미를 느낄 사람이 누가 있겠습니까?

사무엘 슈메이커는 주일의 종교와 주중의 노동 세계 사이에 벌어진 이런 틈새와 간격을 메우기 위해 노력하였다. 그가 볼 때 하나님께서 종교에는 관심이 있으나 삶에는 관심이 없다는 주장은 성육신을 노골적으로 부정하는, 매우 비극적인 생각이다.

그는 피츠버그의 갈보리 감독교회(Calvary Episcopal Church)를 통해서 도시의 직업 세계에 기독교적 비전과 정신을 적용하고자 했던 '피츠버그 실험'(The Pittsburgh Experiment)을 시작하면서 다음과 같이 선언하였다. "우리가 그리스도인이라고 해서 우리의 몸, 돈, 직업, 오락, 국정 문제 등을 하찮게 여기고 포기할 필요는 없습니다. 우리는 그것들을 하나님을 위해 사용함으로써 그것들의 본래 목적과 기능을 회복해야 합니다. … 만일 당신이 교회와 사무실에 나가는 일이 하나님을 섬기고 그분께 순종하기 위한 것이라면 교회에 나가는 것이 사무실에 나가는 것보다 더 '영적'이거나 '거룩할' 이유가 전혀 없습니다."

이 실험은 다음 여섯 가지 사항을 실천하고자 하였다. (1) 직업을 가진 그리스도인들은 그리스도의 영과 함께 일터에 나아가라. (2) 일을 하는 환경 속에서 기독교적인 방식으로 다가가 인간관계를 형성하라. (3) 함께 헌신할 수 있는 동료들과 만나 연대하라. (4) 실제로 하는 일에 봉사의 동기를 부여하고 적절한 관점에서 이윤을 추구하라. (5) 완전한 상품과 서비스를 제공하기 위해 일하라. (6) 노동 기구에서 실제적인 정의를 위해 활동하라.

슈메이커는 회사와 기관에서 자기 직업을 위해 최선을 다하는 제자들은 그리스도를 따라 '아프리카의 오지'를 향해 나아가는 신자들만큼이나 용감하고 충직한 사람들이라고 생각하면서 그들의 이야기를 수집하여 책으로 출판하였다. 그는 기독교가 직업과 노동을 귀하게 여기고 그것들을 통해서 하나님의 뜻을 이룰 수 있음을 선포하고 실천할 때 불신자들이 기독교에 매력을 느끼게 된다는 사실을 깨달았다.[33]

7) 기독교에 관해 긍정적인 이미지를 갖게 하라

세속화된 사람들에게 복음을 전할 때 우리가 잊지 말아야 할 중요한 목표 중의 하나는 기독교에 대한 정확하고도 긍정적인 '이미지'를 심는 것이다. 러셀 해일(Russell Hale)은 미국의 비그리스도인들과 인터뷰한 결과 그들 대부분이 교회에 관해서 좋은 이야기를 듣지 못하고 오히려 나쁜 이야기만 듣는다는 사실을 알게 되었다. 그들이 듣는 것은 "율법, 도덕, 심판, 거절 등의 부정적인 용어가 가득 담긴, 소위 기독교의 옷을 입은 도덕 규정집에 실린 내용과도 같은 것들이다." 그는 덧붙여서 말하기를 "아직도 많은 사람들이 그들이 죄인임에도 불구하

---

[33] 다음을 참조하라. Samuel M. Shoemaker, *The Experiment of Faith: A Handbook for Beginners* (New York: Harper and Bros., 1957), 특별히 5장 "How to Work for Christ through Your Job"을 보라.

고 용납해 주시는 하나님의 사랑에 대해 전혀 들어본 적이 없다."고 하였다.[34]

로버트 슐러는 그리스도인들이 전략적으로 드러내야 할 기독교의 다른 이미지들에 관해서 언급하였다. 테드 터너(Ted Turner) — 세계 최초로 24시간 내내 뉴스를 내보내는 채널 CNN을 창립한 사람(역주) — 와 같이 "기독교는 패배자들의 종교"라고 믿는 세속화된 사람들에게는 사회 각 분야에 '승리자' 곧 성공적인 삶을 살고 있는 그리스도인들이 있으며, 기독교가 사람들을 승리자로 — 기독교적 관점에서 — 만드는 종교임을 알게 해 줄 필요가 있다.

기독교를 '검은 고양이와 사다리' 수준의 미신 — 미국인들은 검은 고양이를 불행을 가져오는 동물로, 사다리는 출세 수단을 상징하는 것으로 여긴다. 기독교를 미신 정도로 치부하거나 출세의 수단으로 삼는 기복적 신앙을 뜻한다(역주) — 과 동일시하는 세속화된 사람들에게는 기독교가 얼마나 합리적인 종교인지 알려 주어야 한다. 세속화된 사람들 중에서 기독교를 반(反)지성적이고 반(反)교육적인 종교라고 여기는 이들에게는 지성적이고 교육받은 그리스도인들을 소개해 줄 필요가 있다. 기독교를 비과학적이거나 반(反)과학적인 종교라고 생각하는 사람들에게는 피조물은 신이 아니라고 말하는 기독교의 가르침이 역사적으로 인간의 정신을 해방함으로써 과학적 탐구를 촉진하였고, 지금까지 많은 그리스도인들이 과학에 이바지하였을 뿐만 아니라 실제 삶에서도 과학을 적극적으로 이용하고 있다는 사실을 깨닫게 해 주어야 한다. 그러나 다른 한편, 교회는 과학적 세계관의 한계를 노출시킴

---

[34] J. Russell Hale, *The Unchurched: Who They Are and Why They Stay Away*, 184.

으로써 현 세대에 이바지하고 사람들을 과학의 우상으로부터 해방시켜야 한다.

또한 그리스도인들을 비판적이고, 불친절하고, 사랑이 없는 사람들이라고 생각하는 세속화된 사람들에게는 남을 정죄하지 않고, 긍정적이고, 친절하고, 사랑이 많은 그리스도인들을 소개할 필요가 있다. 그리고 그리스도인들을 거짓되고 위선적인 사람들로 생각하는 세속화된 사람들에게는 진실하고 한결같은 성품을 지닌 그리스도인들을 만나게 해야 한다.

6. 세속화된 사람들에 대한 커뮤니케이션 방법

지금까지 설명한 내용을 염두에 두고 한 걸음 더 나아가 보자. 그렇다면 어떤 커뮤니케이션 방법이 세속화된 사람들에게 효율적인가? 이 질문에 답하기 전에 먼저 비효율적인 몇 가지 방법에 대해서 살펴보는 것이 좋겠다.

뉴잉글랜드에 있는 도널드 모건의 교회에는 다른 교회에서 흥미를 잃은 사람들이 많이 몰려드는데, 그들은 자신의 '전쟁 이야기'에 대해서 말한다. 내가 모건에게 "그리스도인이 불신자에게 복음을 전할 때 저지르기 쉬운 가장 큰 실수는 무엇입니까?"라고 물었을 때 그는 자기 교회에 새로 나온 사람들의 부정적인 경험담을 들려주었다.

> 자칭 복음 전도자들이 다른 사람들 앞에서 불신자들을 깎아내리거나, 그들을 무시하는 말을 하거나, 그들을 존중하지 않는 듯

한 몸짓을 할 때 그들은 소외감을 느끼게 됩니다. 그들이 어디에서 무엇을 하다가 교회를 찾아왔는지 알려고 하지 않을 때 또는 우리가 마치 모든 것을 다 알고 있는 것처럼 거만하게 행동할 때 그들은 흥미를 잃게 됩니다. 무엇보다도 그들이 이미 가지고 있는 신앙 또는 신앙에 대한 그들의 갈망을 인정해 주고 이해해 주지 않을 때 우리는 결국 그들을 잃게 될 것입니다.

그렇다면 도널드 모건이 지적한 잘못을 피하려면 어떻게 해야 하는가? 유능한 복음 전도자들이 하나님의 복음을 전하기 위해 반드시 명심해야 할 10가지 구체적이고도 분명한 원리들을 살펴보자.

1) 적극적으로 경청하라

첫 번째로 중요한 원리는 적극적인 경청이다. 러셀 해일은 복음 전도자들에게 타인이 느끼는 "고통, 적개심, 소외감을 빨리 파악하라고" 조언하였다. 전도자 역시 그런 경험을 했다는 고백을 할 수 있다면 더욱 좋을 것이다. 중요한 것은 우리가 그들을 용납하고, 그들에게 관심이 있으며, 심지어 그들을 좋아한다는 사실을 그들이 깨닫고 느낄 수 있게 하는 것이다.

해일은 교회 밖의 사람들 중 많은 이들이 자신의 이야기를 들어 주기를 원하고 있다고 말했다. 그들에게는 대체로 몇 가지 부정적인 경험들이 포함된 이야기가 있다. 그들이 그 이야기를 누군가에게 나눌 수 있을 때, 그리고 듣는 이가 그 이야기의 의미와 느낌에 공감할 때, 비로소 그들은 다른 사람의 이야기도 들을 수 있게 되고 또한 변화를 생각할 수 있게 된다. 이 점에 관해서 헤일은 다음과 같이 자신의 생각을 분명하게 밝혔다.

> 상대방의 의견에 귀를 기울이거나 배우려는 자세는 그를 변화시키기 위한 전제 조건이다. 종종 우리는 교회 밖의 사람들(outsiders)이 복음을 들을 준비가 되어 있어야 한다고 생각하지만 그보다 앞서 … 그 메시지를 듣지 못하게 만드는 그들의 감정을 해방시켜 주는 일이 필요하다. 상대방을 신뢰하고 용납하려는 의지를 보여 주는, 진솔하고, 명민하고, 우호적이고, 관계적인 경청은 커뮤니케이션 과정에서 필수적인 요소다. 사람들은 누군가가 그들의 말을 들어줄 때 비로소 다른 사람의 말을 듣기 시작한다.[35]

2) '세상에서' 불신자들을 만나라

유능한 복음 전도자는 불신자들이 교회로 찾아올 때까지 기다리지 않고 먼저 중립적인 영역이나 그들의 영역에서, 다시 말해서 교회 건물이 아닌 세속화된 세상 가운데서 그들을 만난다. 이 원리는 존 웨슬리의 현장 설교, 도널드 소퍼의 옥외 연설, 노동당의 집회, 영국의 상원, 아그네스 리우의 공장 친교 모임, 앨런 워커가 시드니 도심의 한 극장에서 행한 주일 저녁 예배, 사무엘 슈메이커가 집, 사무실, 뒷골목에서 행한 인터뷰, 로버트 슐러의 텔레비전 사역, 빌리 그래함이 축구 경기장에서 진행한 대중 전도 집회 등에서 사례를 찾아볼 수 있다.

---

[35] Ibid., 183.

세속화된 사람들은 교회 영역 내에서 기독교에 관한 이야기를 들을 때 그다지 수용적이지 않는 경향을 보인다. 아마도 그들 중 많은 이들은 교회로 들어가는 것조차 꺼릴 것이다. 이 시대의 유능한 사도적 사역자라면 이웃, 학교, 공장, 사무실, 기관, 매체, 체제 등으로 형성된 이 세상이 마치 누구나 자기가 원하는 대로 물건을 구입할 수 있는 시장과도 같으며, 기독교는 이런 시장 환경에서 다른 집단들과 경쟁해야 한다는 사실을 분명하게 인식해야 한다. 데이비드 워맥(David Womack)에 따르면 '사도적 씨앗'(the apostolic seed)은 외부 세계와는 차단된 채 스테인드글라스 창문을 통해서만 햇빛을 받는 온실에서 싹을 틔우기를 원치 않는다. "온실 안에서 자라는 씨앗은 바깥세상의 개방된 환경에서 다른 것들과 경쟁할 수 없다." 그렇다면 이를 극복할 수 있는 해결책은 무엇인가?

식물은 스테인드글라스로 둘러싸인 소위 '성역'을 파괴하고 개방된 노지로 삶의 자리를 옮기는 모험을 해야 한다. 그 식물의 씨앗들은 모든 나라의 토양에 흩뿌려져야 한다. 그 씨앗들은 거칠고 통제하기 어려운 환경에서 육성되고, 격려를 받으며, 자유롭게 자라나야 한다. 그것들은 거센 바람과 몰아치는 비를 맞으면서도 자기 힘으로 자라나야 한다. 왜냐하면 씨앗은 그 세포 안에 자신의 운명에 관한 정보를 담고 있기 때문이다. 그것은 이 지구의 그 어떤 환경에서도 뿌리를 내리고 열매를 맺을 수 있어야 한다.[36]

---

[36] David Womack, *The Pyramid Principle of Church Growth* (Bethany Fellowship Inc., 1977), 64-65.

3) 이기지 말고 돕는 역할을 하라

유능한 복음 전도자는 구도자들을 '이겨야' 할 적이 아니라 친구와 협력자로 대한다. 다시 말해서 믿음을 갖거나 교회에 등록하라고 구도자들을 향해 거칠게 강요하는 '설득자'가 아니라 믿음을 발견할 수 있도록 도와주는 '상담자'로서 그들을 대한다.

그리고 유능한 복음 전도자는 구도자들의 심령 속에 두 가지 갈등하는 힘이 있음을—한 쪽은 그들을 믿음으로 이끌어 가고 다른 한 쪽은 믿음에서 멀어지도록 만든다—잘 알고서 그 둘 중에서 믿음을 원하는 쪽에 초점을 두고 이야기한다. 유능한 복음 전도자는 구도자들을 대할 때 그들에 대한 부정적인 전제보다도 긍정적인 전제를 가지고 대한다. 그는 구도자들이란 그리스도인이 되기를 **원하지만** 아직 들어가는 문을 발견하지 못한 사람들이라고 생각한다.

4) 가르치지 말고 참여시켜라

유능한 복음 전도자는 모든 커뮤니케이션 방법을 사용하려고 하지 않는다. 그는 사람들이 기독교의 지식을 배움으로써가 아니라 결정적인 순간에 사로잡힘으로써(more caught than taught) 신앙을 갖게 된다는 점, 구도자 자신이 그리스도인들과 함께 하는 의미 있는 사역에 '참여'하는 것 자체가 중요한 커뮤니케이션의 수단이 된다는 점, 그리고 그런 참여가 구도자가 스스로 신앙을 발견할 수 있도록 돕는 역할을 한다는 점을 잘 안다. 따라서 유능한 복음 전도자는 구도자들을 회중의 친교, 메시지, 봉사 활동에 참여시킨다. 그러면 그렇게 참여한 지 여러 달이 지나면서 조금씩 믿음을 갖기 시작한다.

짐 하니쉬는 대부분의 구도자들이 그리스도인들이 생각하는 것과는 정반대 방식으로 신앙을 발견한다는 것을 발견하고 이렇게 고백하였다. "나는 자라면서 신앙이 성장하려면 예수를 영접한 뒤에 먼저 성경을 읽고, 그 다음에 친교에 참여하고, 그 다음에 세상을 위해 봉사해야 한다고 배웠습니다. 하지만 실제로는 그와 정반대라는 사실을 알았습니다. 구도자들은 먼저 그리스도인들과 함께 하는 활동에 참여하고, 시간이 지나면서 성경적, 신학적 의문 사항에 대해서 질문하게 되고, 그 후 적절한 때에 그리스도를 영접하게 됩니다." 따라서 종종 하니쉬는 교회를 처음 찾아온 사람들에게 그들이 예수 그리스도를 믿고 있는지 여부를 묻지 않고 곧바로 그들을 소그룹 활동, 예배, 성경 공부, 기도, 봉사, 대화 등에 "참여시킨다."

5) 필요를 채워 줘라

유능한 복음 전도자는 세속화된 사람들이 고민하는 문제, 아직 충족되지 않은 욕구, 그리고 아직 실현되지 않은 동기에 대해서 말한다. 이런 주제들은 가급적 빨리 다루는 것이 좋다. 세속화된 사람들은 우리가 좋은 소식 곧 복음을 그들이 절실히 필요로 하는 것과 연관시키지 않는 한 기독교가 그들의 삶과 아무런 관련이 없다고 생각한다. 기독교와 사람들이 만나는 접촉점은 복음이 인간의 절박한 필요를 충족시켜 주는 바로 그 지점에 있다. 현명한 사도적 복음 전도자라면 그들이 접촉하는 사람들이 어떤 절박한 필요를 느끼고 있는지에 대해 관심을 가질 것이다. 예를 들어 브라이언 그린은 불신자들에게 쉽게 다가갈 수 있는 접촉점으로 다음과 같은 인간적인 필요들을 꼽았다.

> 일반적으로 느끼는 빈곤, 고독, 두려움, 목적 상실, 수치, 나쁜 습관을 극복하지 못하는 데서 오는 무력감, 삶에서 필요한 것을 얻지 못하는 무능력, 좌절감, 진리에 대한 갈망, 불멸에 대한 갈망, 타인을 돕고 싶으나 힘이 없는 현실, 고통, 도덕적 실패, 연약한 의지, 악한 세상에 대한 좌절.[37]

기독교의 복음에 접촉점을 제공하는 인간적인 필요가 무엇이냐고 물었을 때 내가 인터뷰한 사도적 복음 전도자들은 모두 곧바로 준비된 대답을 내놓았다. 도널드 모건은 미리 준비한 것처럼 인간의 필요에 대해 다음과 같이 막힘없이 나열하였다. "실패, 실망, 성공을 다루는 방법―그들은 대체로 실패만큼 성공에 대해서도 두려워하고 있다! 삶의 의미와 목적을 발견하는 방법, 자신이 원하는 삶을 살 수 있는 방법, 의미 있는 인간관계를 만드는 방법, 고독을 극복하는 방법, 믿음을 얻는 방법, 마음의 평안을 얻는 방법, 모든 것을 무릅쓰고 하나님과 관계를 회복하는 방법, 세상에서 그리스도인으로 살아가는 방법, 신앙과 직업 세계를 조화시키는 방법."

기독교는 과연 나를 더 좋은 부모와 배우자가 되게 할 수 있는가? 또 그것은 어떻게 가능한가? 모건은, 사람들이 제기하는 수많은 필요와 질문은 기독교 신앙이 제시하는 좀 더 큰 전망 안에서 어느 정도 해

---

[37] Green, *The Practice of Evangelism*, 79. 그리고 다음의 미간행 강의 자료를 참조하라. "Dealing with Individuals."

답을 얻을 수 있다고 생각하였다. 그는 다음과 같은 이야기를 들려주었다.

> 그러므로 영원을 바라보며 살라. 그렇게 하면 당신은 덜 초조하고 덜 불안해질 것이다. 바꿔서 말하자면, 그렇게 할 때 당신은 평화로워지고 평정을 찾게 될 것이다. 예를 하나 들어 보자. 버몬트에 사는 한 미망인이 화재로 집과 모든 재산을 잃었다. 그러자 그녀의 이웃 사람들이 마음을 모아 그녀를 위해 집을 다시 지어주기로 하고, 옛날 집과 같은 형태로 짓는 새 집에 혹시 바꿀 부분이 있는지 그녀에게 물어보았다. 그녀는 잠시 동안 생각하더니 이렇게 말했다. "굳이 말씀드리자면, 주방 싱크대 위에 하늘을 바라볼 수 있는 창문 하나가 있었으면 좋겠습니다."
> 바로 이와 같다. … 이 여인처럼 영원을 바라보며 살라! 당신의 주방 싱크대 위에 창문 하나를 만들라![38]

인간이 결코 떨쳐낼 수 없는 한 가지 필요는 끊임없이 반복되는 고난의 문제 곧 '왜 선한 사람들이 고난을 당하는가?'라는 질문과 관련이 있다. 짐 하니쉬는 교인들이 비극적인 사건, 고난, 어린 자식의 죽음 등과 같이 힘든 일을 겪을 때 이들을 위로하고 격려하기 위해 평상시보다 더 많은 시간을 그들과 함께 보내는 데 사용한다. 미국의 일반 시민들은 그들의 의식 속에 있는 '대중 신학'(folk theology)의 관점에서 "하나님께서 인간에게 이런 비극을 주시는 데에는 그만한 이유가 있

---

[38] Donald Morgan, *How to Get It Together When Your World Is Coming Apart*, 127-28.

을 것"이라고 믿는다. 그러나 하니쉬는 "하나님께서 이런 일들을 일으키신 것이 아니며, 선한 사람이라고 해서 고난의 문제로부터 자유로울 수 없다."는 점을 분명하게 지적하였다. 그에 따르면 "하나님께서는 오히려 우리와 함께 고난을 당하시며 우리에게 필요한 은혜를 베풀어 주신다."[39]

물론 서구의 세속화된 사람들이라고 해서 다른 지역 사람들과는 전혀 다른 종류의 필요를 느끼며 사는 것은 아니다. 그들 역시 모든 인류가 가진 필요와 두려움의 문제를 똑같이 안고 살아간다. 언젠가 앨버트 슈바이처(Albert Schweitzer)가 아프리카에서 복음을 전하는 방법에 관해 이렇게 언급한 적이 있다. "이 사람들은 겁에 질린 채 태어나고, 겁에 질린 채 살아가며, 겁에 질린 채 죽어 간다. 그래서 나는, 비록 이들과 전혀 다른 외모를 지녔는데도 외견상 신비하거나 잔인해 보이는 삶의 이면에 공포의 하나님이 아니라 사랑의 하나님, 예수 그리스도의 아버지께서 존재하고 있다는 사실을 그들에게 담대하게 선포한다."[40] '두려움'을 '근심'으로 바꾸어 현대인들에게 적용하면 서구 전역에 이런 메시지가 선포될 필요가 있음을 알게 될 것이다.

그런데 사람들의 필요와 질문의 구체적인 형태는 문화권에 따라 달라질 수 있다. 예를 들어 앨런 워커는 '하나님'이라는 주제가 지역에 따라 세 가지 형태로 표현된다는 것을 발견하였다. 호주와 유럽 지역에서는 주로 하나님의 '존재'가 논쟁점이다. 따라서 이 지역에서 활동

---

[39] 다음을 참조하라. James Hanish, *Jesus Makes the Difference!* (Nashville, TN: The Upper Room, 1987), 3장, "When Tragedy Strikes."
[40] 다음에서 재인용함. Donald Morgan, *How to Get It Together When Your World Is Coming Apart*, 18.

하는 사도적 복음 전도자들은 하나님이 존재하신다는 사실을 변증해야 한다. 미국에서의 논쟁점은 하나님의 존재가 아니라 '어떤 종류의 하나님인가? 미국 시민 종교의 하나님인가, 아니면 예수 그리스도의 아버지인가?'이다. 따라서 이 지역의 사도적 복음 전도자들은 그리스도 안에서, 그리고 성경에 계시된 하나님을 선포해야 한다. 그리고 제3세계 지역에서의 논쟁점은 악한 영들이다. 따라서 이곳에서 활동하는 사도적 복음 전도자들은 예수 그리스도를 **승리자 그리스도**(*Christus Victor*)—두려움으로부터 구해 주시는 구세주—로 제시해야 한다.

설령 세속화된 사람들이 원하는 것이 자기 중심적인 것일지라도, 그들의 필요를 채워 줌으로써 그들을 얻기를 원하는 전도자라면 효과적인 전도의 기본 원칙 곧 "우리가 원하는 곳에서가 아니라 그들이 현재 있는 곳에서 시작해야 한다."는 원칙을 지켜야 한다. 아마도 전도할 때 우리가 가장 많이 저지르기 쉬운 실수는 그들이 있는 곳에서 시작하지 않고 우리의 이해관계를 따라 우리가 있는 곳에서 시작한다는 점일 것이다. 짐 하니쉬의 말처럼, 때때로 이것은 "상대방이 요청하기도 전에 신학 보따리를 풀어 쏟아 놓는 것"과도 같다. 우리는, 심지어 그들이 이기적인 모습을 보일지라도, 그들이 기독교 메시지를 듣고 친교와 봉사에 참여하면 하나님께서 적절한 시기에 그들을 이기주의로부터 끌어내어 새로운 삶, 새로운 인간관계, 새로운 생활 양식으로 인도하시리라는 확신을 가지고 그들이 있는 곳에서 시작해야 한다.

그러나 세속화된 사람들이 있는 곳을 발견하기 위해서는 많은 노력이 필요하다. 이와 관련해서 브루스 라슨은 해리 에머슨 포스딕(Harry Emerson Fosdick)의 통찰 곧 "만일 모든 사람이 하나의 섬과 같다면 우리는 적절한 상륙 장소를 찾을 때까지 계속 그 사람 주위를 돌아야 한다."는 견해를 방안으로 제시하였다. "하나님의 궁극적인 뜻을 이루어 드리기 위해서 사람들에게 다가갈 때 어느 누구에게나 복음의 접촉점 곧 교두보를 마련할 만한 상륙 장소가 있다는 사실을 알아야 한다."[41]

세속화된 구도자들의 구체적인 필요가 무엇이든지 간에 그들이 회심하기 위해서는 반드시 필요한 것 하나가 있다. 그것은 그들이 그리스도인이 되기 전에 반드시 해결되어야 한다. 케네스 채핀이 말한 바와 같이 모든 복음 전도자의 두 번째 목표는

> '나는 내 인생을 스스로 꾸려 나갈 수 있다'는 생각을 깨뜨리는 것입니다. 이 일은 실패를 통해서든지 공허한 성공을 통해서든지 반드시 일어나야 합니다. 이것은 세속적인 경험이지만 당신이 죄인이라는 사실을 인정하는 것과 같습니다. … 이 경험은 아무런 목적도 없이 무의미하게 살아가는 사람들에게 찾아올 수 있으며, 그 밖에도 다양한 방식으로 찾아올 수 있습니다. 누구나 다음과 같은 사실을 인식하고 고백해야 합니다. "나는 내 인생을 제대로 관리하지 못하고 있습니다. 내 인생은 그렇게 원만하게 진행되고 있지 않습니다. 지금 나의 현실은 결코 내가 기대했던 이상적인 모습이 아닙니다. 앞으로 내 삶은 지금보다 더 나아야 합니다." 사람들에게 이런 필요 의식이 있을 때 변화의 역사가 일어날 수 있습니다.

채핀은 많은 사람을 오랫동안 관찰한 결과, 인내하면서 복음을 전하는 사람들에게는 시간이 문제를 해결해 준다는 사실을 깨닫게 되었

---

[41] Bruce Larson, *Setting Men Free*, 43.

다. 그의 말을 들어 보자. "나는 불신자들과 접촉하고 끊임없이 그들에게 복음에 전하려고 노력하면 언젠가는 그들이 귀를 기울인다는 사실을 알게 되었습니다. 사실 불신자들의 무관심이 허울뿐인 경우가 많지만, 그것과는 상관없이 나는 하나님께서 그들의 무관심을 깨뜨리기 위해서 궁극적으로 삶의 현실에서 일어나는 사건들을 이용하신다고 확신합니다. 따라서 나는 그들에게 무언가를 시도할 것입니다. 분명히 그렇게 할 것입니다!"

이와 동일한 확신을 가지고 있는 빌 하이벨스 역시 훗날 불신자들에게 복음을 전할 기회를 더 많이 얻기 위해 지금 뭔가를 시도하라고 조언한다. "훗날을 위해 지금 그들을 도와주십시오."[42] 하지만 세속화된 사람들 중에는 자신에게 진정으로 필요한 것이 무엇인지 모른 채 그저 하루하루를 살아가는 것으로 만족하는 사람들이 많다. 도널드 소퍼는 이런 상태를 '일시적인 행복감'(temporary euphoria)이라고 불렀다.

이와 관련하여 하이벨스는 자신의 경험을 토대로 이렇게 말했다. "자기 기만적인 사람들에게는 내가 할 수 있는 말이 없다. 그들에게 필요한 것이 무엇인지 말해 주는 것도 그다지 좋은 방법이 못된다. 그러나 나는 그들이 언젠가 그리스도가 필요하다는 것을 깨달을 날이 오리라 믿고 공적으로든지 사적으로든지 어떠한 도움도 그들에게 기꺼이 베풀 것이다."[43] 여러 해 동안 하이벨스는 시카고 베어스(Chicago Bears) 팀의 담당 목사로 사역한 적이 있었다. 그때 그는 선수들에게 언제든지 도움이 필요하면 도와주겠다는 약속을 했지만 그 당시 모든 일

---

[42] Hybels, Briscoe, and Robinson, "Power: Preaching for Total Commitment," 120.
[43] Ibid.

이 잘되고 있었던 선수들은 그의 말을 귀담아 듣지 않았다. 그러나 훗날 그들의 환상이 깨져버리자 그들 중 여러 명이 도움을 요청해 왔다.

채펀은, 사람들이 자신에게 무엇인가 필요한 것이 있음을 인정하고 스스로 자신의 삶을 꾸려나갈 수 없음을 고백할 때, 그리스도께 나오도록 그들을 초청하는 것은 그들이 자신의 뜻을 내려놓고 그리스도께 삶 전체를 맡기라는 결단의 촉구가 되어야 한다고 말했다. 그는 "삶의 헌신이 포함되지 않은 믿음은 인간적으로 영리해 보이지만 모두 비성경적"이며, 오직 우리를 위해 자신을 내어주신 하나님께 자신의 삶을 드림으로써만 가능한 심원한 삶의 변화와 성취를 경험하지 못하도록 방해한다고 믿었다. 그에 따르면 그런 삶의 헌신은 "신자들의 공동체 안에서 표현되어야 한다."

6) 누적 효과를 활용하라

유능한 복음 전도자는 기독교 메시지의 의미 전달이 계속적인 누적 효과(cumulative effect)에 의해서 이루어지며, 그런 일이 반복될 때 자연스럽게 복음의 수용 과정이 진행된다는 사실을 잘 알고 있다. 이 원리를 좀 더 자세히 설명해 보자. 유능한 복음 전도자는 하나님께서 복음에 담겨 있는 다양한 내용—하나님의 사랑, 하나님의 은혜, 하나님의 나라, 죄의 용서, 화해, 중생, 칭의, 성화 등—을 전해야 할 사명을 기독교 운동에 위임하셨다는 사실을 진지하게 받아들인다.

하지만 그는 누군가를 전도할 때 복음이라는 보석함에 들어 있는 보물을 한꺼번에 전하려고 조급하게 굴지 않는다. 왜냐하면 그렇게 할 경우 상대방에게 '과도한 정보'를 제공함으로써 자칫 저항을 불러오거나 피상적인 수용을 낳을 수도 있기 때문이다. 따라서 전도자는 마음을 느긋하게 먹고 복음의 진리를 한 번에 하나씩 제시해야 한다. 일반적으로는 구도자가 필요로 하는 것과 관련된 내용으로 시작하는 것이 좋다.

7) 메시지를 개인화하라

유능한 복음 전도자는 언제나 메시지를 '개인화'한다. 심지어 그들은 공식 석상에서 대규모 청중에게 설교할 때에도 의식적으로 각 개인의 심령에 호소하려고 노력한다. 왜냐하면 사람들은 그 복음이 '나를 위한 것'임을, 아니 적어도 '나와 같은 사람들을 위한 것'이라고 생각할 때까지는 결코 복음에 반응하지 않기 때문이다.

미국의 부흥 운동을 연구한 역사가 윌리엄 워렌 스위트(William Warren Sweet)는 아마도 개인화와 응답의 상관관계에 주목한 첫 번째 학자일 것이다. 그는 자신의 책에서 "종교를 개인화하는 것은 종교를 감정화(emotionalize)하는 것이다."라고 말했다.[44] 만약 듣는 이들이 메시지의 내용을 분별하고 이해할 수 있도록 도와줄 수 있다면, 지금까지 균형을 잃은 전도 방법으로 자주 비판되어 온 '감정적 호소'(emotional appeals)에 빠지지 않으면서 적절한 정도로 그들에게 관여하고 반응을 촉진하는 일이 얼마든지 가능하다.

이와 관련하여 캐논 그린은 다음과 같이 결론을 내렸다. "한 사람 한 사람이 중요하다. 수천 명의 청중이 앞에 있을지라도 … 나는 하나

---

[44] William Warren Sweet, *Revivalism in America* (New York-Nashville: Abingdon, 1944), xii.

님께서 각 사람에게 말씀하고 있다고 생각하며 설교해야 한다. ⋯ **대중 전도와 같은 것은 결코 있을 수 없다.** ⋯ 우리는 대중을 향해 설교할 수 있지만 그 설교를 듣는 각 사람은 개인적으로 그리스도를 만나야 한다."[45]

8) 응답을 강요하지 말라

유능한 복음 전도자는 사람들에게 응답하도록 '압력을 가하지' 않는다. 그러나 세속화된 사람들은 지금까지 그리스도인들로부터 당장 선한 결정을 내리라는 압력을 너무나 자주 받았다. 따라서 배려심이 깊은 복음 전도자라면 전도 대상자들에게 압력을 행사하지 않고 오히려 그들이 편안하게 느끼도록 만들 것이다.

짐 하니쉬는 관찰을 통해서 사람들이 압력을 받거나, 강요받거나, 서두르는 것을 원치 않는다는 사실을 알았다. 따라서 "내가 할 일은 가급적 사람들이 관심을 가질만한 여러 가지 선택 사항을 제시함으로써 한 가지 선택 사항만 있는 것이 아님을 알게 해주는 것이다." 하니쉬는 수용적인 사람들의 가정을 방문할 때마다 언제나 그리스도를 따르고 그리스도의 몸인 교회에 등록할 것을 권유하지만 마지막에는 꼭 이렇게 말했다. "저는 당신이 결심할 때까지 기다릴 준비가 되어 있습니다. 저는 강요할 생각이 없습니다. 하지만 당신에게 무엇인가를 원하고 있는 것만큼은 분명한 사실입니다."

---

[45] Green, "There Is No Mass Evangelism," 2. 강조는 첨가된 것임.

9) 비유와 격언을 활용하라

유능한 기독교 복음 전도자들은 사람들이 쉽게 기억할 수 있고 중요한 진리를 압축적으로 담아낸 비유, 격언, 재치 있는 표현 등이 가지는 커뮤니케이션의 높은 가치를 알고 있다. 아리스토텔레스는 연설할 때 격언을 잘 사용하면 연설 내용을 훨씬 더 지혜롭게 전달할 수 있다고 하였다. 구약 시대에 히브리 예언자들은 언어유희와 비유를 반복적으로 사용하였다. 예수 역시 황금률에서 보여주는 바와 같이 이런 도구들을 잘 사용하였다.

엘리트주의를 추구하는 학자들은 비유적 진술을 범퍼 스티커—자동차 범퍼에 붙인 홍보 스티커(역주)—신학과 같다고 비판하지만, 대부분의 사람들은 그런 비유적 진술을 즐겨 듣고 그렇게 들은 것을 오래 기억한다. 로버트 슐러는 이런 도구들을 효과적으로 재발견한 사람이다. 내가 만난 사람들 중에는 그에게서—또는 그의 책을 통해서—그런 격언이나 재담(才談)을 처음 들었다는 사람들이 많이 있다.

예를 들어 다음과 같은 격언들을 생각해 볼 수 있다. '일이 힘들어질수록 더 강해져야 한다.' '어차피 일어날 일이라면 그것은 내가 결정할 일이다.' '당신의 상처(scars)를 성공(stars)으로 바꿔라.' '무슨 일이든 차근차근 해 나가면 식은 죽 먹기다.' '어려운 때가 결코 오래가지는 않으나 어려워하는 사람에게는 오래간다.' '꿈을 가져라. 그러면 그 꿈이 당신을 키울 것이다.' '당신을 믿는 하나님을 믿어라.' '하나님의 지체하심은 결코 거절이 아니다.' '필요한 것은 찾아 채우고 상처는 찾아 치료하라.' '당신의 현재 모습은 하나님께서 당신에게 주신 선물이고, 당신이 성공하는 것은 당신이 하나님께 드리는 선물이다.'

10) 구속적 유비를 사용하라

유능한 기독교 복음 전도자들 중 많은 이들이 이야기, 특히 '구속적 유비'(redemptive analogies)의 방식으로 사람들이 스스로 진리의 핵심을 발견할 수 있도록 도와주는 이야기를 발굴하고, 그런 이야기를 말하는 기술을 개발하였다. 빌 하이벨스는 세속화된 구도자들이 일반적으로 성경의 가르침에 저항한다는 것을 알게 되었다. 그들은 이렇게 말한다. "인종 차별처럼 공평하지 않은 멍에를 내게 지우지 마십시오." "내가 그녀를 사랑하는데, 왜 단지 종교가 조금 다르다는 이유로 그녀와의 결혼을 거부해야 합니까?" 이런 저항에 대해서 하이벨스가 들려준 유비는 "하나님께서 왜 그런 잔인한 명령을 기록으로 남기셨는지" 그 이유를 설명해 준다.

> 만약 내가 (우리 교회) 신축 현장에 갔다고 칩시다. 그 현장 한쪽에서 한 건축업자가 설계도를 들고 15명의 인부와 함께 열심히 공사를 하고 있는 모습을 보았습니다. 그런데 공사 현장 다른 쪽에 갔더니 그곳에서는 다른 건축업자가 다른 설계 도면을 가지고 공사를 하고 있었습니다. 이런 상황을 어떻게 설명할 수 있습니까? 대혼란이 아닐 수 없습니다.
>
> 여러분, … 한번 생각해 보십시오. 만약 어떤 두 사람이 결혼하려고 하는데, 신랑이 생각하는 결혼 생활의 그림과 신부가 계획한 결혼 생활의 청사진이 서로 다르다면 어떻게 되겠습니까? 그들의 의견은 서로 충돌할 수밖에 없고, 단기적으로는 의견이 센 사람이 이기겠지요. 그러나 그들의 결혼 생활은 결국 무너지고 말 것입니다.

하나님께서는 당신의 자녀들이 견고하고 영원한 관계를 구축하기를 원하십니다. 그분은 그 건축이 오직 한 벌의 설계 도면으로만 가능하다는 것을 잘 알고 계십니다. 견고한 건물 또는 건전한 결혼 생활을 건축하기 위해서 당신에게는 오직 한 벌의 설계 도면만 필요합니다.[46]

하버드 대학의 유명한 철학자 알프레드 노스 화이트헤드(Alfred North Whitehead)에 관한 일화는 무엇인가를 찾고 질문하는 세속화된 사람들에게 기독교 메시지의 깊이를 이해시키려고 하는 우리에게 의미 있는 깨달음을 준다.

어느 날 화이트헤드가 우주론에 관한 강의를 했다. 그런데 강의가 끝난 뒤 2학년생 한 명이 그의 연구실로 찾아와서 이렇게 말했다. "당신의 이론은 완전히 잘못된 것입니다." 화이트헤드는 그 학생이 왜 이런 말을 할까 생각하면서 물었다. "그러면 자네는 우주의 구조에 대해서 어떻게 이해하고 있는가?"

그러자 그 학생은 단호하게 대답하였다. "우주 전체는 거북이 등에 얹혀 있습니다."

화이트헤드는 약간 주저했지만 그 학생을 무시하지 않고 다시 물었다. "거북이는 어디 위에 있는 건가?"

그 학생은 다시 재빠르게 대답하였다. "그 거북이는 다른 거북이 등 위에 있습니다."

화이트헤드가 다시 그 거북이는 무엇 위에 있느냐고 물으려고 하자

---

[46] Bill Hybels, "Speaking to the Secular Mind," *Leadership* (Summer 1988): 32.

그 학생이 먼저 말을 했다. "저는 교수님이 다음에 무슨 질문을 하시려고 하는지 알고 있습니다. 그냥 제가 대답해 드리죠. 거북이들 밑에는 계속해서 다른 거북이들이 있습니다!"

마침내 이 괴짜 학생은 궁극적인 질문을 제기하였다. "그런데 그렇게 계속해서 아래로 내려가면 마지막에는 무엇이 있는 것입니까?"

이와 같이 기독교 운동은 계속해서 밑으로 내려가는 연민(compassion), 창조적이고 수용적이며 힘을 주는 연민을 뜻한다. 우리 그리스도인들은 모든 사람이 찾고 있는 예수 그리스도 안에 계시된 궁극적 실재를 드러내는 사람들이다. 하나님은 모든 사람에게 이 위대한 소식을 전하도록 우리에게 사명을 주셨다. 우리는 이 세대에 서구를 재복음화하기 위한 위대한 운동에 동참하도록 부름을 받았다.

4장

어떤 그리스도인이 세속화된 사람들에게 복음을 전하는가?

오늘날 세속화된 사람들에게 복음을 전하는 사람들은 누구인가? 과거 기독교 세계에서는 모든 사람이 기독교에 관한 기본적인 지식을 가지고 있었고, 신앙에 대해 긍정적인 태도를 보이며, 기독교의 가르침이 참된 것이라고 믿었다. 따라서 복음 전도자들은 이런 우호적인 분위기를 활용하여 사람들에게 단지 기독교 신앙을 받아들이라고 초청하기만 하면 되었다.

그러나 몇 세기 동안 세속화가 진행된 결과 오늘날의 사람들은 대부분 기독교를 오해하고 있고, 교회에 대한—만일 교회가 사회로부터 소외되지 않았다면—부정적인 생각을 가지고 있으며, 기독교의 메시지를 하나님의 숭고한 계시로 믿지도 않는다. 오늘날 우리가 직면하고 있는 세속화된 상황은 마치 초기의 사도적 교회가 직면했던 상황과 매우 흡사하다. 이에 대해 도널드 소퍼는 다음과 같이 말하였다.

세속화된 사람들이 '종교'라는 단어를 들었을 때 그리스도인들과 똑같은 이미지를 떠올릴 사람은 열에 하나도 되지 않을 것이다. … 그들 중 대부분은 종교를 도덕적으로 탈선하지 말아야 한다거나 시간과 돈을 허비해서는 안 된다고 말하는 고리타분한 교훈 정도로 생각한다. 사람들마다 종교에 대해 생각하는 바가 동일하지는 않지만, 적어도 많은 사람들이 종교란 매우 편협할 뿐 전혀 매력적이지 않다고 생각하는 것은 사실이다. 실제로 종교가 갖고 있는 그 어떤 의미도 그들의 마음에 와 닿지 않는다. 그러므로 교회는 이 나라에서 부흥을 위해 달리기 전에 먼저 제대로 걷는 일부터 해야 할 것이다. 여기서 내가 '걸어야 한다'고 말한 것은 보통의 사람들에게 진짜 기독교 신앙이 무엇이고 그들에게 제공할 수 있는 것이 무엇인지—그들이 생각하고 있는 것이 아닌—에 대해서 계속 반복적으로 끈기 있게 설명해야 한다는 것을 의미한다. 오직 그렇게 할 때에만 그들에게 개인적으로 예수 그리스도께 굴복하라고 권면할 수 있다.[1]

교회는 지난 천 년 동안 항상 '홈구장의 이점'을 가지고 경기하는 미식축구 팀과 같이 번성해 왔다. 교회는 경기의 성격을 규정하고, 경기 규칙을 발표하며, 심판들에게 경기에 필요한 지시를 하였다. 매 경기마다 엄청난 군중이 몰려들었고 바람마저도 그들 편이어서 교회는 언제나 이기는 경기를 하였다. 그러나 지금은 모든 상황이 달라졌다. 우리는 때때로 중립적인 구장에서 경기하기도 하지만 일반적으로는

---

1   "Dr. Soper Outlines Christian Witness Plans," *The Methodist Recorder* (Jan. 15, 1953).

상대편 구장에서 경기를 한다. 물론 그것도 우리가 경기를 한다는 조건 아래서만 가능한 일이다. 그런데 불행하게도 대부분의 교회가 여전히 의자에 편안하게 앉아서 사람들이 교회라고 하는 구장으로 경기하러 오기만을 기다리고 있다.

도널드 모건은 오늘날 서구 사회가 온갖 사상이 난무하는 자유 시장이 되었으며, 많은 사람이 그런 사상들에 개방적인 태도를 취하고 있다고 지적하였다. 따라서 교회는 그 시장 안으로 들어가 사람들의 마음을 얻기 위해 경쟁해야 한다. "우리는 시장에서 좀 더 좋은 자리를 확보해야 한다. 그래야만 그들이 우리와 거래를 하고, 더는 기독교를 불명료하고 자기들과 상관없는 종교라고 무시하지 않기 때문이다." 그런데 과연 지금 누가 그런 일을 하고 있는가?

불행하게도 오늘날 새로운 사도 시대에 대부분의 그리스도인들은 세속화된 사람들이 기독교 신앙을 자유롭게 선택할 수 있도록 배려해야 된다는 생각을 가지고 있지 않다. 서구 교회에서 대위임령(the Great Commission)은 '중대한 누락'(the Great Omission)이 되고 말았는데, 이런 현상이 일어난 데에는 세 가지 이유가 있다. 첫째, 많은 교회 지도자들이 여전히 오늘의 기독교 세계 선교의 현황도(map)가 달라졌다는 사실을 깨닫지 못하고 있으며, 이제는 서구가 선교의 현장이 되었다는 사실을 고집스럽게 부정하고 있기 때문이다.

둘째, 많은 교회 지도자들이 아직까지 사무엘 슈메이커의 생각에 공감하고 그런 생각을 그들의 사역을 이끌어 가는 신념으로 삼지 않기 때문이다. 슈메이커는 다음과 같이 자신의 생각을 밝혔다. "우리는 완전히 새롭고 만족스러운 삶의 방식을 발견하였으며, 그것을 우리끼리만 독점하지 않고 다른 사람들에게도 전해 주기를 원한다. 우리는 누군가에게 도움이 되는 것이 있다면 그것이 무엇이든지 간에 모든 사람에게 공개되어야 한다고 믿는다."[2]

셋째, 많은 교회 지도자들이 서구의 불신자들을 위한 사도적 사역의 비전을 상실했거나 전혀 배우지 못했기 때문이다. 심지어 '사도직 계승'(apostolic succession)을 믿는 사람들조차도 이것을 목사 안수 곧 단순히 예배 집례와 독실한 신자들에게 정통 신앙을 가르칠 수 있는 자격을 취득하는 것으로 해석하는 경향이 있다. 사정이 이렇다 보니 단지 회중들보다 훨씬 적은 소수의 안수 받은 목회자와 일부 기독교 지도자들만이 자신을 불신자들을 향한 사도적 사역의 계승자로 인식할 뿐이다. 결론적으로 말하자면, 많은 교회 지도자들이 이중 근시(近視)로 인해 사역에 어려움을 겪고 있다. 첫 번째 근시는 그들이 자신의 사명을 제대로 파악하지 못하고 있다는 것이고, 두 번째 근시는 선교 현장을 제대로 파악하지 못하고 있다는 것이다.[3]

---

2 S. M. Shoemaker, Jr., *Children of the Second Birth*, 11.
3 이 현상은 서구 교회에 나타난 역설적 상황과 관련이 있다. 데이비드 보쉬는 지난 두 세기 동안 제3세계를 향해 진행된 개신교의 전례 없는 해외 선교가 여러 가지 면에서 계몽주의에 대한 대규모 응답이었다고 설명한다. 그러나 이렇게 해외 선교에만 총력을 기울이는 정책적 방향은 개신교 지도자들이 계몽주의 이후에 서구와 북미가 선교 현장으로 변화된 상황을 전혀 눈치 채지 못하게 만들었으며, 오히려 서구 사회 내에서 교회가 수행하는 일상적 업무를 더 중시하는 결과를 낳았다. 다음을 참조하라. David J. Bosch, *Transforming Mission: Paradigm Shifts in Theology of Mission* (Maryknoll, NY: Orbis, 1991), 9장.

1. 사도적 직무

초대 교회의 사도들과 그들의 동료 지도자들, 그리고 회중들은 자신의 사명과 선교 현장을 사심 없이 있는 그대로 보았던 사람들이다. 사도들에 관한 초기 전승 기록을 보면 그들이 어떤 직무를 감당했는지 분명하게 알 수 있다. 그 전승에 따르면 사도들은 기본적으로 교회 행정가나 책상 신학자가 아니었다. 일차적으로 그들은 각각 성령에 의해서 세상으로 '보냄을 받았다'(헬라어로는 '아포스텔로': *apostello*). 좀 더 구체적으로 말하자면, 그들은 아직까지 복음을 들을 기회를 얻지 못한 종족 집단들(people groups)에게로 교회를 확장하기 위해 새로운 선교 현장, 새로운 지역, 새로운 민족으로 보냄을 받았다. 이것이 바로 그들의 직업이자 소명이었기 때문에 그들은 선교 활동을 통해 일정한 지역에 교회들이 설립되면 지체 없이 또 다른 선교지를 찾아 나섰다.

사도적 직무에 대한 윤곽은 각 사도들이 복음을 전하기 위해 자신의 삶 전체를 바쳤다는 사실에 의해 더욱 뚜렷하게 드러난다. 전승에 의하면 베드로는 소아시아와 바빌론에 남아 있던 유대인들에게로 갔고, 나중에는 로마에 가서 복음을 전한 뒤 십자가에 달려 순교하였다. 안드레는 스구디아(Scythia)의 야만인들에게 전도하여 그곳에 기독교를 전파하였다. 도마는 완고한 바대인들(Parthians)에게 전도하여 교회를 세웠으며, 마지막에는 남인도에 가서 기독교를 전했다. 마태는 식인종들의 땅인 안드로포파기(Anthropophagi)에서 그리스도를 증언하였으며 결국 그곳에서 순교 당했다. 그런데 마태의 죽음은 왕을 감동시켜 왕 자신이 사제가 되어 백성들을 신앙으로 이끄는 결과를 낳았다. 전승에 의하면 아시아로 간 위대한 사도들 중 한 사람인 빌립은 아테

네와 히에라폴리스(Hierapolis)에 기독교를 전파한 뒤 그곳에서 처형당했다. 열심당원 시몬과 유다는 팀을 만들어 페르시아에 기독교를 전했으며, 요한의 형제 야고보는 스페인에서 선교하다가 그곳에서 생을 마감하여 결국 그의 시신이 지금까지 그곳에 묻혀 있다. 바돌로매는 인도에 마태복음을 전해 주고 복음을 전했으며, 마지막에는 아르메니아까지 가서 선교하였다. 특별히 고대 전승은 바돌로매에 관해 다음과 같은 놀라운 기록을 전해 주고 있다.

> 그는 검은 곱슬머리에 흰 피부, 부리부리한 눈, 오뚝한 코를 가지고 있었으며, 머리는 귀를 덮었고, 턱수염은 길고 회색 빛깔이었으며, 키는 크지도 작지도 않은 사람이었다. 그는 희면서도 중간 중간 자줏빛 줄무늬가 있는 길고 품이 큰 옷을 입고 그 위에 옷단에 네 개의 자줏빛 보석이 달린 하얀 망토를 걸쳤다. 그는 26년 동안 이 옷을 입고 다녔는데 옷이 낡지를 않았다. 신발 역시 26년 동안 신었는데도 구멍이 나지 않았다. 그는 낮에 백 번 밤에 백 번 기도했는데 목소리가 마치 나팔 소리와도 같았고, 천사들이 그를 시중들었다. 그는 항상 쾌활했으며, 모든 종족의 언어를 알고 있었다.[4]

물론 사도들에 관한 성경 이후의 전승들이 상당 부분 과장된 내용을 담고 있기는 하지만 그들이 어떤 삶을 살고 어떤 직무를 수행했는지를 생생하게 보여주고 있는 것만큼은 분명하다. 또한 전승들은 사도

---

[4] 다음을 참조하라. William Barcley, *The Master's Men* (Nashville, TN: Abingdon, 1959).

들이 세운 교회들이 열심히 복음 전하는 일을 하였으며, 세례 받은 모든 제자들이 사람 낚는 어부로 부름 받았다는 사실에 대해서도 분명하게 말하고 있다. 개중에는 평범한 그리스도인인데도 새로운 집단을 찾아가 사도적 사역을 일군 사람들도 있다. 한 예로 안디옥에 복음을 전한 사람들을 들 수 있는데, 그들의 사역으로 말미암아 이곳에서 이방인들이 처음으로 그리스도를 믿게 되었다.

2. 사도적 사역이 회복되는 징표들

목회자와 하나님의 모든 백성이 아직 그리스도를 믿지 않는 사람들에게 복음을 전하는 사도적 사역을 회복하는 일은 아마도 우리 시대에 속한 모든 세계 교회에 가장 중요한 과제가 될 것이다. 여러 지역의 교회들이 하나님께서 전도, 교회 개척, 타문화 선교를 (종교 전문가가 아닌) 모든 제자들에게 맡기셨다는 사실을 재발견하고 있다.

사도적 사역의 비전이 회복되면 그것은 몇 가지 형태로 표현된다. 무엇보다도 사도적 지도자 또는 지도자 그룹은 오지의 종족이나 도시의 직업 집단 또는 그 밖의 특정한 집단에게 복음을 전하는 일을 한다. 그들이 하는 사역의 내용을 구체적으로 말하자면, 복음을 전해 회심하게 하고, 회심한 사람들을 양육하고, 양육된 그들을 회중으로 묶고, 그들이 감당해야 할 선교적 사명을 위해 무장시키고, 그들에게 믿음, 생활 양식, 비전을 분명하게 가르쳐 그 사명을 알려주고 감당할 수 있게 만들고, 결국에는 그들 중 일부를 사도적 사역자로 세워 또 다른 집단에게 가도록 하는 것이다.

제2차 바티칸 공의회(the Second Vatican Council)의 문서인 『인류의 빛』(Lumen Gentium)은 교회가 사도적 비전과 정체성을 회복해야 한다는 점을 분명하게 표현한 문서다. 이 문서는 '사도직 계승'의 교리가 "[사도들에게] 부여된 사명이 그들의 사후에도 … 그리고 … 이 세상 끝 날까지 계속 이어지게 하기 위해" 만들어졌다고 말하고 있다. 이 문서는 지금도 계속 진행 중인 사도적 직무를 "아직 어린 교회들이 완전하게 자리를 잡고 스스로 복음화 사역을 수행할 수 있을 때까지 끊임없이 복음의 사자들을 보내는 것"으로 규정하고 있다.

이 문서는 "지상의 모든 곳에 복음을 선포해야 할 임무는 그리스도께서 목회자 집단에 속한 모든 자들에게 명령하셨기 때문에 그들에게 귀속되지만," 그 사명은 일차적으로 '평신도 사도직'(the lay apostolate)을 통해서 수행된다는 점을 설명하고 있다. 『인류의 빛』은 "평신도 사도직은 우리 주님께서 예루살렘에서 사역하신 때부터 교회 안에 존재해 왔으나, 오늘날의 상황에서는 그 사도직이 그 어느 때보다 더 철저하게 확산되고 강화되어야 한다."고 말하고 있다. 제2차 바티칸 공의회는 어떤 그리스도인도 사도적 책무에서 벗어날 수 없다는 사실을 다음과 같이 밝히고 있다. "그리스도의 모든 제자는 각자의 능력에 따라 기독교 신앙을 확산시켜야 할 의무를 부여받았다."

사도적 정체성과 사명을 회복해야 한다는 생각은 종종 여러 기독교 교단의 목사 안수 기준에 반영되기도 한다. 18세기 영국에서 존 웨슬리는 감리교 목사 후보자들에게 네 가지 테스트를 실시했는데, 그중의 하나가 신앙의 열매에 관한 것이었다. 좀 더 구체적으로 말하자면, 목사 후보자들은 일정한 기간 내에 몇 사람을 회심시키는 결실을 맺어야 했다. 오늘날 남미 지역에서 활동하는 오순절 교단 중에는 교단 지도자들이 목사 후보자들에게 안수하여 목사로 세우기 전에, 좀 더 구체적으로는 목사 안수를 위해 그들을 정화(淨化)하기 전에 먼저 30명의 신자를 전도해 새 신자로 양육하도록 요구하는 교단들이 많이 있다.

3. 채플린의 덫

그러나 서구의 경우 대부분의 주류 교단에서 목사로 안수 받은 목회자들의 역할은 '사도'보다도 '채플린'(chaplain)—흔히 교목이나 군목과 같이 일정한 범위 안에서만 사역하는 목사를 가리키는 말인데, 여기에서는 교회 밖 불신자들에게는 관심이 없고 단지 예전과 신자 관리에만 신경 쓰는 목사들을 일컫는 말로 쓰이고 있다(역주)—에 가깝다. 최근에 어떤 교단의 '목사 안수 후보자 심사위원회'에서는 다음과 같은 일이 있었다. 목사 안수 후보자들을 면접하는 여러 위원 중에서 한 사람이 이렇게 질문하였다. "당신의 직임에 대해서 말씀해 보십시오." 이 질문은 겉으로 보기에는 짧고 간단했지만, 실제로는 아무 의미 없이 던진 질문이 아니었다. 후보자마다 자신의 생각을 이야기하였다.

한 부교역자는 개인의 영적 성장과 교인들과 함께 한 좋은 경험에 대해서 이야기하였다. 어떤 사람은 교인들과의 좋은 관계와 예배를 인도하는 '만족스러운' 경험에 대해서 이야기하였다. 최근에 두 교회가 하나로 통합된 교회에서 목회하고 있는 후보자는 통합된 교회 내에서 생기는 문제 때문에 괴로움을 겪고 있다고 말했다. 다른 후보자는 말씀과 성례전이 중요한 목회적 의미를 지니고 있으며, 교회가 시행하고 있는 다양한 연령별 소그룹 사역이 매우 만족스럽다는 이야기를 하였다. 또 다른 후보자는 자신의 직임에 대해서 평안함을 느끼고 있으며, 자신의 가족 모두 자신이 목회자의 길을 걷게 된 것을 하나님의 축복으로 생각하고 있다고 말했다. 계속해서 어떤 사람은 성경을 가르칠 때, 그리고 결혼식과 장례식을 집전할 때 느끼는 성취감에 대해서 말하였다.

그런데 이 목사 후보자들이 한 말들을 종합해 볼 때 그들 가운데 한 가지 패턴이 있음을 알 수 있다. 그것은 각 후보자들이 교회가 섬기고 복음을 전해야 할 대상인 지역 사회보다 자기 교회에 목회의 초점을 더 맞추고 있다는 것이다. 후보자들 중 몇 사람이 지역 교회를 초월한 교단적인 참여 또는 교회 일치 운동에 참여하는 것에 대해 언급하기는 했지만, 지역 사회에 대해서는 전혀 언급하지 않았다. 더욱이 그들은 사람들의 삶이나 지역 사회의 삶에 나타나는 목회적 열매보다는 오히려 목회를 통해서 얻는 만족감에 더 큰 관심을 두고 있었다.

이후에 좀 더 심층적인 면접이 진행되었는데, 한 부교역자는 자신이 교인, 재가 환자, 병원을 심방하는 일을 하고 있으며 사순절 기간에는 젊은 기혼자와 미혼자들을 위한 몇 가지 기획 프로그램을 진행한다고 말했다.

그러자 어떤 면접관이 물었다. "사순절의 의미가 뭐죠?" 그 부교역자는 예수의 십자가와 부활에 관한 교과서적인 대답을 한 뒤 이런 말을 덧붙였다. "주님의 십자가와 부활은 전적으로 저를 위한 것이었습니다."

그때 내가 물었다. "다른 사람들은 어떡하고요? 주님의 십자가와 부활은 그들을 위한 것이기도 하지 않나요?" "예, 물론입니다."

"다른 모든 사람들을 위한 것이라면 어디에서나 그렇다고 생각하시나요? 오직 당신과 당신의 교회 신자들만을 위한 것은 아니고요?"
"당연히 모든 사람들을 위한 것이라고 생각합니다."

"당신이 지금 하고 있는 일들은 그런 믿음과 일치한다고 생각하십니까?" 그는 그렇다고 대답하면서 자신이 하는 일은 전임자로부터 그대로 물려받은 것이기 때문에 아무 문제가 없다고 하였다.

목회학 석사 과정을 전 과목 A학점으로 마친 어떤 후보자는 한창 개발 중에 있는 지역에서 목회하고 있는데, 자신이 목회하는 교회 신자들은 다른 곳으로 이사를 가고 다른 문화적 색깔을 가진 사람들이 이주해 왔다고 말했다. 나는 그에게 지난해에 그곳 주민들 가운데서 새 가족으로 등록한 사람들이 있었느냐고 물어보았다. 그는 없었다고 대답하였다. 그 밖에도 면접관들이 몇 가지 추가 질문을 했는데, 그가 대답한 내용을 종합해 보면 그의 교회는 지역 내에 있는 불신자들과 정기적인 대화를 갖지 않고 있었고, 그는 불신자들이 그 지역에 얼마나 되는지도 모르고 있었으며, 교회는 그들 중에서 교회에 나올 가능성이 있는 사람들을 파악해서 만든 전도 대상자 목록을 가지고 있지 않았다.

마지막으로, 한 여성 후보자에게 현재 맡고 있는 직무에 관해서 묻자 그녀는 지역 사회와 그곳 사람들의 필요와 고민에 대해 이야기하였다. 그녀는 십여 명의 사람들이 자신의 교회에 새 신자로 등록하였고, 교인들 가운데 몇 사람은 이제 '그리스도의 사신'이 되었으며, 교회의 많은 영역에서 세계 선교에 관한 인식이 점점 더 커지고 있다고 말하였다. 그녀는 다른 나라에 머무는 동안 그리스도인이 되었고 그 후에 이런 주제와 내용을 알게 되었다고 고백하였다. 아직 학습 과정 중에 있는 이 여성 후보자는 함께 하는 이가 없는 외로운 사도적 사역자였다. 그러나 그녀는 결코 신학교 학위 과정의 산물이 아니었다.

그러므로 이런 사례들을 볼 때 목사 안수 후보자 9명 중 1명 정도만이 복음 전도를 목회의 일차적인 관심사로 삼고 있음을 알 수 있다. 이런 사실은 신학생 32명이 자신의 소명에 관해 쓴 글들을 통해서도 대략적으로 확인할 수 있었다. 그들 중 8명 내지 10명 당 1명만이 지역 사회와(또는) 세계를 위한 봉사와(또는) 선교를 강조하였을 뿐 다른 사람들은 주로 개 교회의 내적인 사역에만 관심을 갖고 있었다.

오늘날 주류 교단의 경우 이미 목사 안수를 받은 대부분의 목회자들이 기억상실증에 걸려 있다. 기독교는 사람을 낚는 어부들의 운동으로 출발하였으나 오늘날의 신자들은 '수족관을 지키는 사람들'이 되고 있을 뿐이다. 대부분의 교회가 새로운 물고기를 잡고 싶어 한다. 하지만 문제는 그 교회들이 바다에 사는 물고기가 아니라 이미 잡혀서 손질이 다 된 물고기만을 잡으려고 한다는 데 있다!

교단을 설립한 탁월한 사역자들은 모두 존 웨슬리가 한 말, "세계는 우리의 교구다."라는 말에 기꺼이 동의할 것이다. 오늘날 우리의 교구는 바로 우리가 살고 있는 세상이다. 그러나 오늘의 목회자들은 자신이 사도직 계승의 의미에서 목사 안수를 받았다는 사실, 다시 말해서 세상 사람들과 일정한 사회 집단을 향해 선교하는 사도적 회중(apostolic congregations)의 지도자로서 최초의 사도들을 계승하고 있다는 사실을 전혀 인식하지 못하고 있다. 유감스럽게도 오늘날 대부분의 목회자와 신학교 교과 과정은 '전문 목회'의 핵심 영역을 (1) 예배 인도, (2) 설교, (3) 교육, (4) 상담, (5) 행정으로 규정하고 있다.

물론 위의 영역들이 일선 목회 현장에서 매우 중요한 것으로 인정받고 있지만, 뭔가 꼭 필요한 것이 빠져 있는 것처럼 보인다. 아니, 엄

밀히 말하자면 빠져 있는 것이 사실이다. 만일 위의 다섯 개 영역 중에서 '상담'을 중세 시대의 '고해 성사'로 바꿔 놓고 보면, 이 모델은 거의 중세 기독교 세계(Christendom)의 목회와 일치한다. 다시 말해서 이 모델은 모든 시민이 세례를 받고 그리스도인으로 간주되었던 시대, 교회 중심의 서구 문화가 삶에 깊이 배어 있던 시대, 교회가 문화의 도덕적, 윤리적 가치 기준을 제시하던 시대, 아프리카, 아시아, 남미, 오세아니아 등지의 주민들이 아직 선교의 대상으로 '발견'되지 않았던 시대에나 적합하다. 중세에는 전도와 세계 선교 또는 사회 개혁을 생각할 필요가 없었기 때문에 교구 사제는 단지 정해진 기독교 공동체를 위해 '채플린'의 역할만 담당하면 그만이었다.

당시의 사회적 상황을 고려하면 사제들의 채플린 역할은 어느 정도 이해할 수 있다. 그러나 채플린 모델이 적합했던 기독교 세계가 이제 더는 존재하지 않는다. 르네상스, 종교 개혁, 민족주의의 발흥, 과학의 발전, 계몽주의, 도시화 현상이 일어난 이후 서구 세계 전체가 근본적으로 세속화되었다. 서구의 세속화는 서구 교회가 직면하고 있는 가장 중요한 상황적 요소가 되었다. 그러므로 우리는 새로운 사도 시대에 처해 있으며, 이런 상황적 조건 때문에 하나님의 백성들이 힘 있게 일할 수 있는 사도적 모델의 필요성이 제기된다.

4. 평신도 사도직의 회복

목회자 사도직을 회복하는 것보다 평신도 사도직을 회복하는 것이 더 중요하다. 초기 기독교는 평신도 종교 운동으로서 로마 제국에 충격을 주었고, 종교 개혁자 마틴 루터(Martin Luther)는 '만인제사장설'(the priesthood of all believers)을 통해 사도적 진리를 회복하였다. 재세례파 운동은 평신도 사역과 성경 교육을 중요하게 여기고 투자를 아끼지 않았다. 존 웨슬리는 감리교의 선교가 오직 영혼을 구원하는 일을 위해 집집마다 방문하고, 시장에서 대화하고, 가능한 한 많은 장소에서 직접 복음을 전하고, 새로운 속회와 신도회를 많이 조직하고, 수많은 사람들을 초청하여 은혜를 구하고 체험하게 하는 헌신된 평신도 사역자들—평신도 설교자와 속회 지도자들을 포함하는—의 선교를 통해서 확산되어야 한다고 단언하였다.

비서구 문화권에서도 평신도 사도직과 평신도 제사장직이 회복되고 있다. 20세기 중국의 기독교는 그 어디에서도 찾아볼 수 없는 독특한 모습을 보여주고 있다. 모택동 주석이 문화 혁명을 주도할 당시 중국에는 약 100만 명의 그리스도인들이 있었다. 그런데 문화 혁명으로 인해 기독교 운동이 더는 공식적인 활동을 못하고 지하로 은신하게 되었는데, 그곳에서 기독교가 토착화됨으로써 '중국적인 면모'를 갖추게 되었다. 이후 중국 기독교는 평신도가 인도하는 가정 교회의 의도적인 증식을 통해 빠르게 성장하였다. 오늘날 중국에는 2천만 명에서 4천만 명 정도의 그리스도인이 있는 것으로 추산되고 있다. 이 놀라운 변화와 성장은 수많은 평신도들이—대부분은 여성—자신의 소명을 발견하고 불신자들에게 복음을 전하는 사도직을 수행함으로써 가능할 수 있었다.

세속화된 서구에서 우리에게 주어진 가장 시급한 과제는 평신도의 사도적 사명을 회복하는 것이다. 그런데 여기에 한 가지 문제가 있는데, 그것은 대다수 평신도들이 복음 전도를 안수 받은 목회자들이 하는 일로 간주하고 있다는 점이다. "목사님, 그것은 당신의 일입니다." 하지만 목회자들에게만 전도 사명을 일임하는 사고방식에는 적어도 다음과 같은 세 가지 문제가 있다.

(1) 목회자가 좋은 뜻을 가지고 최선의 노력을 다하는데도 그가 전도한 사람들은 심리적으로 교회의 구성원으로 등록하지 않고 목회자에 딸린 구성원으로 등록한다는 것이다. 따라서 목회자가 다른 곳으로 부임하거나 은퇴하면 그들은 비활동적인 교인이 되거나 다른 교인들과 어울리지 못해 결국 교회를 떠나게 된다. 그들을 교회로 끌어당겼던 자석 또는 교회에 붙어 있게 했던 접착제가 사라져 버렸기 때문이다. 그러므로 우리는 여기에서 만일 교회가 사람들에게 매력을 주고, 그들을 새 신자로 받아들이고, 공동체 안에서 하나가 되기를 진정으로 원한다면 교회 전체가 그들을 향한 복음 전도에 힘을 쏟아야 한다는 사실을 배우게 된다.

(2) 목회자보다 평신도가 불신자들에게 훨씬 더 쉽게 다가갈 수 있다. 도널드 맥가브란(Donald McGavran)은 자신의 저서 『하나님의 다리들』(The Bridges of God)에서, 열심히 믿는 신자들의 친족과 친구 관계를 포함하는 일정한 사회적 단위들을 활용할 때 기독교 신앙이 훨씬 더 빠르게 확산될 수 있다고 말했다. 불신자들에게 복음을 전하기 위해서는 먼저 그들에게 다가갈 수 있는 다리가 필요하다. 이런 관점에서 보면 교회 안에서 일하는 전임 사역자들보다 평신도들이 불신자들에게 다가갈 수 있는 다리를 훨씬 더 많이 가지고 있다.

(3) 전도는 '아마추어'가 '전문가'보다 월등하게 뛰어난 능력을 발휘할 수 있는 유일한 분야다. 허브 밀러(Herb Miller)는 텍사스 주 러벅(Lubbock)에 있는 전국 전도 협회(National Evangelistic Association)를 통해서 한 가지 조사를 실시하였다. 전화 문의를 통해 비슷한 은사를 가진 임의의 목회자와 평신도 100명을 확인하고 그들의 전도 활동을 비교해 보았더니 평신도가 목회자에 비해 두 배나 많은 사람들을 전도하는 것으로 나타났다. 이런 결과는 아마도 세속화된 사람들이 가지고 있는 편견 곧 교회에서 급여를 받는 목회자들은 전문적으로 자기들을 교회로 끌어들이는 일을 하는 사람들이니까 불편하고, 평신도들은 급여를 받지 않는 사람들이므로 얼마든지 편하게 만나도 된다는 생각 때문에 생긴 것으로 추측해 볼 수 있다.

전도 사역의 책임을 목회자에게 떠넘기는 현상이 확산되자 대부분의 회중들이 전도에 힘쓰지 않는 결과가 나타났다. 예를 들어 믿음의 고백을 통해 새로운 그리스도인을 받아들이는 방식으로 전도 사역을 실시한 연합 감리교회(The United Methodist Church)의 최근 자료를 살펴보자. 자료에 의하면 연합 감리교회는 1988년 전체 교회의 40% 이상 －15,000 교회 이상－이 단 한 명도 믿음을 고백하게 만들지 못하였으며, 심지어 교인들의 자녀들을 대상으로 한 입교식도 전혀 없었다. 더욱 놀라운 것은－믿거나 말거나 간에－교인수가 1,000명 이상인 교회들 중에도 그렇게 한 명의 결신자도 얻지 못한 교회들이 있었다. 이런 교회들은 주로 신자들을 돌보는 데 주력하며 다른 교회에서 신앙생활하던 신자들이 이동해 오는 것을 환영한다. 하지만 지역 사회에는 전혀 사도적 영향력을 끼치지 못한다.

그러나 이와는 달리 평신도 사역을 확신하고 강화한 교회들은 강력한 힘을 발휘하고 있다. 예를 들어 앨런 워커는 1963년에 '생명의 전화'(Life Line)를 시작하고 훈련된 평신도들을 전화 상담 사역에 배치하였다. 그들은 '도움이 필요하십니까? 지금 바로 전화하십시오.'라는 글귀가 담긴 스티커를 시드니 전역에 뿌렸다. 그러나 그들은 고민, 절망, 자살 충동이 주로 근무 시간이 아닌 때에 발생한다는 사실을 깨닫고 곧 24시간 상근 체제로 전환하였다. 1980년대 초 시드니의 '생명의 전화' 운동 본부가 전화 상담에 응한 건수는 연간 약 60,000건에 달했는데, 그중에서 99%는 헌신된 평신도 자원 봉사자들이 담당하였다. 그 후 '생명의 전화' 운동은 호주의 다른 도시와 뉴질랜드로 퍼져 나갔으며, 지금은 세계적인 운동이 되어 200곳 이상의 도시에 센터가 세워졌다. 심지어 1980년대 중반에는 새로운 센터가 매달 하나씩 세워질 정도로 빠르게 확산되었다.[5]

'생명의 전화' 운동은 교회의 많은 중요한 사역들이 평신도에게 위임될 수 있다—훈련, 지원, 승인의 과정을 거쳐서—는 사실을 보여 준

---

[5] 앨런 워커는 다음 저서에서 '생명의 전화' 운동의 이론적 근거와 초기 발전에 관해서 밝히고 있다. *As Close As the Telephone* (Nashville-New York: Abingdon, 1967). 그 이후에 관한 설명은 자신이 쓴 다음 저서에 기록되어 있다. *Caring for the World: The Continuing Story of the Life Christian Telephone Ministries* (Glasgow: Collins/Fount Paperbacks, 1979). 워커는 이 책 4장에서 '생명의 전화'와 같이 평신도들이 아니면 할 수 없는 기독교 상담 사역의 특별한 정체성에 관해서 말하고 있다. 워커는 그가 쓴 다음 저서에서 성경의 자료들을 제시함으로써 범세계적으로 전개되고 있는 이 평신도 사역을 좀 더 잘 이해할 수 있도록 도와주고 있다. *How Jesus Helped People* (Nashville-New York: Abingdon, 1964). 또한 다음 자료를 참조하라. *Standing Up to Preach* (Nashville: Discipleship Resources, 1983), 28. 미국에서는 로스 웨트스톤(Ross Whetstone)이 이 사역을 개척하였는데, 다른 기관에서 이미 'Lifeline'이라는 같은 이름을 사용하고 있었기 때문에 'Contact Telephone Ministries'라는 다른 이름으로 사역을 진행하고 있다.

다. 워커는 '생명의 전화' 운동에 관해 다음과 같이 말했다. "평신도의 역할이 좀 더 특별하게 규정되면 '교회의 잠자는 거인'이 깨어날 것이다. 또한 그런 일은 교회의 구조가 그리스도의 제자들이 교회와 세상에서 직접적으로 복음을 증거하고 봉사할 수 있는 형태로 변화될 때 일어날 것이다."⁶ 워커는 에밀 브루너(Emil Brunner)와 마찬가지로 "교회가 목회자 중심으로 유지되던 시대는 끝났으며," 이런 변화는 지극히 당연하다고 생각하였다. 만일 베드로가 모든 교회는 "왕 같은 제사장"(벧전 2:9)이라고 한 말이 옳다면 이 말은 "교회를 두 개의 부류 곧 안수 받은 목회자와 평신도로 구성된 공동체로 생각하는 이원론적 사상을 영원히 폐기한다. 다시 말해서 이 말은 목회자와 평신도의 기능이 같다는 것을 선언한다."⁷

브루스 라슨은 오래 전부터, 세속화된 비신자들을 대상으로 한 기독교의 커뮤니케이션은 우선적으로 세상 속에 살고 있는 평신도들이 그들과 접촉하고, 삶으로 보여주고, 복음을 증거함으로써 이루어져야 하며, 이 경우에 목회자의 역할은 평신도들이 세상 속에서 사역하도록 그들을 부르고, 무장시키고, 파송하는 것이라고 믿었다. 1980년 시애틀에 위치한 대학 장로교회(University Presbyterian Church)의 담임 목사로 부임했을 때 라슨은 그 교회가 설교를 중시하고 선교 단체에 많은 후원을 하는 전통적이고, 보수적이고, 복음적인 교회인 것을 알게 되었다. 심지어 36명의 장로들이 하는 일이라고는 단지 예배 시간에 성

---

6 Walker, *As Close As the Telephone*, 56. 또한 다음을 참조하라. Walker, *A Ringing Call to Mission*, 8장, "The Atomic Power of the Laity."
7 다음에서 재인용함. Alan Walker, 8장: "The Task of the Laity," in *The Whole Gospel for the Whole World* (New York-Nashville: Abingdon, 1957), 85–94.

경을 읽거나 대표 기도하는 것뿐이었다. 또한 이 교회는 '평신도 주일'을 매년 한 차례만 지키는데, 이는 나머지 51주 동안 평신도들이 구경꾼 역할만 한다는 것을 의미하였다.

이를 알아챈 라슨은 교회를 평신도 중심으로 활성화하는 방법을 모색해야겠다고 결심하였다. 실제로 그가 평신도 중심으로 교회를 재편하자 매년 400명의 새 신자가 들어올 정도로 교회가 달라졌다. 새 신자들 중 2/3는 이전에 한 번도 교회에 나온 적이 없는 새 결신자들이었다. 라슨은 어떻게 이런 놀라운 일을 할 수 있었을까? 그는 다음과 같이 말했다. "교인들은 아무리 훌륭한 설교를 들어도 설교를 들은 대로 행하지는 않습니다. 그들은 자신이 소명을 받은 대로 행할 것입니다. 따라서 당신은 그들이 누구이며 어떤 부름을 받았는지 그들에게 말해줘야 합니다. 만일 당신이 그들의 목회자가 되도록 부름 받은 것이 확실하다면 그들은 당신의 말을 신뢰할 것입니다."

대학 교회 평신도들을 사역의 자리로 이동시킨 것은 라슨이 초기에 행한 두 가지 개혁 때문에 가능했다. 당시에 전도는 단지 전도위원회에 소속된 사람들만 하는 것으로 인식되고 있었다. 라슨의 말을 들어보자. "그것은 만일 전도위원회에 10명이 소속되어 있다면 그 10명 외에는 아무도 전도를 하지 않는다는 것을 뜻합니다. 그러나 전도는 모든 그리스도인의 의무입니다! 따라서 우리는 전도위원회를 해체하였습니다. 평소에 우리 교회를 성경적이고 복음적인 교회로 생각하고 있던 교인들에게는 큰 충격이었지요! 나는 교인들에게 이렇게 말했습니다. '여러분은 사역자들입니다. 여러분이 살고 있고, 일하고 있는 곳에서 사람들에게 좋은 소식이 있다고 말하십시오!' 우리는 전도 외에 다른 프로그램을 시행하지 않았습니다." 전도위원회를 해체하자 대학 장로교회의 평신도들이 그동안 교회에서 오랫동안 들어왔던 설교 내용을 실천하기 시작하였다.

라슨이 행한 또 다른 개혁은 평신도들에게 실제적인 타문화권 선교를 경험시킨 것이다. "전 교인이 사역과 선교에 참여해야 한다는 점을 … 강조하면서 '우리 교회 교인이라면 적어도 4년 내지 5년마다 적어도 2주 정도의 선교 여행을 다녀오는 것을 교인의 의무 사항으로 생각했으면 좋겠습니다.'라고 말했습니다." 사람들은 라슨의 제안을 받아들였다. 중등부로부터 고등부, 대학부, 독신자부, 젊은 기혼자부, 장년부에 이르는 모든 부서마다 선교 팀을 파송하기 시작하였다. 지난해에 다녀온 사람들과 다음 해에 다녀올 계획을 가지고 있는 사람들이 올해에 다녀올 사람들을 지원하였다. "이런 참여 방식을 통해서 교회는 선교 중심적으로 변화되었으며 전 교인이 선교에 관심을 가지고 참여하게 되었습니다."

1989년에 대학 장로교회는 400명 이상의 사람들을 해외 선교 현장에 파송하였다. 그중에서 65명은 교회가 후원하는 전문인 선교사로, 30명은 1년 이상 현지에 머물면서 영어를 제2외국어로 가르치는 강사로 파송되었으며, 그 밖의 사람들은 2주에서 3달 동안 몇몇 제3세계 교회들을 도우면서 선교를 경험하기 위해 파송되었다. 라슨은 이들에 대해 이렇게 말했다. "그들은 그곳 신자들이 목회자도 없이 신앙생활하고 있는 것을 목격한 뒤 놀랄 정도로 변화되어 돌아왔습니다!"

> 선교는 누군가를 변화시키는 수단이기도 하지만 또한 나를 변화시키는 수단이기도 합니다. 그래서 우리 교인들 가운데 어떤 사람들은 선교 여행을 다녀온 뒤 회개하고, 애인과의 동거 생활을

청산하고, 새로운 사람으로 변화되기 시작하였습니다. 제3세계에서 2주 동안 생활한 덕분이지요. … 종합해서 말하자면, 우리는 누군가를 향한 실제적인 선교와 사역에 참여할 때까지 결코 우리의 현재 모습과 우리가 가진 능력에 대해서 제대로 알기 어렵습니다. 그러므로 선교는 이 세계를 돕기 위한 것만이 아닙니다. 선교를 통해서 당신의 현재 모습을 발견할 수도 있습니다. 그리고 그 후에 그리스도 안에서 뭔가 선한 일을 할 수 있을 것입니다.

한 가지 더 말하자면, 이렇게 변화된 사람들이 사도적 사명을 자각하고 시애틀이라는 선교 현장을 바라보게 되었고, 또한 그 지역에 복음을 전하는 과정에서 자신이 해야 할 역할이 무엇인지 알게 되었다!

사도적 정체성을 가진 하나님의 사람들은 교회의 주된 사역이 아직 그리스도를 믿지 않고 따르지 않는 사람들에게 복음을 전해 회심하게 하고 그들을 그리스도의 제자로 훈련시키는 것임을 잘 알고 있다. 그들은 목회가 이미 그리스도인이 된 사람들을 위해 '채플린'(chaplain)의 역할을 하는 것이라는, 기독교계에 널리 퍼져 있는 생각을 거부한다. 세속화된 사람들에게 복음을 전하는 그리스도인의 정체성과 역할은 사도적 전통에 뿌리를 두고 있다. 바로 이것이 세속화된 사람들에게 기독교 신앙을 전하는 그리스도인의 첫 번째 특징이다.

세속화된 사람들에게 복음을 전하는 그리스도인의 특징을 살펴보는 것은 매우 중요하다. 왜냐하면 현대의 사도적 복음 전도자들에 관해서 다소 창의적일 수는 있지만 나름 정확하고도 구체적으로 묘사할 수 있다면, 그리고 그들의 모습을 닮으려고 노력한다면 우리도 그들처럼 될 수 있기 때문이다. 평신도와 목회자의 사도적 정체성이 기초가 되기는 했지만, 나는 그 밖에도 관련 문헌과 현장 관찰을 통해 최종적으로 기독교에 가장 필요한 복음 전도자의 13가지 특징을 확인할 수 있었다.

5. 세속화된 사람들에게 복음을 전하는 그리스도인의 프로필

1) 세속화된 사회에 대한 이해

세속화된 사회를 향해 선교하는 그리스도인은 서구의 세속화에 대해서—최소한 전체적인 그림에 대해서—잘 알고 있다. 그는 무엇보다도 기독교 운동이 더는 '홈구장의 이점'을 가질 수 없다는 사실을 알고 있으며, 또 그것이 무엇을 의미하는지, 그리고 어떻게 교회의 전략이 달라져야 하는지에 관해서 설명할 수 있다. 릭 워렌은 "어떻게 하면 불신자들이 우리가 전하는 복음에 귀를 기울이도록 만들 수 있는가?"가 우리에게 주어진 새로운 질문이라고 지적한다.

> 과거에는 이것이 전혀 문제가 되지 않았습니다. 교회는 시내에서 가장 큰 건물이었고, 목회자는 시내에서 가장 중요한 사람이었으며, 교회의 행사는 곧바로 지역 사회 전체의 주요 행사가 되었습니다. 그러나 이런 이야기가 오늘의 현실에는 맞지 않습니다. 교회 건물은 고층 빌딩들에 의해 가려지고, 목사는 신분의 잣대로 볼 때 낮게 평가되고 있습니다—그들은 TV에서 사기꾼이나 겁쟁이로 등장하기도 합니다. 그리고 교회가 행사를 해도 지역 사회에서는 별로 중요하게 생각하지 않습니다.

2) 정직성

세속화된 사람들에게 복음을 전하는 그리스도인은 자기 자신에 대해서, 교회에 대해서, 세속화된 구도자들에 대해서 정직하다. 그는 자신 역시 세속화된 세계 속에 살고 있기 때문에 세속화의 붓으로 그린 그림과 같이 세속화의 전제와 가치로부터 영향을 받고 있음을 인정한다. 이런 정직성은 '내가 당신보다 더 경건하다'라는 독선적인 자세로부터 자신을 해방시켜 주고, 세속화된 사람들이 고민하는 문제에 공감할 수 있게 해 주며, 세속화된 사람들이 좋아하는 자유로운 방식으로 그들의 신앙을 파악하는 데 현실적인 기초를 제공한다. 예수를 믿지 않는 한 부인이 케네스 채핀에게 "예수 그리스도께서 '지금' 당신을 위해 무슨 일을 하고 계시는지 말씀해 주실 수 있나요?"라고 물었을 때 그는 이렇게 대답하였다.

예수 그리스도께서 지금 저를 위해 하시는 일은 여러 가지입니다. 첫째, 그분은 제가 저의 불완전성을 받아들이도록 도와주십니다. 저는 실수가 많은 사람입니다. 하지만 그분은 제가 실수를 고백할 때마다 언제나 죄를 용서해 주십니다. 둘째, 그분은 제가 가진 은사를 깨닫게 하시고 그것을 사용함으로써 성취감을 느끼도록 도와주십니다. 셋째, 그분은 제가 전에는 사랑하지 않았던 사람들을 사랑하도록 도와주십니다. 넷째, 그분은 모든 삶의 환경에서 저를 사랑하고 돌봐 주는 교회 안의 좋은 친구들을 허락해 주셨습니다. 다섯째, 그분은 제가 자아의 수준을 넘어 삶의 의미를 생각할 수 있게 하셨습니다. 마지막으로, 그분은 제가 죽음을 면할 수 없는 존재이며, 또 언젠가는 죽게 될 것이라는 사실을 수용하게 하셨습니다. 그분은 자신의 부활을 통해서 저에게 영원한 삶의 소망을 허락해 주셨습니다.[8]

3) 하나님에 대한 깊은 신뢰

현대의 사도적 복음 전도자들은 하나님을 깊이 신뢰하는 신앙의 사람들이다. 그들은 자신이 가지고 있는 심원한 신학 지식과는 상관없이 마치 어린아이와 같이 순전한 마음으로 하나님을 신뢰한다. 다시 말해서 그들은 자신이 하나님의 손에 붙들려 있으며 그분의 뜻이 그분이 작정한 시간에 자신을 통해 성취될 것을 믿는다. 하나님과 맺은 이런 관계는 사무엘 슈메이커가 어느 날 저녁 그의 첫 손자와 함께 여유 있는 산책을 한 뒤에 지은 시(詩)에 잘 반영되어 있다.

> 나의 작은 꼬마여, 그분이 내 손을 잡고 계시니
> 더 없이 안전함을 느낄 수 있단다.
> 우리가 길을 따라 걸으면서 이야기를 나눌 때
> 나는 그분과 함께 있고, 그분은 나와 함께 있단다.
> 비록 그분이 어디에서 인도하고 계시는지 볼 수 없다 해도
> 나는 믿음으로 내 아버지의 손을 잡고 있단다.
> 아니, 그분이 내 손을 꼭 잡고 계시는 것이겠지.
> 나는 내 자녀가 나를 신뢰하듯이 그분을 신뢰한단다.

---

8 Chafin, *The Reluctant Witness*, 42.

다른 사람에게 믿음을 권하기 위해서는 먼저 자신이 그 믿음대로 살아야 한다. 그러므로 전도자가 하나님을 신뢰하며 사는 모습이야말로 불신자들에게 신뢰감을 갖게 만드는 매우 중요한 요소가 된다.

4) 불신자들이 믿을 수 있는 표적

하지만 사실 신뢰는 '개인적인 차원의 성실한 신앙'보다 훨씬 더 많은 의미를 함축하고 있다. 시대를 불문하고 교회는 언제나 다음과 같은 니체의 도전에 직면해야 했다. "나는 그리스도인들이 구원받은 증거를 내게 보일 때까지 결코 그들의 구원자를 믿지 않을 것이다."[9] 이것과 연관하여 랄프 왈도 에머슨(Ralph Waldo Emerson)은 이렇게 말했다. "어떤 사람이 당신의 의견에 동의하지 않거나 당신의 선한 계획을 돕지 않는다면 그 이유는 바로 당신 안에 있다. 그는 당신을 진리의 전달자로 인정하지 않는다. 당신이 스스로 진리를 가지고 있다고 생각할지라도 그 사람은 그렇게 느끼지 않는다. 왜냐하면 당신이 그에게 믿을 만한 표적을 제공하지 않았기 때문이다."[10] 그렇다면 믿을 만한 표적이란 무엇인가?

세속화된 사회에서 '복음을 전염시키는'(contagious) 그리스도인들은 '신뢰'라는 요소에 대해서 정확히 알고 있다. 다시 말해서 그들은 그 신뢰가 참된 믿음에서, 그리고 공적인 삶과 사적인 삶이 일치하는 바

---

9 다음에서 재인용함. Walker, *A Ringing Call to Mission*, 116.
10 다음에서 재인용함. Lester Thonssen, A. Craig Baird, and Waldo W. Braden, *Speech Criticism*, 2nd ed. (New York: The Ronald Press Company, 1970), 445.

로 그 지점에서 시작된다는 사실을 잘 알고 있는 것이다. 그리스도인으로서 불신자들에게 '믿을 만한 표적'을 보여주기 원한다면 그는 먼저 성경, 성례전, 친교와 같은 은혜의 수단을 통해 자신의 영성을 함양함으로써 기초를 다져야 한다. 그런데 이런 분별력이 없는 그리스도인들은 먼저 자기를 위해 열심히 노력해야 한다는 사실을 모르고, 오히려 신앙을 권할 대상자들을 위해 영적인 준비를 해야 한다고 생각한다. 설령 그들이 성화(聖化)를 추구한다고 할지라도 그것은 복음을 전할 대상자들을 위한 것일 뿐이다. 이것은 분명히 잘못된 생각이다. 이에 대해 도널드 소퍼는 "기독교 신앙은 다른 사람들에게 의미 있는 것이 되기 이전에 먼저 나 자신에게 의미 있는 것이어야 한다."고 말하였다.[11]

앨런 워커 역시 이와 비슷한 말을 하였다. "잃어버린 세계를 향해 복음을 전하기 위해서는 먼저 **우리가** 강력한 성령의 역사를 체험해야 한다." 그는 "모든 교회, 특히 '주류' 개신교의 무기력한 교회들을 해방하기 위해서는 반드시 성령이 필요하기 때문에" 오순절 운동이 모

---

[11] Donald O. Soper, *Popular Fallacies about the Christian Faith*, 120-21. 소퍼는 추가적으로 다음과 같이 말했다. "'만일 복음을 전하지 아니하면 내게 화가 있을 것임이로다.'(고전 9:16)는 말은 광신자의 터무니없는 외침이 아니다. 그것은 전도를 위한 가장 중요한 조건이다. 나는 신앙의 진리와 능력을 전적으로 확신할 때 그 신앙이 요구하는 대로 모든 것을 아낌없이 드릴 것이다. 나의 마음, 나의 욕망, 나의 습관, 나의 삶 자체는 이런 강렬한 목적을 위해 전적으로 활용될 수 있을 것이다. 종교는 '배우는 것이 아니라 사로잡히는 것'(caught not taught)이라는 격언의 진리가 여기에 해당된다. 가령 존 웨슬리가 직접 육성으로 설교할 때 느낄 수 있는 현장의 감동은 책으로 그의 설교를 대할 때 느끼는 감동과는 비교할 수 없을 정도로 크다. 그들은 단순히 웨슬리의 설교를 들었기 때문이 아니라 그의 심장에서 불타고 있는 열정을 느꼈기 때문에 그와 그의 메시지를 신뢰하였던 것이다."

든 교회에 필요한 온전한 복음 중에서 그동안 무시되어 온 부분을 다시 회복했다고 보았다. 성령께서는 우리가 어떤 상황에 들어가기에 앞서 먼저 그곳에서 일하신다. 성령께서는 그곳 사람들의 심령을 일깨워 복음에 반응할 수 있도록 준비시키신다.

우리는 하나님의 인도하심에 민감하게 반응해야 한다. 성령께서는 그리스도인들에게 복음을 증언할 수 있도록 능력을 주시고, 죽어가는 영혼을 불쌍히 여기는 은사를 주시며, 전할 말을 가르쳐 주신다. 성령께서는 우리가 불신자들을 돌보고, 그들의 의견을 경청하고, 그들에게 할 말을 하는 모든 활동을 주관하시고 이끄심으로써 하나님의 살아 있는 말씀을 전하는 대화의 집행자시다. 이와 관련하여 앨런 워커가 한 말을 상기할 필요가 있다. "우리가 그리스도를 모시고 사람들에게 가는 것이 아니다. 그분은 이미 거기에 계신다. 우리는 단지 그분을 증언할 뿐이며," 때때로 아무 수고 없이 그분이 준비해 놓은 수확물을 얻는 특권을 누리기도 한다.[12]

5) 사도적 사역의 역할 모델

세속화된 사람들을 대상으로 사역하는 유능한 복음 전도자들에게는 사도적 사역의 위인 또는 역할 모델들이 있다. 그들 중 많은 이들이 누군가로부터 사도적 사역의 비전을 얻었으며, 그들은 모두 한 사

---

12 Alan Walker, *Standing Up to Preach: The Art of Evangelical Preaching*, 78. 워커가 삼위일체 중 세 번째 위격 곧 성령에 대해서 강조한 내용을 자세히 보기 위해서는 그의 다음 저서를 참조하라. *Breakthrough: Rediscovery of the Holy Spirit* (Atlanta: Lay Renewal Publications, 1969).

람 또는 여러 역할 모델들에게서 세속화된 사람들에게 복음을 전하는 방법을 배웠다. 종종 어떤 복음 전도자들은 이미 알고 있는 동시대의 역할 모델들을 찾아가 직접 조언을 들었다. 반면에 어떤 이들은 그들의 역할 모델들을 알지도 못하고 만난 적도 없지만 그들이 쓴 책을 통해서 많은 것을 배우기도 하였다. 기독교 역사에서 탁월하게 사역했던 역할 모델들은 대체로 이런 두 가지 방식으로 사도적 촛불이 되어 다른 이들에게 불을 나눠 주었다. 나는 현대의 사도적 복음 전도자들 중에서 자신의 능력만으로 그런 위치에 도달한 사람을 본 적이 없으며, 무(無)에서 사도적 사역을 일으킨 사람도 본 적이 없다.

도널드 소퍼는 존 웨슬리, 휴 프라이스 휴즈(Hugh Price Hughes), 어니스트 래튼베리, 윌리엄 템플과 같은 모델에게서 비전을 얻었다. 사무엘 슈메이커의 막역한 친구이기도 한 브라이언 그린은 찰스 시므온(Charles Simeon)이 속해 있었던 성공회의 복음적 전통을 견지하였으며, 찰스 피니의 책들을 열심히 탐독하였다. 로버트 슐러는 슈메이커, 스탠리 존스(E. Stanley Jones), 폴턴 쉰(Fulton J. Sheen), 노만 빈센트 필(Norman Vincent Peale)을 포함한 여러 역할 모델들에게서 배웠다. 호주에서 활동한 앨런 워커는 열정적인 복음 전도자인 자신의 아버지를 보면서 배웠으며, 런던의 킹스웨이 홀(Kingsway Hall)에서 1년 동안 소퍼와 함께 사역하는 동안 그에게서 많은 것을 배웠다. 브루스 라슨은 슈메이커를 멘토로 삼고 지도를 받았으며, 폴 트루니에(Paul Tournier)와 엘튼 트루블러드(Elton Trueblood)의 샘에서 생수를 마시기도 하였다.

케네스 채핀은 주로 트루블러드, 루이스(C. S. Lewis), 존 뉴포트(John Newport)—채핀의 박사 과정을 지도한 종교철학자—에게서 배웠다. 도널드 모건은 사무엘 슈메이커와 해리 에머슨 포스딕(Harry Emerson

Fosdick)으로부터 깊은 영향을 받았으며, 랄프 삭맨(Ralph Sockman), 조지 버트릭(George Buttrick), 폴 쉐러(Paul Scherer)와 함께 유니온 신학교(Union Theological Seminary)에서 설교학을 공부하였다. 짐 하니쉬는 로버트 슐러, 월래스 해밀턴(J. Wallace Hamilton), 개리슨 케일러(Garrison Keillor), 포스딕을 자신이 선택한 역할 모델로 꼽는다. 릭 워렌은 포스딕, 슐러와 신학적으로 다른 입장을 가지고 있는데도 그들에게서 많은 것을 배웠다. 이런 모든 증언은 '아무도 멘토 없이 — 또는 최소한 역할 모델 없이 — 성공할 수 없다'는 리더십과 경영학 교과서의 금언을 다시 한 번 확증해 준다.

6) 회심에 대한 분명한 목표

유능한 사도적 복음 전도자들은 세속화된 사람들에게 복음을 전파하는 것이 자신들의 목표임을 분명하게 알고 있다. 그들은 이 목표를 중심으로 자신의 사역을 관리하며 종종 교인들에게도 사역의 목표에 대해 분명하게 말해 준다. 예를 들어 브라이언 그린은, 세속화된 사람들을 향한 자신의 목표는 기독교적 회심이라고 말하였다. 이것은 지금까지 세상을 바라보던 사람이 그리스도에게로 얼굴을 돌리고 그를 의롭다고 인정하시는 하나님의 은혜를 신뢰하게 되는 변화를 뜻한다. 이 회심을 통해서 "전에는 그리스도인이 아니었지만 이제는 의식적이고 개인적인 체험에 의해 그리스도인이 되는 것이다."[13]

사도적 복음 전도자들은, 사람들의 삶을 개선하고 발전시키는 것도

---

[13] Bryan Green, *The Practice of Evangelism*, 20.

필요한 일이기는 하지만 그런 것 자체가 근본적인 목표는 아니라는 점을 분명히 인식하고 있다. 이런 점에서 브라이언 그린은, 불신자들에 대한 근본적인 목표는 교리 교육, 종교 체험, 교회에 출석하는 습관, 도덕적 개선, 심지어 사회 개혁도 아니고 오직 하나님과의 화해라는 사실을 강조하였다.[14]

사무엘 슈메이커 역시 『믿음의 실험』(*The Experiment of Faith*)에서 비슷한 목표를 밝힌 적이 있다. "그분에 의해 용서받고 인정받는 … 것은 온전하게 되는 것이며, 본래의 모습을 회복하는 것이며, 조화롭게 되는 것이며, 구속(救贖)되는 것이다. 그리스도를 통해서 사람들을 구원받게 만드는 것이 기독교의 첫 번째 관심 사항이다. 의롭게 되는 것은 기독교의 주요 목표가 아니라 부차적으로 따라오는 것이다. 우리에게 일차적으로 필요한 것은 속죄이며, 복음 역시 우리에게 속죄가 필요함을 말하고 있다."[15]

슈메이커는 하나님의 은혜를 깨달은 자라면 하나님의 의지에 복종함으로써 그 증거를 보여 주어야 한다고 말했다. 그는 사람들이 복종이 내포하고 있는 의미를 충분히, 그리고 구체적으로 이해할 필요가 있다고 보았다. 믿음의 관점에서 인간이 갈등하는 문제를 끊임없이 인식해야 된다고 생각하는 그는 '돈, 섹스, 권력'이라는 세 가지 문제를 하나님의 의지에 완전히 맡겨야 한다고 말했다. "하나님을 믿는다고 해서 반드시 수도사와 같이 금욕주의적인 삶을 살아야 하는 것은 아니다. 그러나 만일 우리가 하나님께 복종하려고 한다면 무엇을 어떻게

---

[14] Ibid., 7.
[15] Samuel M. Shoemaker, *The Experiment of Faith*, 12.

복종해야 하는지 구체적으로 생각할 필요가 있다. 우리는 '돈, 섹스, 권력,' 이 세 가지 영역을 모두 하나님의 뜻에 굴복시켜야 한다."[16]

그러나 많은 그리스도인들의 영적인 삶을 보면 자기 뜻을 포기하고 하나님께 온전히 순복하는 것에서 시작하지 않는다. "하지만 나는 처음부터 하나님을 이해하는 만큼 최선을 다해서 하나님께 순복했던 사람들을 알고 있다."[17] 이런 이해를 바탕으로 슈메이커는 실제로 구도자들에게 "기독교 신앙을 실험해" 보라고 자주 격려하였다.

> 물리학이나 화학 분야에서 실험을 하는 것 같이 … 당신은 믿음의 실험을 할 수 있을 것이다. 당신은 화학 실험에서 두 가지 성분을 섞으면 어떤 결과가 발생한다는 것을 들어 본 적이 있다. 이제 당신이 그것을 시도하려는 것이다. 만약 전에는 한 번도 일어나지 않은 일을 경험하기 원한다면 먼저 어떤 가설이 참되다고 전제하고 마치 그것이 참된 것인 양 행동한 뒤에 어떤 일이 일어나는지 살펴봐야 한다.
> 믿음의 실험 역시 이와 마찬가지로 단순하고, 실천하기 쉽고, 법칙적이다. 성경 읽기를 시작하라. 교회에 출석하라. 기도하되 하나님께서 그 자리에 계신다고 생각하며 하라. 만일 의심이 들거든 그분께 솔직히 의심이 든다고 말하라. 정직하라. 아침에 처음 눈을 뜨자마자 하나님을 찾으라. 주기도문과 같이 익숙한 것을 반복해서 외우라. 그분께서 오늘도 당신을 사용해 주실 것을 요청하

---

[16] Ibid., 23.
[17] Ibid., 26.

고, 당신의 문제 곧 얽히고설킨 복잡한 문제뿐만 아니라 다른 나머지 문제들도 해결할 수 있는 지혜를 달라고 간구하라.[18]

그러므로 회심의 목표를 정할 때 판에 박힌 목표를 정하지 말고 좀 더 유연한 생각을 가지고 목표를 정할 필요가 있다. 왜냐하면 브라이언 그린이 사도들과 신약 성경 저자들의 삶을 예로 들어 설명했듯이, 성격이 다르면 얼마든지 다른 방식으로 그리스도인이 될 수 있기 때문이다. 예를 들어 요한은 처음 그리스도를 만났을 때부터 온전히 그분께 헌신하였지만, 베드로는 여러 차례 잘못된 출발과 위기를 겪은 뒤에야 진정한 제자로 변화되었다. 또한 바울은 기독교 운동의 박해자가 된 뒤 갑작스럽고도 극적인 회심을 경험하였으며, 디모데는 어린 시절부터 그리스도인으로서 성장하였다.

'사랑에 빠지는 현상'의 유비는 회심의 다양성을 이해하는 데 도움이 된다. 어떤 커플은 첫눈에 사랑에 빠져서 즉시 결혼을 하고, 어떤 커플은 서로를 알기 위해 여러 차례 만나 보고, 사귀기 시작한 뒤에도 여러 차례 갈등을 겪은 뒤에야 결혼에 성공한다. 또 어떤 커플은 어렸을 때부터 서로 잘 알고 함께 성장하다가 어느 날 갑자기 사랑을 느껴 고백하기도 한다. 이와 마찬가지로 "회심 역시 매우 극적이고 갑작스럽게 이루어질 수 있다." 어떤 경우에는 "오랜 신앙의 방황과 갈등을 겪은 뒤에 회심을 경험하기도 하고," 어떤 경우에는 기독교 가정과 교회에서 성장하였는데도 회심을 경험하지 못하다가 뒤늦게 하나님을

---

[18] Samuel Shoemaker, *Extraordinary Living for Ordinary Men*, 28.

발견하고 그리스도를 주님과 스승으로 고백하기도 한다.[19] 여기에서 중요한 것은 회심이 어떻게 일어났느냐가 아니라 회심이 일어났다고 하는 사실 자체다.

7) 변화 가능성에 대한 믿음

유능한 사도적 복음 전도자들은 누구든지 "은혜에 의하여 믿음으로 말미암아"(엡 2:8) 변화될 수 있다고 믿는다. 그들은 불신자들이 아무리 타락했다고 할지라도 그들을 결코 무가치한 존재로 여기거나 포기하지 않는다. 물론 그렇다고 해서 타락한 사람들이 아무런 문제가 없다는 뜻은 아니다. 또한 그들이 하나님의 화목하게 하시는 은혜에 대해서도 충분히 잘 알고 있다고 가정하지도 않는다. 왜냐하면 그런 거짓 메시지는 많은 사람의 내면에 있는 깊은 두려움—하나님께서 그들이 어떤 사람이 되고 어떻게 삶을 영위하느냐에 대해서 중요하게 여기지 않을 것이라는 두려움—을 강화하기 때문이다.[20]

웨슬리로부터 쇼퍼에 이르기까지 유능한 복음 전도자들은 사람들의 변화 가능성에 대한 깊은 믿음을 가지고 대중에게—심지어 무질서한 군중에게도—설교하였으며, 이교도, 비방하는 사람, 심지어 적대적인 태도를 취하는 사람들일지라도 변화될 수 있다고 믿었다. 슈메이커는 경건한 사람들의 상상을 넘어서는 가장 타락한 도시 주민들을 위해

---

[19] Samuel Shoemaker, *The Practice of Evangelism*, 25.
[20] 이 주제에 관한 좀 더 자세한 논의는 다음 자료들을 참조하라. William Muehl, *All the Damned Angels* (Toronto: United Church Press, 1972) and *Why Preach? Why Listen?* (Philadelphia: Fortress, 1986).

사역하였으며, '알코올 중독자 갱생회'와 그와 유사한 여러 사역에 헌신하였는데, 그가 이런 일에 헌신할 수 있었던 것은 하나님의 은혜가 그 어떤 삶의 환경에도 임할 수 있다고 믿었기 때문이다. 이런 슈메이커에 대해 브루스 라슨은 다음과 같이 평가하였다. "그는 신약 성경의 기본 전략을 다시 부활시킨 사람이다. 그는 신약 성경을 읽으면서 평범한 사람들이 변화되는 모습에 늘 감명 받았다. 그는 하나님께서 평범한 사람들과 평범한 상황 속에서 세상을 변화시키기 위해 사용하신 수단과 무기들을 보았다."[21]

슐러는 사람들의 변화 가능성을 믿는 우리의 믿음이 그들의 삶에서 자기 성취의 예언처럼 작용한다고 생각하였다. 뮤지컬 '라만차의 사나이'(The Man of La Mancha)—스페인의 작가 세르반테스의 소설 『돈키호테』를 원작으로 제작된 미국 뮤지컬 작품(역주)—를 보면 매춘부 알돈자가 귀부인 둘시네아인 것처럼 행동하는데, 그녀가 그럴 수 있었던 것은 돈키호테가 그녀를 둘시네아로 여겼고 또 그렇게 대접했기 때문이다.[22]

사도적 복음 전도자들은 대부분 하나님께서 은혜의 능력을 주신다는 사실을 분명하게 믿는데, 그들이 그런 믿음을 가지는 데에는 나름대로 개인적인 이유들이 있다. 한 예로 앨런 워커는 죄수의 신분으로 호주에 이주한 그의 선조 이야기를 들려주었다. 1810년, 앨런 워커의 선조들 중 한 사람인 존 워커(John Walker)는 26세의 청년이었는데, 기독교 복음을 듣고 회심한 뒤 알코올에 중독된 삶에서 벗어났다. 그 뒤

---

[21] 다음 책의 서문을 보라. Samuel Shoemaker, *Extraordinary Living for Ordinary Men*.
[22] Robert H. Schuller, *Self-esteem: The New Reformation*, 159-160.

그는 삶을 변화시키는 능력인 기독교 신앙에 관해 설교하기 시작하였다. 앨런 워커의 고백을 들어 보자. "나는 존 워커의 회심 이후 그 집안에서 열세 번째로 목사가 된 사람이다. 나의 두 아들 역시 복음을 전하는 목사들이다. 두 죄수에게서 비합법적으로 태어난 한 아들의 회심으로 인해 15명의 목사가 배출된 것이다. 이쯤 되면 당신은 내가 왜 회심을 중요하게 여기는지 충분히 짐작할 수 있을 것이다."[23]

사람들의 변화 가능성에 대한 이런 철저한 믿음은 그야말로 선교 활동의 초석이다. 복음 전도자들이 일정한 사회 집단에 속한 사람들의 변화 가능성을 믿는 믿음으로 사역한다면, 선교사들은 문화적 경계를 넘어 모든 사람의 변화 가능성을 믿는 믿음으로 사역하는 사람들이다. 그레고리 교황은 앵글 족-게르만 민족의 한 부족으로 5세기에 영국으로 이주하여 오늘날 영국인들의 선조 중 하나가 되었다(역주)-으로 불리는 사람들도 '천사'와 같은 존재가 될 수 있다고 믿었는데, 적어도 그때 이후 사람들의 변화 가능성에 대한 비전은 선교 정신을 더욱 고취하였다.

8) 세속화된 사람들과 그들의 문화에 대한 이해

유능한 사도적 복음 전도자들은 전도 대상자들과 그들의 문화에 대해 연구하고, 분석하고, 조사한다. 내가 앨런 워커에게 "그리스도인들이 비신자들에게 복음을 전할 때 저지르기 쉬운 잘못은 무엇입니까?"라고 물었을 때, 그는 "당신이 전도 대상으로 삼고 있는 사회와 사람

---

[23] Alan Walker, *Standing Up to Preach*, 35-36.

들에 대해서 분석하지 않는 것"이라고 대답하였다. 이것이 중요한 이유는 자명하다. 우리는 기본적으로 우리가 전도 대상으로 삼고 있는 주민들의 문화와 가치와 생활 양식, 그들에게 절실한 필요, 그들의 삶을 이끌어가는 동기, 기독교와의 접촉점, 기독교에 대한 그들의 이미지, 기독교에 대해 불편하게 여기는 점, 기독교 신앙에 대한 의심과 장애물, 그들이 사용하는 언어, 그들에게 자연스러운 반응 패턴, 그들이 복음에 관심을 가질 만한 장소와 시간 등을 알아야 한다. 하지만 우리는 그들과 다른 삶의 세계에 살고 있기 때문에 일부러 노력하지 않는 한 쉽게 그 정보를 알기 어렵다.

그런데 내가 이 책에서 소개하는 모든 사도적 복음 전도자들은 그 정보를 알기 위해서 비싼 대가를 치른 사람들이다. 대럴 화이트맨(Darrell Whiteman)에 따르면 그들은, 사람들에게 텍스트(text)의 의미를 정확하게 전달하기 위해서는 "텍스트뿐만 아니라 텍스트의 상황(context)까지도 해석해야" 한다는 점을 잘 알고 있었다. 실제로 도널드 소퍼, 브라이언 그린, 앨런 워커, 사무엘 슈메이커는 그들이 선교 대상으로 삼은 사람들뿐만 아니라 그들이 살고 있는 도시에 대해서도 충분히 이해하고 그들에게 다가갔다. 도널드 모건은 뉴잉글랜드의 역사와 문화에 관해서 권위 있는 지식을 소유하고 있었다. 릭 워렌과 로버트 슐러는 남부 캘리포니아의 문화와 추세에 대해서 매우 잘 알고 있었다.

현대의 사도적 복음 전도자들이 상황(context)을 해석하기 위해 사용한 방법은 전도자마다 다르고, 그들이 이용한 채널도 다양하다. 로버트 슐러와 릭 워렌은 정기적으로 지역 주민들을 가가호호 방문하여 그들의 의견을 들었다. 사무엘 슈메이커는 구도자들과 하루에 두 번씩 면담하는 사역을 통해서 불신자들에 관한 정보를 얻었다. 도널드 소퍼는 매주 두 번 불신자들이 제기하는 질문과 의심과 도전에 대답하는 옥외 집회를 통해서 그들에 대한 이해의 폭을 넓혀 나갔다. 그린, 소퍼, 워커, 이 세 사람은 모두 지역 사회의 현 상황에 대해서 잘 알고 있는 지역 내 지도자들과 긴밀한 관계망을 형성하고 그 관계망을 통해서 지역 사회를 파악하였다.

짐 하니쉬는 사람들이 많이 관람하는 영화를 분석하였으며, 모임에 참석할 때마다 주의 깊게 사람들을 관찰하고 그들과 대화함으로써 세상을 이해하고자 하였다. 도널드 모건과 브루스 라슨은 심리학 분야의 학위를 가지고 있었으며, 『오늘의 심리학』(Psychology Today)과 같은 정기 간행물을 통해서 새로운 지식을 얻었다. 로버트 슐러는 뉴스를 경청하고, 기독교와 상관없는 일반 잡지와 신문을 구독하고, 다양한 동호회에 가입하여 활동하였다. 릭 워렌은 미국의 현대사와 현대 문화에 관한 서적들을 탐독할 뿐만 아니라 『미국의 인구 통계』(American Demographics)를 정기 구독하기도 한다. 이처럼 과거에 사역했던 전도자든지 현재에 사역하는 전도자든지 간에, 이들은 모두 사역을 하면서 지역 주민과 지역 사회를 이해하기 위해 의도적으로 시간과 노력을 투자하는 적극적인 목회자들이다. 앨런 워커는 "만일 당신이 유능한 목회자가 되려고 한다면 더는 내려갈 수 없는 저 밑바닥에 목회적 삶의 한 차원이 있다는 사실을 깨달아야 합니다."라고 언급하였다.

9) 전도 대상자들과 하나 됨

유능한 사도적 복음 전도자들은 그들이 복음을 전하려고 하는 사람들에게 다가가 그들과 하나가 되려고 노력한다. 홍콩의 아그네스 리우

(Agnes Liu)처럼 그들은 불신자들의 생활 방식, 고민, 가치, 태도, 신념, 세계관, 영웅에 관해서 이해하려고 최선을 다한다. 그들은 성육신적 모델(the incarnational model)을 사용하여 자신이 전도 대상으로 삼고 있는 주민들이 어떤 삶을 살고 있고 어떻게 느끼며 살아가는지 이해하려고 한다.

그들은 사람들이 불만을 분명하게 표현하도록 도와주며, 지역 사회에서 그 불만의 원인을 해소하기 위해 함께 투쟁하기도 한다. 소피가 실직한 부두 노동자들을 공개적으로 지지한 일이라든지, 슈메이커가 중독자들을 옹호한 일이라든지, 슐러가 낮은 자존감을 가진 사람들의 입장을 대변한 일 등이 좋은 사례가 될 것이다. 전도자들이 이런 모습을 보일 때 사람들은 전도자들을 자신들의 대변인 곧 '우리 편'이라고 생각하게 된다.

현대의 사도적 복음 전도자들은 일, 사회 운동, 지역 사회 활동과 관련하여 항상 근로자들의 편에 서서 그들을 위해 일한다. 그 전도자들은 세속화된 비신자들을 좋아하고 그들과 스스럼없이 어울려 지낸다. 그러다가 그들이 기독교 신앙에 흥미를 느끼고 있다는 사실, 그리고 그들이 변화될 가능성이 있다는 사실을 발견하게 되면 그들에게 복음을 전한다. 사도적 복음 전도자들은 심지어 친분 관계, 놀이, 오락에 대해서도 불신자들과 동질감을 느끼고 싶어 한다.

세상의 죄인들을 단지 '귀를 가진 영혼'(souls with ears)으로만 생각하는 기독교 신자들은 이 같은 관계적 동질화(relational identification)가 사람들에게 얼마나 큰 의미를 부여하는지 짐작조차 하지 못할 것이다. 어떤 목사가 일주일에 두 번 시간을 내서 동네 십대 청소년들과 함께 농구를 하였다. 시간은 주로 오후였는데, 어느 날 교인 두 사람이 교회 밖에 설치되어 있는 농구 경기장을 지나가다가 목사와 아이들이 농구하는 모습을 목격하게 되었다. 목사가 점프 슛을 했는데 골이 들어가지 않는 광경을 물끄러미 바라보던 한 부인이 갑자기 아쉬운 듯한 표정으로 친구에게 이렇게 말했다. "우리 아이가 자랄 때 저런 목사님이 있었더라면 얼마나 좋았을까요."

10) 불신자들의 필요를 채워 주는 사역

불신자들은 단지 전하는 복음을 듣기만 하는 '귀를 가진 영혼' 이상의 존재라는 사실을 잘 알고 있는 사도적 회중들은 단지 복음 증거에만 관심을 갖지 않고 인간의 다양한 필요를 충족시켜 주는 사역에도 관심을 가진다. 아니, 어쩌면 복음 증거보다 필요를 충족시켜 주는 사역에 더 많은 관심을 기울일지도 모른다. 도널드 소퍼는 1960년대 말 서부 런던 감리교 선교회(West London Methodist Mission)의 대표직을 수행하면서 알뜰 매장을 비롯하여 알코올 중독자들을 위한 시설, 미혼모들을 위한 시설, 청소년들을 위한 시설, 퇴직자들을 위한 시설 등 13개 봉사 기관을 운영하였다.

앨런 워커는 젊은 시절에 서부 런던 감리교 선교회에서 사역하는 동안 많은 것을 배웠다. 충분한 경험을 쌓은 뒤 그는 고국인 호주로 돌아가 '시드니 중앙 감리교 선교회'(Sydney's Central Methodist Mission)를 맡아 직원만 500명이 넘는 큰 사회 봉사 단체로 발전시켰다. 워커는 어린이들을 위한 시설, 퇴직자들을 위한 시설, 요양원, 병원, 임시 숙소 등과 같은 사역과 기관이 가급적이면 교단이나 중간 행정 기구보다 지역 교회에 연결되어야 한다는 사실을 깨달았다. 시드니 중앙 감리교 선교회가 펼친 사역들은 수많은 사람을 신앙으로 인도하는 열매를 맺었는데, 그것은 "복음의 행위가 하나님의 말씀을 신뢰하도록 만들었기 때문에 가능할 수 있었다." 워커는 "말로만 기독교에 대해 증거하는 것으로는 오늘날과 같이 세속화된 세상에서 아무런 선교적 열매를 기대할 수 없다."고 생각하였다.

또 다른 사례로 수정 교회의 사역들을 들 수 있는데, 이 교회에서는 9가지 유형의 중독자들을 치료하는 다양한 12단계 지원 그룹을 비롯하여 자살 미수자, 직업을 바꾸려는 자, 암투병자, 슬픔을 당한 자, 우울증 환자, 미혼모, 홀아비, 생계 곤란자, 분노 조절 장애자, 노인 부모를 모시는 자, 발작증 환자, 동성애 자녀를 둔 부모, 입양한 자녀를 둔 부모, 부모가 이혼한 십대, 근친상간 희생자 등을 위한 지원 그룹들이 활동하고 있다.

물론 이런 교회들은 다양한 사회 봉사 사역을 하면서 복음을 전한다. 이 교회들의 봉사 사역은 교회에 대한 신뢰성을 높여 주고, 사람들의 태도에 선한 영향을 끼치며, 하나님의 선하심과 연민을 나타내는 징표가 된다. 이처럼 세상에서 어려움을 겪고 있는 사람들을 불쌍히 여기고 돕는 교회는 불신자들로 하여금 기독교 신앙을 받아들이게 만드는 좋은 분위기를 창출한다.

11) 기독교 진리에 대한 분명한 확신

세속화된 사람들에게 복음을 전하는 유능한 전도자들은 복음에 대한 분명한 입장 곧 **강력하고도 핵심적인 신념**(driving, core convictions)을 가지고 있으며, 수십 년 세월이 지나도 그들은 오직 자신이 확신하고 있는 이 신념만을 불신자들에게 전한다. 이들 복음 전도자들은 성경과 기독교 전통에서 말하는 모든 진리를 증거하려고 하지 않는다. 오히려 그들은 자신이 가지고 있는 '숭고한 강박 관념'(magnificent obsession) 곧 사람들이 믿어야 할 진리와 그들이 체험해야 할 실체에 대해서 증거하려고 한다.

예를 들어 로버트 슐러는 무슨 일이든 번번이 실패하고 좌절하는 사람들도 하나님께서 그들에게 허락하신 가능성을 회복하고 하나님의 능력 안에서 자신을 신뢰하면 얼마든지 성공적인 삶을 살 수 있다고 믿었다. 반면에 도널드 소퍼는, 오늘날과 같은 기독교 세계 이후 시대(post-christendom age)에는 기독교 신앙이 사회적 적합성을 가지고 있어야 한다고 확신하였다. 실제로 소퍼의 메시지는 일관되게 '하나님 나라' 교리를 기초로 삼고 있었지만, 그 하나님 나라가 드러나는 형태에 관해 말할 때에는 매우 구체적인 표현을 사용하였다. 한 예로 그는 민주적 사회주의와 평화주의가 하나님 나라의 발전 과정에서 부분적으로나마 하나님 나라를 드러내는 구체적인 표현이 될 수 있다고 주장하였다. 그의 이런 생각은 1937년에 행한 강연에서도 잘 나타난다.

> 교회는 불신자들에게 하나님을 믿으라고 요구하기 전에 ⋯ 먼저 기독교적인 사회 생활이 구체적으로 어떤 것인지 분명하게 밝혀야 하며, 그것 외에 다른 형식을 지지해서는 안 됩니다. ⋯
>
> 오늘날 그리스도인들은 자신이 충성하는 기독교의 진리를 따라 전쟁과 가난과 불의를 제거하고, 국가와 제국과 인종적 순수성에 관한 거짓되고 부식된 교리들을 던져 버리고, 사랑과 봉사가 이기심을 대신하는 사회 공동체를 세우기 위해 대대적인 노력을 기울

이고 있습니다. 사람들이 이런 사실을 알았으면 좋겠습니다.

그리고 교회의 이런 노력이 널리 알려지는 것이 중요하다면 교회가 자신이 선포하는 새로운 세계 곧 '미래에 대한 청사진'이 될 수 있을 만한 어떤 선언문을 발표하는 것도 좋다고 생각합니다.[24]

나는 내가 인터뷰한 모든 복음 전도자들에게 "세속화된 비신자들을 위해 당신이 전한 기독교적 메시지 또는 기독교에 대해서 강조한 것을 요약해" 달라고 요청하였다. 그들은 모두 즉각적이고도 분명한 반응을 보여 주었다. 케네스 채핀은 다음과 같이 자신의 믿음을 압축적으로 설명해 주었다.

> 본질적으로 모든 존재―세계 전체와 그 안에 있는 모든 것―의 배후에는 전능하시고, 인격적이시고, 만물을 작정한 대로 주관하시는 우주의 창조자가 있습니다. 그분은 창조의 배후에 계십니다. 그분이 예수 그리스도 안에서 자신을 우리에게 드러내셨습니다. 그 예수 그리스도는 하나님께서 우리 모든 사람들이 전적으로 충만한 생명을 누리기를 원하신다는 사실과, 그 생명은 오직 하나님과 화목한 관계 안에 있다는 사실을 우리에게 계시해 주셨습니다. … 당신이 원하는 모든 것을 행하고, 원하는 모든 것을 축적하는 일은 오직 그 생명에 의해서만 가능합니다. 예수를 믿지 않고서는 하나님께서 당신에게 주시기를 원하는 그 생명의 의미를 알 수 없습니다.

---

[24] Donald Soper, "Challenge to the Church," *The Daily Herald* (Jan. 11, 1937).

릭 워렌은 세속화된 사람들이 알아야 할 세 가지 기본적인 진리를 상세하게 말해 주었다. (1) 하나님은 인격적인 분으로서 당신과 당신의 삶을 돌보시며, 당신과 교제함으로 서로에 대해서 알기를 원하신다. (2) 하나님은 천지 만물을 주관하고 계신다. 따라서 당신이 통제할 수 없는 것이 있다고 해서 그분 역시 그것을 통제할 수 없는 것은 아니다. (3) 당신은 당신에게 일어나는 일들을 스스로 통제할 수 없지만 성령의 인도와 능력을 힘입으면 얼마든지 그것들을 통제할 수 있다.

짐 하니쉬는 세속화된 구도자들에게 전도할 때 다섯 가지 확신을 강조하였다. (1) 하나님은 선하시다. (2) 하나님은 당신을 이해하고 계신다. (3) 하나님은 이미 그리스도 안에서 승리하셨다. (4) 하나님은 이 세상에 관여하신다. (5) 교회는 그리스도의 몸이자 신앙 공동체로서 이 세상에서 선교를 감당해야 할 사명을 지니고 있다.

빌 하이벨스는 자신의 핵심 메시지를 두 가지 확신으로 구성하였다. (1) "당신이 얼마나 타락했는지 상관없이, 그리고 하나님의 법을 얼마나 많이 어겼는지도 상관없이 당신은 하나님께 소중한 존재다." (2) "그리스도인의 삶은 단지 죽음을 준비하는 길이 아니라 생명으로 나아가는 길이며, 비록 길을 가는 동안 많은 어려움과 도전을 만날지라도 그 길은 인간의 진정한 만족과 성취를 향한 가장 곧고 참된 길이다."

브루스 라슨은 자신이 강조하는 복음의 핵심이 정통 신앙(orthodoxy)과 대조된다고 설명하였다.

> 예수께서는 교회를 시작하실 때 열두 명을 모아 놓고 이렇게 말씀하셨습니다. "나를 따르라." 이 말은 진리란 개념적인 것이 아니라 인격적인 것임을 의미합니다. 그리스도 안에 계신 하나님께

서 당신에게 "네 인생의 주관자를 바꾸겠느냐?"고 물으십니다. 그러므로 회심이란 어떤 고상한 기독론을 받아들이는 것이 아닙니다. 회심은 자기 중심적인 태도를 포기하고 그리스도를 삶의 주관자로 모시는 것이며, 당신의 삶이 예수께서 이 세상에서 행하시는 사역의 일부가 되게 하는 것입니다.

이런 의미에서 볼 때 교회는, 고상한 기독론을 믿지만 아직 회심하지 못한 사람들로 가득 차 있습니다. 그러므로 스스로 '그리스도인'이라고 자처하는 사람들 중에서, 심지어 자기를 '복음주의자'라고 말하는 사람들 중에서 많은 이들이 실제로는 그리스도와 무관한 삶을 살고 있습니다.

라슨은 이런 관점이 개인 전도에 어떻게 표현되는지를 보여 주었다. 그의 말을 들어 보자. "어떤 사람이 기독교에 관해서 무언가 알고 싶어 할 때 절대로 그에게 당신의 신학 사상이나 윤리관 또는 당신의 교회가 고수하는 교리를 전하려 하지 말고 그저 단순히 다음과 같은 방식으로 말하라. '그리스도를 만나고 싶으십니까? 그분은 지금 여기에 계시고 당신을 사랑하십니다. 그분이 당신을 위해 죽으셨습니다. 그분은 당신 안에 거하기를 원하고 있습니다. 지금까지 당신이 자신의 삶을 운영하느라고 너무 지쳐서 이제 그 운영권을 그분에게 넘겨드리고 싶으면 그분에게 그렇게 말씀하십시오. 제가 당신의 증인이 되어 드리겠습니다'."[25]

소퍼, 슐러, 그린, 워커, 라슨 등 오랜 전도 경력을 가지고 있는 사

---

[25] Bruce Larson, *Ask Me to Dance*, 32.

람들은 유능한 복음 전도자들의 특징에 대해 다음과 같이 설명한다. 먼저 전도자들은 결코 자신의 생각을 쉽게 바꾸지 않는다는 것이다. 물론 그렇다고 해서 그들이 항상 앵무새처럼 같은 메시지를 계속 반복하는 것은 아니다. 그들은 자신의 일관된 확신을 전달하기 위해 끊임없이 수사학적 표현 방식을 개발한다. 다시 말해서 그들은 하나의 생각을 다양한 방식으로 표현할 수 있는 능력을 개발한다.

생각 또는 사상은 결코 한곳에 가만히 머물러 있지 않는다. 그것은 성찰을 통해 점차 성숙해지는 의식 안에서 전개된다. 그 생각을 드러낼 때 말하는 이가 일관된 메시지를 유지하는 것은 결코 다른 관점을 존중하지 않는다는 것을 뜻하지 않는다. 그런데 유능한 복음 전도자들은 자신의 생각을 쉽게 바꾸지 않는다. 왜냐하면 체스터턴(G. K. Chesterton)이 말한 바와 같이, 쉽게 진리에 대한 생각을 바꾸는 교회는 결코 위대한 운동을 일으킬 수 없으며, 또한 자기 주장을 빈번하게 바꾸는 사회적 이상주의자와 같이 될 수는 있지만 결코 아무것도 변화시킬 수 없기 때문이다.[26]

위대한 복음 전도자들은 많은 사람에게 일정한 사상 형성의 욕구가 있다는 사실을 염두에 두고 일관된 메시지를 개발한다. 여기에서 기독교의 기본적인 특성에 관해서 간단히 말하자면 다음과 같다. (1) 그리스도와 하나님의 뜻에 순종하고 헌신한다는 점에서 의지적이다. (2) 중생에서부터 성화에 이르기까지 변화와 성장을 강조한다는 점에서 경험적이다. (3) 하나님, 타인, 세계, 자아와의 새로운 관계를 중시한다는 점에서 관계적이다.

---

[26] G. K. Chesterton, *Orthodoxy* (Image Books, 1959), 107ff.

사람들 중에는 "하나님께 붙들리기 전에" **먼저** "하나님의 청사진" 또는 "기독교 신앙의 실체를 알 수 있는 전체적인 그림"을 보고 싶어 하는 이들이 많이 있다.²⁷ 그들은 기독교 신앙을—또는 다른 종교, 철학, 주장을—받아들이기 전에 먼저 자신의 삶을 이해하고, 자기 인생과 역사의 목적을 파악하고, 포괄적이고 만족스러운 세계관을 가질 필요가 있다. 아니, 적어도 그런 사상적 구조가 신앙 이면에 깔려 있다는 사실을 알 필요가 있다.

최근까지 공산주의는 역사의 목적에 관한 분명하고도 일관된 비전이 많은 사람의 마음을 사로잡고 그들을 동원할 수 있게 만든다는 사실을 보여준 세계적 차원의 증거였다. 그러나 또한 공산주의의 갑작스런 붕괴는, 내부 지지자들이 계속해서 비전과 모순된 현실을 경험하는 경우에 그 어떤 운동도 영원히 지속될 수 없음을 입증하기도 하였다. 따라서 기독교 철학은 기독교 신앙의 영원한 진리성을 합리적으로 설명하고 일정한 세계관을 구성함으로써 복음의 증언을 지원하는 역할을 해야 한다. 유능한 사도적 복음 전도자들은 모두 하나님을 진심으로 사랑하며 사람들이 이해할 수 있는 믿음에 대해서 말한다.

12) 구도자들과의 변증적 대화

유능한 복음 전도자들은 확고한 기독교 철학과 일관된 성경적 메시지를 가지고 있다. 그렇지만 그들은 자신의 메시지를 단순히 선포해 버리고 듣는 이들로 하여금 "그것을 선택하든지 아니면 버리든지" 알

---

27 Bruce Larson, *Ask Me to Dance*, 35-36. 3장 전체는 이 도전에 관해서 집중하고 있다.

아서 하도록 내버려 두지 않는다. 그들은 사도적 전도자인 동시에 '변증가'(apologists)이기도 하다. 따라서 그들은 구도자들과 합리적인 대화를 나눈다. 그들은, 계몽주의 이후 시대의 사람들 중 아직 '믿음의 실험' 단계에 이르지 않은 사람들이 기독교 진리에 대해 의심이 많고, 그리스도인들에게서 그들의 질문과 도전에 대한 솔직한 답변을 듣고 싶어 한다는 사실을 잘 알고 있다.

또한 그들은 세속화된 서구 문화가 다른 모든 문화처럼 자신의 고유한 '정신'(mind)을 가지고 있다는 사실도 잘 알고 있다. 그 문화에 젖어 있는 사람들은 기독교 전도자에게 도전할 때 당연히 그 문화가 수록된 '테이프'를 작동할 것이다. 따라서 복음 전도자는 그 문화의 정신에 관심을 가져야 한다. 예를 들어 어떤 사람이 도널드 소퍼에게 "교회에는 위선자들이 너무 많습니다."라고 비난했을 때, 소퍼는 그가 실제 현장 조사를 통해서 얻은 결론을 말하고 있는 것이 아니라 소문처럼 떠도는 문화적 편견을 그대로 복제한 테이프를 작동하고 있는 것임을 간파하였다.

따라서 유능한 복음 전도자는 문화의 정신을 진지하게 취급한다. 그들은 그 문화의 가치, 태도, 신념, 전제를 이해할 뿐만 아니라 그 문화의 이미지, 약점, 그것이 기독교에 대해 가지고 있는 고정 관념을 이해하려고 노력한다. 그리고 그들이 제기한 문제에 대해 납득할 수 있는 대답을 개발하고, 그 문화의 대중적 정신(the folk mind)과 합리적으로 대화함으로써 기독교에 대한 문화적 도전에 응답한다.

도널드 소퍼가 개최한 옥외 집회에서 절반 정도의 시간은 이렇게 '복제된' 또는 상투적인 도전에 반응하는 데 사용되곤 하였다. 그의 답변은 매우 변증적인 특성을 지니고 있어서 듣는 이들이 기독교가 타당하고 이해할 만한 종교임을 깨닫는 데 큰 도움이 되었다. 다음은 질문자와 소퍼 사이에 이루어진 전형적인 대화 내용이다.

질문자: 우리는 신의 존재를 자명한 것으로 기정할 필요를 느끼지 않습니다. 모든 것은 궁극적으로 유물론적인 관점에서 설명될 수 있지 않습니까?

소퍼: 그것은 어디까지나 당신의 신념일 뿐입니다. 그런데 사실 어떤 존재하는 실체보다도 그런 것을 생각하는 정신이 있다는 것 자체가 더 놀랍지 않습니까? … 당신은 모든 것이 물질에서(out of matter) 나온다고 말하지만, 나는 우리가 알고 있는 모든 것이 물질을 통해서(through matter) 온다고 생각합니다. … 당신은 바이올린을 연주하는 것이 그저 말총과 양의 창자가 서로 마찰을 일으키는 현상에 불과하다고 주장할 수 있을 것입니다. 그러나 음악은 단지 말총과 양의 창자에 불과한 것이 아닙니다. 그것들은 우리가 즐거움을 얻기 위해 사용하는 수단일 뿐입니다. 이 물질계는 우리가 이용하는 수단이며, 완성된 음악과 행복을 만들어내는 도구에 불과합니다.

질문자: 성경을 제외하면 예수가 이 세상에서 살았다는 증거가 없지 않습니까?

소퍼: 만약 성경이 모든 확실한 증거가 수집되어 한 권으로 묶어진 책이라면—교회가 한 일이 바로 이것이었습니다!—당신이 그 책 이외에 다른 어떤 곳에서도 예수가 이 세상에 살았다는 증거를 찾지 못하는 것은 지극히 당연한 결과가 아니겠습니까?

질문자: 당신은 자신이 그리스도인이며 인류 평화를 위해서 노력하고 있다고 말합니다. 그렇다면 기독교의 역사가 2천여 년이나 지속되었는데도 인류 역사상 최악의 전쟁인 2차 세계대전이 일어난 사실에 대해서는 어떻게 설명하시겠습니까?

소퍼: 정말 기독교가 2천여 년 동안 지속되었다고 말할 수 있을까요? "기독교는 이 세상에서 아직 제대로 시도된 적이 없고 시도하기를 원하는 사람들도 없었습니다. 사람들은 기독교를 제대로 믿는 일이 정말 어렵다고 생각하고 아직 시도조차 하지 않고 있습니다." 이 말은 체스터턴이 한 말인데, 나는 그의 말에 전적으로 동의합니다.

질문자: 우리가 기독교를 비판하는 이유는 그 기독교에 대해서 잘 알고 있기 때문입니다.

소퍼: 물론 비판할 수 있지요. 하지만 당신이 정말 기독교에 대해서 잘 알고 있다고 말할 수 있을까요? 교회는 분명히 제도 이상의 그 무엇입니다. 그것은 생명력이 있는 친교 공동체입니다. 따라서 당신이 교회 밖에 있는 한 그 친교에 대해서 결코 비판할 수 없습니다.[28]

이런 대화는 세속화된 사람들을 대상으로 한 사역에서 매우 중요하다. 왜냐하면 세속화된 사람들은 대부분 그들이 좋아하는 방식으로 진행되는 대화를 통해서 기독교와 교회에 대한 그들의 부정적인 생각이 옳은지 그른지 판단할 수 있을 것이라고—상대방의 그럴듯한 답변이

---

[28] Donald Soper, *Tower Hill 12:30* (London: Epworth, 1963), 5장.

또 다른 문제를 불러올 수도 있지만―생각하기 때문이다. 전도자들이 답변할 내용을 미리 연구하는 것이 중요한 이유가 바로 여기에 있다. 그런 답변들은 대화를 활기차게 만들고, 사람들에게 올바른 정보를 제공하고, 불신자들의 태도를 변화시키고, 기독교에 관한 좋은 인식을 심어 주고, 수용 과정을 조성하는 데 도움을 준다.

사무엘 슈메이커는 특별히 세속화된 문화적 조건으로부터 제기된 질문들과, 사람들이 '믿음의 실험'을 하지 못하게 만드는 의심에 주목하였다. 그는 전도를 위해 사람들과 면담하면서 사용했던 몇 가지 답변을 자신의 한 저서에 담아 놓았다.[29]

> 자신이 전혀 '종교적인 사람'이 아니라고 저항하는 사람들에게 슈메이커는 다음과 같이 말해 준다. "때때로 우리는 뛰어난 청음력 또는 인상적인 인격처럼 신앙이란 일부 사람들에게만 주어지고 다른 사람들에게는 주어지지 않는 것이라고 생각합니다. [그러나] 신앙은 마치 사랑에 빠지는 것과 비슷하며, 모든 사람이 그것을 누릴 수 있습니다. 신앙은 나 혼자 마음대로 가질 수 있는 것이 아니라 다른 누군가가 나를 자극하고 일깨움으로써 얻을 수 있습니다. … 나는, 우리 주 예수 그리스도를 믿지 않은 채 그분 곁에 오랫동안 머물 수 있는 사람은 아무도 없다고 생각합니다. 믿음은 분명히 나의 것이지만, 그것은 그분이 내게 역사하신 결과입니다. 믿음은 그분에 대한 나의 응답입니다."(68쪽)

---

[29] Samuel M. Shoemaker, *How to Become a Christian*.

신학에 대해서 또는 심지어 자기 자신에 대해서 충분히 이해하지 못하고 있다고 생각하는 사람들에게 슈메이커는 다음과 같이 권하였다. "당신이 믿을 수 **없는** 것에서 시작하지 말고 믿을 수 **있는** 것에서 시작하십시오. … 그리스도인의 참된 경험은 우리가 그리스도를 믿고 이해하는 만큼 최선을 다해서 그리스도께 복종할 때 비로소 시작됩니다."(69-72쪽)

어떤 사람이 "곤경에 처해서야 하나님께 나아간다면 그것을 과연 정당하다고 말할 수 있을까요?"라고 문제를 제기하자 슈메이커는 다음과 같이 준비된 답변을 하였다. "만약 당신에게 어딘가 멀리 떠나 버린 한 아들이 있다고 가정해 봅시다. 그런데 어느 날 그 아들에게서 도와 달라는 전화가 걸려 왔습니다. 그러면 당신은 어떻게 하겠습니까? … 아마도 그 아들이 집으로 돌아올 수 있도록 무언가를 보낼 것입니다. 그리고 그에게 다시 한 번 새로운 삶을 살 수 있는 기회를 줄 것입니다. 그런데 하나님이 적어도 당신만큼 선한 분일 거라고 생각하지 않습니까?"(25-26쪽)

"교육이 이 세상을 구원할 것"이며, 교육이야말로 사람들에게 정말로 필요한 것이라는 주장에 대해서 슈메이커는 조지 버트릭(George Buttrick)과 마찬가지로 이렇게 말한다. "교육의 참된 목적은 전체 삶의 목적과 다를 수 없으며, 그런 의미에서 교육이 직면해야 하는 중요한 문제는 바로 … 하나님입니다. … 인간에게는 사실만 필요한 것이 아닙니다. 오히려 인간에게는 사실에 대한 해석이 필요합니다. 신앙이 그런 역할을 하는 거지요. 왜냐하면 그 어떤 가치도 사실만을 반영하지 않으며, 사실들 역시 자체적으로는 그 어떤 의미 있는 패턴으로도 움직이지 않기 때문입니다. 지금까지 우리가 경험해 온 교육은 **결코** 세상을 구하지 못할 것입니다."(19-20쪽)

과학이 이 세상을 구원할 것이라고 주장하는 사람들에게 슈메이커는 이렇게 묻는다. "과학은 사물에 대해서 완전하게 설명하고 있습니까? 인간의 상상력과 목적은 어떻게 되는 것입니까? 관념과 가치는 또 어떻게 되는 것입니까? 이 모든 것 배후에 존재하는 제1 원인(First Cause)에 관해서는 어떻게 말할 수 있습니까? 과학은 단지 과정만을 설명할 수 있을 뿐이며, 기원과 운명 또는 다른 것과 구별되는 어떤 사실의 가치에 대해서는 아무것도 말할 수 없다는 점이 점점 더 분명해지고 있습니다. 이 세상에 살아가는 사람들을 보세요. 사랑에 빠지기도 하고, 좋은 시를 쓰기도 하고, 어린아이를 구하려고 호수에 뛰어들기도 하고, 흑인에 대한 백인의 죄를 속죄하려고 슈바이처(Schweitzer)처럼 아프리카의 심장부로 떠나기도 하는데, 그들로 하여금 그렇게 할 수 있게 하는 힘은 어디서 오는 것일까요? 과학은 그런 힘을 창조할 수도 없고 설명할 수도 없습니다."(24쪽)

"교회에는 위선자들이 너무 많습니다."라고 비난하는 사람들에게 슈메이커는 다음과 같이 설명한다. "인간적인 면에서 볼 때 교회는 박물관이 아니라 학교나 병원과 같은 곳입니다. 사람들을 진열해 놓고 과시하는 전시장이 아니라 사람들이 살아가는 법을 배우는 곳이라고도 말할 수 있습니다. 그들은 아직 목적지에 도달하지 못했습니다. 그들은 현재 여행 중에 있습니다. 우리는 모두 옳은 방향으로 가고 있기를 소망할 뿐입니다 그러나 신앙적인 면에서 볼 때 교회는 영적 능력의 원천입니다. 따라서 우리는 재충전이 필요할 때마다 그곳으로 되돌아갑니다."(88-89쪽)

세속화된 사람들에게 복음을 전할 때 변증적인 역할이 필요하기는 하지만 변증의 내용과 방식은 상황에 따라 달라져야 한다. 그러므로 어떤 사람에게 좋은 영향을 미친 논거일지라도 다른 사람에게 맞지 않는다고 판단되면, 전도자는 마치 선수들이 시합을 위해 다른 팀 경기장으로 갈 때 사용하던 공을 남겨 두고 가듯이 과감하게 그 논거를 포기해야 한다.

도널드 소퍼는 한 구도자에게 다음과 같은 사실을 고백하였다. "저는 당신에게 예수 그리스도를 믿으라고 강요할 수 없습니다. 제가 할 수 있는 일이라고는 당신에게 그분에 대해서 진지하게 생각해 볼 수 있는 합리적인 근거를 제공하는 것뿐입니다. 다음 단계는 당신에게 달려 있습니다. 저는 그분이 주님이시며, 그분만이 행하실 수 있고, 또 앞으로도 계속 그럴 것이라는 사실을 증명할 수 없습니다. 언젠가 당신이 역사 속에 현존하시는 예수를 진정으로 알게 되면 그분이 자신이 가르쳤던 모든 것을 설명하시고, 자신이 선포하신 모든 것을 증거하신다는 사실을 깨닫게 될 것입니다."[30]

---

30 Donald Soper, *Tower Hill 12:30*, 70.

13) 포기하지 않는 인내심

유능한 사도적 복음 전도자들은 사도적 비전을 추구하고, 사람들의 변화 가능성을 믿고, 그들과 대화하고, 그들에게 다가가 하나가 되고, 그들의 필요를 채워 주고, 기독교의 진리를 분명하게 전하고, 변증적으로 그들과 대화하고, 마침내 회심시키는 일련의 과정 속에서 끝까지 인내하는 남다른 특성을 보인다. 이런 인내심은 대체로 모든 유능한 지도자들에게서 공통적으로 발견할 수 있는 특성이다. 그들은 어드미럴 릭오버(Admiral Rickover)가 명명한 소위 '용기 있는 인내'(courageous patience)를 실천하기로 결단하고 모든 어려움을 참아냄으로써 자신의 목표를 성취하고 다른 사람들에게 선한 영향을 끼친다.

로버트 슐러는 중도에 포기하지 않는 이런 불굴의 비전을 가지고 캘리포니아에서 가장 비신자들이 많은 지역에서 자신의 전 생애를 바쳐 헌신하였다. 사무엘 슈메이커 역시 이런 비전이 있었기에 여러 해 동안 사무실, 가정, 술집, 어두운 골목길을 헤집고 다녔으며, 도널드 소퍼 또한 이 비전을 가지고 60년 동안 가두 연단에 헌신하였다.

세상 사람들이나 일반 그리스도인들은 사도적 복음 전도자들로 하여금 이렇게 끝까지 비전을 붙들고 사명에 집중하게 만드는 이 경외스러운 인내심을 전혀 이해할 수 없을 것이다. 그런데 이 인내의 은사는 우리 중 그 어느 누구라도 구할 수 있다. 이 인내심은 윌리엄 부스(William Booth)의 영적 슬로건에도 잘 나타나 있다.

여성들이 울고 있는 한,
지금도 그들이 울고 있기 때문에 나는 싸울 것이다.

어린아이들이 굶주리고 있는 한,
지금도 그들이 굶주리고 있기 때문에 나는 싸울 것이다.
사람들이 감옥에 들락날락하고 있는 한,
지금도 그들이 그렇게 하고 있기 때문에 나는 싸울 것이다.
가난한 소녀가 거리에서 길을 잃고 서 있는 한,
하나님의 빛을 받지 못한 어두운 영혼이 하나라도 있는 한,
나는 싸울 것이다. 최후의 순간까지.

5장

어떤 교회가 세속화된 사람들에게 복음을 전하는가?

　기독교 세계 선교의 '현황도'(map)가 달라졌다. 이런 변화가 이미 수십 년 전에 일어났는데도 이전 세대의 그리스도인들은 이를 부인하였다. 따라서 우리 세대야말로 이런 변화를 진지하게 받아들이게 만든 '패러다임 시프트'(the paradigm shift)를 경험한 첫 번째 세대라고 말할 수 있다.

　과거에는 유럽과 북미의 여러 나라가 기독교 국가였고 국민의 대부분이 그리스도인이었다. 반면에 그 당시 제3세계 국가들은 선교지였고 그곳의 국민들은 대부분 다른 종교를 믿는 사람들이었다. 그러나 이제는 상황이 역전되었다. 제3세계의 많은 국가에서 복음화가 빠르게 진행되는 동안 서구는 계속 세속화되었다. 그 결과 적극적으로 신앙을 고백하는 그리스도인의 비율을 놓고 볼 때 지금은 우간다의 비율이 미국보다 높고, 남한의 비율이 캐나다보다 높으며, 피지의 비율이 유럽의 어느 나라보다 높다. 오늘날 미국은 서반구에서 가장 큰 선교 현장이 되었으며, 대부분의 유럽 국가들은 거의 세속적 황무지가 되고 말았다.

과거에 선교사를 파송했던 전통적인 서구 국가들이 이제 선교 현장으로 바뀌었기 때문에 우리에게 가장 중요한 당면 과제는 적극적인 선교적 회중(missionary congregations)을 더 많이 육성하는 것이다. 이런 선교적 회중들은 신실한 믿음의 사람들이 자꾸 줄어드는 현상을 바라보면서 그저 남은 교인들을 양육하고 지도하는 것에 만족하지 않는다. 그들의 일차적인 사명은 아직까지 그리스도를 믿지 않고 있는 사람들에게 복음을 전해 믿게 하고, 아직 그리스도의 제자가 되지 못한 사람들(undiscipled people)에게는 기독교에서 말하는 진정한 신앙과 삶과 사명을 추구하며 살도록 만드는 것이다.

오늘날 서구에는 사람들이 예상하는 것보다 더 많은 선교적 회중이 필요하지만 실제적인 계획은 그것에 미치지 못하고 있다. 예를 들어 미국에는 전통적 회중들이 복음을 전하지 않는 세속화된 비신자들(14세 이상)이 최소한 1억 2천만 명가량 있는데, 앞으로 10년 내에 이들 중 절반에게 복음을 전해 그리스도를 믿게 하려면 어떻게 해야 하는가? 다수의 사도적 회중들이 한 달에 평균 5명 또는 일 년에 60명씩 새로운 결신자를 얻는다고 가정해 보자. 그렇다면 10년 동안 6천만 명을 전도하기 위해서는 10만 개의 교회가 필요하다는 계산이 나온다. 그런 교회들은 어디에서 생겨나는가? 현재 미국에 있는 36만 개의 교회 중에서 5만 개의 교회가 이런 비전을 가지고 '전통으로부터 선교로'(from tradition to mission) 나아가고 있다고 추산해 본다면, 나머지 5만 교회는 세속화된 사람들에게 복음을 전하기 위해 의도적으로 개척된 새로운 교회들로 채워져야 할 것이다.

다행스럽게도 우리는 이 주제에 관한 연구를 처음부터 시작하지 않아도 된다. 빌 하이벨스가 담임 목사로 있는 시카고 지역의 윌로우크릭 커뮤니티 교회, 릭 워렌이 담임 목사로 있는 남부 캘리포니아의 새들백 밸리 커뮤니티 교회와 같은 몇몇 선구적인 교회들과 이 책에서 특별하게 다루고 있는 여러 교회가 몇 가지 혁신적인 방안을 보여주고 있기 때문이다. 그렇다면 대부분의 교회가 빈손으로 돌아오는 추수 현장에서 이런 선구적인 교회들과, 36만 개의 교회 중 소수의 교회들이 알곡을 모으는 비결은 무엇인가? 우리는 과연 세속화된 사람들에게 복음을 전하는 교회들의 특징을 말할 수 있는가?

대답은 '그렇다'는 것이다. 그런데 여기서 말해 두어야 할 중요한 사실 하나는 이런 교회들이 과거와는 전혀 다른 새로운 교회의 모델이 아니라는 점이다. 그들은 지난 25년 동안 관련된 문헌 속에서 유용한 아이디어와 모델들―대부분의 교회들이 '시대는 변해도 교회는 영원히 변하지 않는다.'는 편견을 가지고 무시했던―을 찾아내 자기 교회의 상황에 맞게 수정하는 노력을 해 왔다.

브루스 라슨은 많은 창의적인 아이디어를 개발함으로써 혁신적인 회중들의 관심을 불러일으켰다. 라슨과 랄프 오스본(Ralph Osborne)은 1970년에 『새롭게 출현하는 교회』(*The Emerging Church*)라는 책을 출간하였다.[1] 1970년대에는 그들이 기대했던 '새롭게 출현하는 교회'가 그렇게 많이 나타나지 않았지만 1980년대에는 꽤 많이 나타났다. 사실 전통적인 교회들이 구태의연하고 사회적 현실성이 없는 집단으로 인식되기 시작한 것은 이미 1960년대부터였다. 라슨과 오스본은 종래의

---

[1] Bruce Larson and Ralph Osborne, *The Emerging Church* (Waco: Word Books, 1970).

전통적인 교회를 단순히 '갱신'하는 것만으로는 부족하다고 생각하였다. "갱신(renewal)이 아니라 혁신(new thing)이 필요하다. 혁신을 위해서 교회는 자신의 본래 모습, 본연의 생활 양식과 목적을 분명하게 알아야 한다."[2]

본질적으로, 교회에 주어진 첫 번째 과제는 늘 다람쥐 쳇바퀴 돌 듯—또는 마치 삐걱거리는 수레바퀴와도 같이—돌아가는 전형적인 교회의 삶에 우선적인 관심을 기울이는 행태를 극복하는 것이다.

전통적인 교회에서 성가대는 늘 테너가 부족하다. 어떤 성가대원은 최근에 있었던 칸타타에 교인들이 많이 오지 않았다고 화를 낸다. 여전도회 공천위원회는 공석이 된 직책에 걸맞은 인물을 아직 찾지 못한 것 같다. 교회학교는 매년 교사가 부족해 어려움을 겪고 있고, 대부분의 교실 비품은 이류 공립학교에도 못 미치는 수준이다. 재정은 항상 부족한 형편이다. 그리고 어떤 신자는 늘 "목사님은 최근에 우리 집을 방문한 적이 없습니다."라고 불평한다.

문제는 끊임없이 발생한다. 전통 교회에서 목사의 일은 이런 문제들을 해결하는 것이다. 목사는 마치 '안수 받은 기능공'과 같아서 교회의 제반 문제들을 처리하느라 종교적 도구들이 든 작은 가방을 들고서 이리 저리 뛰어다닌다. 모든 기계가 부드럽게 맞물려 돌아가는 것을 확인하고서 잠시 숨을 돌리는가 싶은 순간에도 다음 재해 지역의 긴급 구조 요청이 들어온다. 이와 같이 당신의 사역 목적이 기껏해야 문제를 효과적으로 조절하는 것에 불과하다

---

2 Ibid., 11.

면 당신은 결코 사도행전에 묘사된 사역을 구현하고 있다고 말할 수 없다!³

만약 교회가 아래의 세 가지 주제에 주목한다면 개 교회에서 그날 그날 일어나는 지엽적인 문제들에 급급하지 않고 그것들을 초월할 수 있는 새로운 관점을 발견하게 될 것이다.

1. 관계 신학

첫째, 브루스 라슨은 불신자들과 좋은 관계를 형성하려는 목표 의식―일정한 관계 신학(a Relational Theology)에 기초한 의식―이 무기력한 교회들을 침체로부터 해방할 수 있다고 생각하였다. 왜냐하면 "의식적이든 무의식적이든 간에 좋은 관계는 거시적인 차원에서 우리의 삶이 나아가야 할 방향과, 우리가 참된 자유를 얻고 성공적인 인생을 살 수 있을지의 여부를 결정하는 목표가 되기 때문이다."⁴ 라슨과 오스본은 그들의 저서 『새롭게 출현하는 교회』에서 네 가지 주제를 소개하고 있는데,⁵ 6년 뒤에 라슨은 오스본과 함께 쓴 다른 두 권의 공저 『이방인은 없다』(*No Longer Strangers*)와⁶ 『관계 혁명』(*The Relational Revolu-*

---

3 Ibid., 16-17.
4 Ibid., 27.
5 Ibid., 2장.
6 Bruce Larson and Ralph Osborne, *No Longer Strangers* (Waco: Word Books, 1976).

tion)⁷을 통해 이 주제들을 더 발전시켰다. 라슨은 하나님과의 관계, 자기 자신과의 관계, 삶에서 '중요한 타인들'(significant others)과의 관계, 세계와의 관계에 주목하였다. 왜냐하면 이런 관계들의 특성을 보면 "사람들이 과연 참되게 살고 있는지, 아니면 의미 없이 그저 그런 삶을 살고 있는지 판단할 수 있기 때문이다."⁸ 비신자들에게 복음을 전하는 대부분의 교회는 이런 관계들에 초점을 맞춘다.

관계 형성의 첫 번째 목표는 하나님과의 관계다. 예수 그리스도께서는 그를 믿는 사람들로 하여금 하나님과 새로운 관계를 맺게 함으로써 죄로 인한 관계 단절을 극복할 수 있게 하신다. 이 새로운 관계의 특성은 하나님의 사랑과 은혜와 용서, 그리고 하나님의 현존(現存)에 대한 우리의 신뢰와 복종과 기쁨이다. 사무엘 슈메이커와 마찬가지로 라슨은 우리가 할 수 있는 모든 것을 하나님께 맡기고 하나님의 무조건인 사랑에 응답할 때 비로소 하나님과의 새로운 구원 관계가 시작된다고 보았다. 그럴 때 하나님께서는 우리를 변화되고, 진실하고, 타인에게 친근한 사람으로 만들기 위해 우리 안에서 역사하기 시작하신다.

기독교는 근본적으로 하나님에 관한 어떤 확신이나 하나님께서 제정하신 규율을 지키는 것이 아니라 하나님과 새로운 관계를 맺고 그 관계 안에서 살아가는 것을 뜻한다. "예수 그리스도께서 '나는 너를 무조건적으로 사랑한다. 그런데 너는 나에게 삶을 바칠 수 있느냐?'고 물으실 때 우리는 결코 옳고 그름의 방식으로 대답해서는 안 된다. 왜냐하면 그런 대답이 적절하지 않기 때문인데, 그것은 마치 '나는 당

---

7   Bruce Larson and Ralph Osborne, *The Relational Revolution* (Waco: Word Books, 1976).
8   Bruce Larson and Ralph Osborne, *No Longer Strangers*, 63.

신을 사랑합니다. 나와 결혼해 주시겠습니까?'라는 질문에 '맞습니다' 또는 '틀렸습니다'라고 대답하는 것이 적절하지 않은 것과 같다. 우리는 오직 '예' 또는 '아니오'라고 대답해야 한다."[9]

관계 형성의 두 번째 목표는 자신의 내적 자아와 새로운 관계를 맺는 것이다. 이 관계의 특성은 정직, 수용, 인정이다. 대부분의 사람들이 자신의 낮은 자존감 때문에 괴로워하고 있다. 따라서 사람들은 누구나 자신을 긍정할 필요가 있다. 하나님께서 우리를 엄청난 가치를 가진 존재로 인정하신다는 하나님의 계시를 깨달을 때 우리는 열등감에서 벗어나 자신을 긍정할 수 있게 된다. "이 소식이 예수 그리스도 안에서 최종적으로 내게 전달되었을 때, 하나님께서 나를 이토록 사랑하신다면 그것은 분명히 사랑할만한 무언가가 내게 있기 때문일 것이라는 단순한 생각이 들었다."[10] 이런 발견은 우리를 해방하여 다시는 자기 집착에 빠지지 않게 하고, 자신을 정직하게 보게 하고, 자신을 긍정하게 하고, 참된 자아를 찾게 하고, 자신의 방어기제로부터 해방되게 하고, 다른 사람의 승인에 의존하지 않게 한다.

이런 자기 긍정은 타인과 세계에 대해서도 여러 가지 방식으로 관계를 맺게 한다. "예수께서는 우리에게 자기애가 필요하다는 점을 이해하고 계셨다. 그분은 우리에게 네 이웃을 네 몸과 **같이** 사랑하라고 명령하셨다. 인간은 자신을 사랑할 수 있을 때까지 이웃을 사랑할 수 없다. 그러므로 우리가 선하든지 악하든지 상관없이 한결같이 우리를

---

[9] Ibid., 70. 강조는 첨가된 것임.
[10] Bruce Larson and Ralph Osborne, *The Emerging Church*, 33.

사랑하시는 하나님의 그 사랑을 받아들이는 것이 중요하다."[11] 그러나 일반적으로는 자기를 사랑하는 일이 그렇게 쉽지 않다. 그것은 우리 안에 하나님의 능력이 역사해야만 가능하다.

관계 형성의 세 번째 목표는 우리의 삶에서 '중요한 타인들'과 새로운 관계를 맺는 것이다. 이 관계의 특성은 솔직함, 연약함, 긍정이다. 라슨은 우리에게 이런 말을 하였다. "이 세상에는 우리 외에 수많은 개인들이 존재하고 있으며, 우리는 그들 중 일부의 사람들을 결코 무시할 수 없다. 우리는 그들과 결혼하고, 그들을 낳고, 그들과 함께 일하고, 그들과 함께 사회생활을 하기 때문이다. 우리는 살아가면서 '중요한 타인들'과 나쁜 관계를 맺을지언정 그들과 관계를 끊고 살 수는 없다."[12]

결혼 생활과 자녀 양육으로부터 사업과 정치에 이르는 모든 영역에서 사람들이 일반적으로 관계 맺는 양식은 조작하고, 통제하고, 교정하는 전략을 포함하고 있다. 그러나 조작하는 생활 양식의 결과는 고독과 소외다. 반면에 그리스도 안에 나타난 하나님의 계시는 우리가 함께 살아가고 함께 일하는 사람들과 관계를 맺을 때 특별한 기독교적 생활 양식을 요구한다. 우리는 (1) 타인의 가장 좋은 모습을 보고 그것을 표현함으로써 그들을 긍정해야 한다. (2) 자신에 대해서는 변명하고 보호하면서 남에 대해서는 비판적으로 대하는 태도를 버리고 자신의 감정이나 실패 또는 도움이 필요한 현실에 대해 솔직한 태도를 취함으로써 타인 앞에서 자신의 연약함을 드러낼 수 있어야 한다. 라슨의 말을 들어 보자.

---

[11] Bruce Larson and Ralph Osborne, *No Longer Strangers*, 83. 강조는 첨가된 것임.
[12] Bruce Larson and Ralph Osborne, *The Emerging Church*, 34.

교회는 … 사람들이 자신의 삶에서 '중요한 타인들'과 서로 사랑하며 깊고 의미 있는 관계를 형성함으로써 자신에 대한 하나님의 응답을 발견하기 시작하는 곳이 되어야 한다. 그러나 안타깝게도 교회 안에는 자신이 다른 사람들로부터 고립되어 있는데도 그런 모습이 다소 '비기독교적인' 것처럼 보이는 까닭에 그런 사실을 부정하는 사람들이 있다. 또는 자신의 실상을 감추고 더 나은 체 하는 사람들도 있고, 다른 사람들과 정직과 투명성에 기초한 의미 있는 관계를 형성하지 못하는 사람들도 있다.

두 명의 그리스도인이 함께 살거나 함께 일하는 경우에, 둘 중 한 사람만 그러든지 두 사람 모두 그러든지 간에 자신의 실상을 감추고 더 나은 체 하는 사람보다 더 외로운 사람은 없을 것이다. 내가 본 놀라운 기적들 중에서 몇 가지는 그리스도인들이 가식적인 역할 놀이를 중단하고 하나님께서 그리스도 안에서 주신 능력을 힘입을 때 일어났다. 이 능력으로 말미암아 그들은 서로 사랑할 수 있게 되었고, 자신에게 위협적이고 해가 되는 문제들을 더는 두려워하지 않고 담대히 드러내 놓을 수 있게 되었다.[13]

관계 형성의 네 번째 목표는 세계와 새로운 관계를 맺는 것이다. 이 관계의 특성은 동일시, 참여, 봉사다.[14] 신자들 중에는 단지 그리스도께서 주시는 혜택만을 즐기고, 이 세계의 문제들 곧 굶주림, 가난, 미신, 억압, 귀신들림, 실패한 사람들 등에 대해서는 무관심하거나, 관

---

[13] Bruce Larson and Ralph Osborne, *No Longer Strangers*, 94.
[14] Ibid., 7장.

심을 가진다고 해도 그 현실에 참여하지 않고 그저 후원금만 기부하는 방식으로 돕는 사람들이 많다. 그러나 이 세계를 위해 죽으신 그리스도께서는 하나님의 백성들에게 이 세계의 문제들을 해결하기 위해 고군분투하는 사역에 동참할 것을 요구하신다.

라슨은 모든 그리스도인이 두 가지 회심을 경험해야 한다고 주장하였다. 첫 번째는 이 세계로부터, 다시 말해서 이 세계의 잘못된 가치, 비도덕성, 우상 숭배로부터 벗어나는(out of the world) 회심이며, 두 번째는 하나님께서 주신 사도적 사명을 감당하기 위해서 이 세상으로 돌아가는(back into the world) 회심이다. 사도적 사명을 깨달은 제자들은 예수께서 행하신 것처럼 사람들과 지역 사회에 깊은 관심을 가진다. "이는 땅과 거기 충만한 것이 주의 것임이라."(고전 10:26) 그러므로 주님께서는 제자들을 불러, 이 세상에 거하시면서 세상을 사랑하고, 회복하고, 구속하고, 변화시키는 하나님의 역사에 참여하게 하시고, 그들의 이런 수고를 통해 다른 사람들을 하나님과 화목하게 하시고, 하나님의 뜻이 이 땅 위에 이루어지게 하신다. 더 나아가 구속적인 관점에서 우리가 이 세상에 참여해야 하는 이유는 우리 자신을 위해서이기도 하다. 왜냐하면 예수께서는 도움을 필요로 하는 이웃을 통해 우리를 만나 주시고 우리를 온전케 하시기 때문이다.[15]

---

[15] 덧붙여서, 우리가 불신자들에게 복음을 전할 때 실제로는 우리 자신이 복음에 관해 더 많은 것을 배우게 된다는 사실을 말하고 싶다. 빈센트 도노반(Vincent Donovan)은 그의 유명한 저서 『기독교의 재발견』(*Christianity Rediscovered*) (Chicago: Orbis, 1978)에서 동아프리카의 마사이 족(Masai)을 대상으로 16년 동안 행한 사도적 사역에 관해 이야기하고 있는데, 그는 그 사역을 통해서 두 가지를 성취하였다고 보고하였다. (1) 토착적인 마사이 가톨릭 교회(Masai Catholic Church)를 개척한 것과, (2) 자신이 생각했던 것보다 더 깊고 넓은 기독교의 적절성(relevance)을 '재발견' 한 것. 이것은 정형화되지 않

따라서 관계적 교회(the relational church)의 가장 중요한 목적은 모든 사람들이 복음과 하나님의 능력을 통해 하나님, 자아, 중요한 타인들, 세계와 새로운 관계를 맺을 수 있도록 기회를 제공하는 데 있다. 결론적으로 브루스 라슨은 이런 선교 활동을 위한 신학적 지원이 '관계 신학'에 기초하여 이루어져야 한다고 생각하였다. 라슨은 정통 신앙의 무미건조한 형식과 무기력한 성격을 대하면서 다음과 같이 자신의 생각을 밝혔다.

> 성경은 일차적으로 관계를 다루고 있고 교리에 대해서는 단지 간접적으로만 다루고 있다. … 나는 성경을 읽을수록 진짜 '정통 신앙'은 교리적 입장보다 관계의 특성과 더 많은 관련성이 있다고 확신하게 되었다. 삶의 실제 문제들은 분명히 관계적이며, 교리와는 단지 간접적인 관련성이 있을 뿐이다. … 죄가 무엇인지, 은혜가 무엇인지에 관해서 [교리가] 어느 정도 설명해 주는 것은 틀림없는 사실이다. 그러나 교리 자체는 결코 삶의 내용이 아니다. 그것은 다만 삶을 설명해 줄 뿐이지 삶을 가능하게 만들지는 않는다. … 따라서 우리는 사람들이 아직 하나님과, 그리고 타인들과 인격적인 관계를 맺기도 전에 무조건 '옳은 것'을 믿으라고 강요해서는 안 된다.[16]

은 방식으로 사람들과 함께 복음의 의미를 이해하고자 하는 모든 기독교 증인들이 이구동성으로 하는 고백이다. 구체적으로 말하자면 그들은 다른 사람들이 복음에 영향 받는 것을 보고 자신도 똑같이 은혜 체험에 대해 성찰함으로써 복음이 가져다주는 새로운 풍성함을 발견하게 되는 것이다.

[16] Bruce Larson and Ralph Osborne, *No Longer Strangers*, 18-20, 26.

라슨은, 새로운 삶에 대한 기대감을 심어주고 격려하면서 회원들끼리 서로 사랑하고 돌보는 방법을 가르쳐 주는 알코올 중독자 갱생회(Alcoholics Anonymous)를 관계 신학을 실천하는 한 운동으로 소개하였다. "기독교적 기준에 비추어 볼 때 교리적인 문제가 있을 수도 있지만, 관계적인 측면에서 볼 때 AA(Alcoholics Anonymous의 약자)는 매우 건전한 것으로 보인다. 사실 교회는 이 두 가지 특성을 모두 지니고 있어야 한다! 만약 교회가 교리적 건전성과 관계적 건전성 두 가지 중에서 하나만 선택해야 한다면 그것은 비극적인 일이 아닐 수 없다."[17]

2. 평신도 사역

둘째, 라슨과 오스본은 능력을 갖춘 관계적 교회들이 세상에서 평신도 사역을 더 장려할 것으로 예견하였다. "새롭게 출현하는 교회에는 이류 그리스도인들이 존재하지 않을 것이다. 그리고 우리를 대신해서 모범적인 신앙생활을 보여 줄 '전문적인 그리스도인들'도 존재하지 않을 것이다."[18] 모든 평신도가 도전을 받고, 훈련되고, 자신의 영적 은사를 사용하여 봉사하고 전도하는 사역을 하게 될 것이다. 라슨은 1967년에 자신의 저서에서 이렇게 말했다. "하나님께서는 코페르니쿠스적 혁명에 비견할 수 있는 교회의 대변동을 일으킬 평신도 사역

---

[17] Ibid., 21.
[18] Larson and Osborne, *The Emerging Church*, 70.

을 육성하고 계신다."[19] 오늘날 그 혁명이 세속화된 사람들에게 복음을 전하는 교회들에서 일어나고 있다.

브루스 라슨은, 뛰어난 회중이라면 신약 성경에 나오는 세 가지 단어 곧 케리그마(*kerygma*), 코이노니아(*koinonia*), 디아코니아(*diakonia*)가 그리스도인들의 모든 사역을 이해하는 성경적 열쇠라는 사실을 알 것이라고 말했다.[20] 케리그마는 일차적으로 예수 그리스도의 사역과 죽음과 부활을 통해서 구원하시고 화해하시는 하나님의 행위에 관한 사도적 기독교의 본질적인 메시지를 뜻하며, 이차적으로는 성경에 기록된 하나님의 모든 말씀을 뜻한다. 코이노니아는 다른 그리스도인들과의 풍성한 친교, 그리고 몇몇 그리스도인들과의 깊이 있는 친교를 뜻한다. 디아코니아는 하나님의 사람들이 세상에서 행하는 봉사를 뜻하는데, 그것은 복음 증거뿐만 아니라 정의와 자비로운 행위까지도 포함한다. 라슨은 사무엘 슈메이커가 사용했던 비전 문구를 우리에게 들려주었다. "변화되고 하나되어 시작하라"(Get changed, get together, and get going)! 라슨은 이 세 가지 요소 곧 회심, 의미 있는 친교, 사역의 발견이 그리스도인의 온전한 삶을 구성하는 본질적인 요소들이라고 확신하였다.[21]

---

[19] 다음 저서의 서문을 보라. Larson, *Setting Men Free*.

[20] 이 세 가지 용어에 대해서 다음 저서의 도움을 받기도 하였다. J. C. Hoekendijk, *The Church Inside Out* (Philadelphia: Westminster Press, 1966).

[21] 내가 회심자들과 회중들에게서 얻은 자료는 여기에서 간단하게 말한 세 가지 요소와 약간 다른 내용을 보여 준다. 사실 라슨의 주장은 삶을 변화시키는 믿음이 언어화된 복음 곧 말로 표현되거나 글로 쓰인 복음을 통해서 그리스도를 만날 때에만 생기는 것 같은 인상을 줄 수 있다. 그러나 성경에 의하면 그리스도께서는 두세 사람이 그분의 이름으로 모이는 곳에서도 우리를 만나 주시고, 도움이 필요한 사람들을 위한 사역을 통해서도(마태복음 25장) 우리를 만나 주신다. 실제로 내가 인터뷰한 회심자들 중

자신이 그리스도인이면서도 케리그마, 코이노니아, 디아코니아와 무관하게 살려고 하는 사람들을 보면 역설적으로 왜 이 세 가지가 본질적인 요소가 되어야 하는지 그 이유를 알 수 있다. 케네스 채핀은 언젠가 미시시피 주의 몇몇 침례교 지도자들과 친교의 역할에 관해서 토론한 적이 있었다. 그는 그들에게 만일 어떤 문제에 봉착하게 되었을 때—예를 들어 아들이 교도소에 갔을 때 또는 딸이 임신했을 때—그 사실에 대해서 알기를 원하는 사람들이 누구인지 물었다. 갑자기 방 한가운데 슬픈 분위기가 감돌았다. 한 사람이 전체를 대변하듯 말하였다. "나는 다른 사람들보다 먼저 알았으면 좋겠다고 생각되는 사람은 잘 모르겠어요. 하지만 좀 더 늦게 알았으면 싶은 사람들은 분명히 있습니다. 나는 우리 교회 신자들 만큼은 제일 마지막에 알았으면 좋겠어요."[22]

에는 먼저 친교를 통해서 그리스도를 만난 1세대 신자들도 많이 포함되어 있었다. 이런 경험은 내게 신앙이란 '배우는 것이 아니라 사로잡히는 것'임을 다시 한 번 상기시켜 주었다. 그리고 몇몇 그리스도인들은 불의와 맞서 싸우는 동안에, 사회 운동에 투신하는 동안에, 헤비타트 인도주의 운동(Habitat for Humanity)의 일환으로 집이 없는 사람들에게 집을 지어 주는 동안에 처음으로 그리스도를 만났다고 말했다. 회심자들 중에는 타문화권 선교 프로그램에 참여했을 때 그리스도를 만났다고 보고하는 사람들도 있었다. 그런데 그들의 경험에는 선교 프로그램이 진행되는 동안 그들이 성경 말씀과 친교를 통해 자신의 모습을 비춰보는 노력을 했다는 점이 반드시 고려되어야 한다. 이들의 회심을 보면 여기에서 말하는 복음의 세 가지 요소가 모두 작용한 것을 알 수 있다. 따라서 그리스도께서는 케리그마와 코이노니아와 디아코니아를 통해서 사람들을 만나고, 거듭나게 하고, 믿음을 주고, 성숙해지도록 이끄신다. 처음에는 세 가지 중 어느 것을 접해도 상관이 없지만, 적절한 시기가 되면 이 세 가지 요소가 모두 작용해야 한다. 나는 이런 내용을 이미 나의 저서에서 다룬 적이 있다. George G. Hunter III, *The Contagious Congregation: Frontiers in Evangelism and Church Growth* (Nashville, TN: Abingdon, 1979), 28-34.

22 "Evangelism in the 70's'," in John R. Bisagno, Kenneth L. Chafin, C. Wake Freeman and others, *How to Win Them* (Nashville, TN: Broadman, 1970), 26-27.

인간의 인격과 본성이 가지고 있는 복잡성만 들여다봐도 위에서 언급한 세 가지가 왜 그렇게 필수적인 요소가 되어야 하는지 알 수 있다. 예를 들어 인간의 동기(動機)에 관한 아브라함 매슬로우(Abraham Maslow)의 위계적 이해를 생각해 보자.[23]

　　　　　　　　　　　　　세계관의 욕구(Worldview Needs)
　　　　　　　　　　　　　　심미적 욕구(Aesthetic Needs)
　　　　　　　　　　　　자기실현의 욕구(Self-realization Needs)
　　　　　　　　　　　　자기 존중의 욕구(Esteem Needs)
　　　　　　　　사랑과 소속의 욕구(Love and Belonging Needs)
　　　　　　안전과 보장의 욕구(Safety and Security Needs)
생리적 욕구(Physiological Needs)

　매슬로우는 이 모든 욕구가 인간의 인격 속에 존재하고 있지만 모든 욕구가 한꺼번에 활성화되는 것도 아니고 그것들이 한꺼번에 작용하여 개인행동을 유발하는 것도 아니라고 주장하였다. '가장 낮은' 단계에 있는 근본적으로 **충족되지 않은** 욕구는 그것이 충족될 때까지 계속 인격을 충동한다. 가령 잠을 자지 못했거나 제대로 먹지 못한 사람은 당장 이 생리적 욕구의 충동을 받는다. 이런 상황에서 그의 일차적인 관심은 직장에서 승진하는 것이나 교향악단 연주회 입장권을 구하는 것이 아니다. 또한 낮은 욕구가 근본적으로 충족될 때 '높은' 동기

23　다음을 참조하라. Abraham H. Maslow, *Motivation and Personality* (New York: Harper & Row, 1970), 3장, 4장.

의 힘이 그 사람에게 활력을 준다. 예를 들어 생리적 욕구, 안전의 욕구, 소속의 욕구, 자기 존중의 욕구가 근본적으로 충족된 여인이라면 아마도 그 다음으로 자기 인생의 미래 가능성에 대해 알고 싶어 하고, 자신의 삶의 의미와 목적에 관해 질문하고 싶어 할 것이다.

매슬로의 위계 구조는 케리그마, 코이노니아, 디아코니아, 이 세 가지 요소가 교회 사역에 왜 필요한지 알게 해 준다. 그러나 이 세 가지 요소 중 어느 하나도 스펙트럼과 같이 다양한 인간의 욕구를 모두 충족시켜 주지는 못한다. 예를 들어 코이노니아는 사람들의 소속 욕구와 자기 존중의 욕구에 대해서 말할 수 있지만 안전의 욕구와 자기실현의 욕구와는 관련성이 덜하며, 생리적 욕구나 세계관의 욕구와는 전혀 관계가 없다. 케리그마는 몇 가지 욕구에 대해서 다른 두 가지보다 더 분명하게 말할 수 있으며, 디아코니아 역시 몇 가지와 관련이 된다. 따라서 교인들과 구도자들을 이 세 요소에 참여시키기 위해 노력하는 교회는 설교나 소그룹 또는 평신도 사역 중 어느 한 가지에만 지나치게 의존하는 교회보다 신자들을 훨씬 더 온전한 인간(the whole person)으로 육성할 수 있다. 종종 몇몇 기독교 지도자들이 레이투르기아(leitourgia) (예배)를 복음의 네 번째 필수 요소로 추가하기도 하는데, 그것은 인간의 동기를 이해하는 위계 구조에 포함된 심미적 욕구와 관련이 있다.

매슬로우의 욕구 위계 이론은 몇 가지 전략적 통찰을 얻는 데에도 도움을 준다. 예를 들어 로버트 슐러의 수정 교회는 자기 존중의 욕구가 강한 사람들을 대상으로 한 효과적인 전도와 목회로 유명하다. 이 교회는 이 분야에 관심을 집중하고 있으며, 이런 노력을 통해서 그동안 무시되어 온 또 하나의 방대한 시장(市場)을 확인하였다. 반면에 매슬로우의 이론은 동기의 위계 구조에서 다른 수준에 있는 사람들이 수정 교회와 슐러의 설교에 매력을 느끼지 못하는 이유를 설명해 주기도 한다. 또한 수정 교회의 '졸업생들'—한때 교회에 등록하고 그리스도인이 되었으나 나중에 다른 교회로 교적을 옮긴 사람들—이 다른 여러 교회로 흩어진 이유를 설명해 주기도 한다. **만일** 교인들의 자기 존중의 욕구가 이미 충족되었는데도 교회가 그들의 자기실현의 욕구와 세계관의 욕구에 관심을 기울이지 않는다면, 결국 그들이 위계 구조의 윗 단계로 올라가는 만큼 그들을 잃게 될 것이다. 다시 말해서 처음에는 수정 교회의 자기 존중과 관련된 사역이 좋아서 등록을 했지만 그 후에 생겨난 다른 동기 유발 요인을 교회가 충족시켜 주지 못하면 결국 그들을 잃게 된다는 것이다.

이 모든 설명은 브루스 라슨이 25년 전에 『인간의 해방』(Setting Men Free)이란 저서에서 언급한 내용을 뒷받침하고 있다. 라슨에 따르면 그리스도인이 된다는 것은 존 웨슬리의 말처럼 '한 책의 사람'(people of One Book)이 되는 것이다. 그리고 그리스도인이 된 사람들은 "몇몇 그리스도인들과 깊은 교제를 나누고" 살아가며, 세상 속에서 사람들을 섬김으로써 그리스도를 섬기며, 특별히 그들의 삶에 대한 관리권을 예수 그리스도에게 양도한다.[24] 라슨은 문제가 있는 교회들을 진단하는 데 이 세 가지 요소를 활용하였다. 그가 볼 때 근본주의적인 신앙을 강조하는 어떤 교회는 "케리그마를 강조하지만 생활에 대해서는 크게 강조하지 않는다." 또 어떤 연합교회는 "서로 포옹하고 교제하는 일에 열심이지만 케리그마가 없다." 또 어떤 진보적인 교회는 "밖으로 나가 시위하고 식품 은행을 조직하는 일에 열심이지만" 그 만큼 영적으로

---

[24] 다음을 참조하라. Larson, *Setting Men Free*, 1장.

충족되지 않아 교인들이 탈진하고 교인수가 줄었다. 그러므로 "삶의 중요한 변화를 위해서는 반드시 세 가지 요소를 함께 고려해야 한다."

라슨은 1980년에 시애틀에 있는 대학 장로교회(University Presbyterian Church)를 담임하게 되었을 때 이 주제에 대해서 좀 더 강한 신념을 가지게 되었다. 그는 교인들에게 이렇게 가르쳤다. "그리스도와 좋은 관계를 맺는 것이 여러분의 첫 번째 우선순위가 되어야 합니다. **그 다음에** 소그룹 안에서 깊은 친교를 경험해야 하고, **그 다음에** 사명을 깨달아야 합니다." 라슨의 말을 더 들어 보자.

나는 교인들에게 강제적으로 하거나, 거칠게 설득하거나, 대결하는 방식으로 도전하지 않았습니다. 나는 다만 이렇게 말했을 뿐입니다. "여러분은 자신이 지금 하고 있는 일 때문에 행복하십니까? 만일 그렇지 않다면 제 말을 경청해 보시기 바랍니다. 여러분이 소그룹에 소속되어 활동하는 것은 예수께서 여러분을 위해 십자가에 달려 돌아가셨다는 사실을 믿는 것만큼이나 중요합니다. 만약 여러분이 용서받았다는 사실과 어두운 과거―우리 모두가 가지고 있는―에서 벗어났다고 하는 사실을 믿지 않는다면, 또한 만약 여러분이 하나님께서 구성원들을 통해서 당신을 사랑하시고, 격려하시고, 자유롭게 하시고, 당신이 어떤 사람인지 말씀해 주시는 소그룹에 소속되지 않는다면 그분은 여러분에게 요한복음 10장 10절에 약속된 풍성한 삶을 허락해 주실 수 없습니다. 그리고 여러분은 여러분 자신을 위해서라도 선교에 참여해야 합니다." 교인들이 내 말을 받아들였습니다. 그들 중에 내가 한 말에 대해서 반박하는 사람이 하나도 없었습니다!

3. 교회의 전략

셋째, 라슨과 오스본은 또한 그들의 저서 『새롭게 출현하는 교회』에서 교회가 미래에도 계속 존속하기를 원한다면 진지하게 **전략**을 마련해야 한다고 주장하였다.[25] 시대의 변화에 따라 교회의 주변 문화도 함께 변화하기 때문에 모든 교회는 이런 흐름에 맞춰 적절하게 전략을 바꿔야 한다. 그러나 대부분의 교회들은, 한때 유효했지만 지금은 보완이 필요한 낡은 전략들만 계속 붙들고 있다.

라슨과 오스본에 따르면 전략 개발은 비전과 함께 시작된다. 왜냐하면 "비전이 … 신실한 회중 안에서 일어나는 모든 것에 일정한 형태를 부여하고 방향을 제시하며, 품위와 힘을 제공하기 때문이다."[26] 그리고 비전은 특정한 사역 방식들을 제시함으로써 교회로 하여금 선교 목표를 성취할 수 있도록 돕는다. 만약 오늘의 교회 지도자들이 특정한 사역들에 대한 라슨과 오스본의 생각을 읽을 수 있다면 많은 이들이 도전을 받을 것이다. 왜냐하면 라슨과 오스본이 이미 1970년대에 시대에 뒤떨어진 것이라고 지적했던 전도, 설교, 기독교 교육, 예배 분야의 상투적인 방식들이 아직까지도 대부분의 교회에서 그대로 사용되고 있기 때문이다!

비록 모든 교회가 저마다의 독특한 개성, 강점, 가능성, 그리고 그에 따른 독특한 전략을 가지고 있지만, 라슨과 오스본은 새롭게 출현하는 교회가 특징적으로 가지고 있는 한 가지 전략적 요소에 대해서

---

[25] Larson and Osborne, *The Emerging Church*, 5장과 6장.
[26] Ibid., 10장, 151.

언급하였다. 그것은 "세상에서 하나님의 뜻을 성취하는 데 일차적인 수단으로 기능하는 평신도 사도직의 출현"이다.[27] 새롭게 출현하는 교회들은 평신도 사도직을 개발하기 위해 교회의 삶에서 네 가지 전략적 영역 곧 (1) 예배, (2) 소그룹, (3) 묵상과 기도 생활, (4) 진지한 훈련을 강조한다. 매주 정기적으로 모이는 소그룹 모임이 18세기에 존 웨슬리가 조직했던 속회와 일치한다면 그것은 서구의 모든 평신도들이 해방되고 그들이 능력 있는 하나님의 사람으로 무장될 것이다. 그 소그룹 모임의 네 가지 원리는 다음과 같다.

(1) "교인들이 서로 마음을 열고 과거에 실패한 이야기나 현재의 소망에 대해서 이야기할 수 있는" 시간을 마련하라.
(2) 교인들이 서로의 은사를 분별할 수 있도록 만남과 대화의 시간을 마련하라. 은사는 그런 만남과 대화의 방법이 아니고서는 결코 분별되지 않는다. 다른 사람의 도움 없이 자신을 이해하는 일은 무척 제한적일 수밖에 없다.
(3) 교인들 각자가 "하나님께서 앞으로 일주일 동안 그들에게 맡겨주신 특별한 일"을 발견하게 하라.
(4) 교인들이 서로에 대해서 책임을 느끼게 하라.[28]

그 어느 때보다도 미래는 "복음을 전하고, 화해시키며, 가르칠 수 있는 사도적 평신도 사역자들 곧 삶의 모든 영역으로 나아가는 일종의

---

[27] Ibid., 93.
[28] Ibid., 94-100.

영적 개척자들을 모집하고, 훈련시키고, 무장시키는 센터로서 자기 정체성을 인식하는 교회 앞에 활짝 열려 있다."[29]

세속화된 사람들에게 효과적으로 복음을 전하기 위해 힘쓰는 교회들에게 도움이 될 만한 굵직한 주제와 통찰들이 지난 20년 동안 많이 제시되었지만, 사실 지난 1970년대의 문헌들은 1990년대와 그 이후에 등장한 '복음을 전염시키는'(contagious) 회중들의 특성을 모두 예견하지는 못했다. 그런데 캘리포니아 주 오렌지카운티에 있는 새들백 밸리 커뮤니티 교회와 대도시 시카고에 있는 윌로우크릭 커뮤니티 교회와 같이 선구적인 교회들이 최근에 발견된 몇 가지 통찰들을 이미 자신들의 사역에 반영하고 있다.

이런 교회들이 다른 교회들에 끼친 영향은 다음 두 가지 질문을 통해서 파악해 볼 수 있다. (1) 대부분의 교회들은 잘 모르고 있거나 알더라도 진지하게 취급하지 않는데, 세속화된 사람들에게 복음을 전하는 선구적인 교회들은 무언가를 알고 있고 그것을 진지하게 다루고 있는 것으로 보인다. 그 교회들은 무엇을 **알고** 있는가? (2) 그 선구적인 교회들은 대부분의 교회들이 하지 않는 일을 하고 있는 것으로 보인다. 그 교회들은 무엇을 **하고** 있는가?

---

[29] Ibid., 100.

4. 사도적 회중들은 무엇을 알고 있는가?

1) 제자가 아닌 사람들은 잃은 자들이다

사무엘 슈메이커가 강조했듯이, 사도적 회중들은, 예수 그리스도를 따르지 않고 그리스도의 몸을 통한 구원의 원리를 받아들이지 않는 사람들은 길을 잃은 자들이며, 누구든지 혼자 힘으로는 결코 풍성한 삶에 이르는 길을 발견할 수 없다는 사실을 잘 알고 있다. 이런 사실은 다른 어떤 인간적인 생각이 아니라 성경이 가르치는 내용이다. 주님께서 그런 사람들이 마치 "목자 없는 양과 같이" 길을 잃은 자들이라고 말씀하시지 않았는가!(마 9:36)

주님의 이 말씀은 사도적 교회의 시각에서 현 사회를 바라볼 때 좀 더 분명하게 분명해진다. 사도적 회중들은 마약 퇴치 전쟁의 실패, 에이즈(AIDS)의 만연, 가정 파탄, 도시의 부패, 빈민층의 절망, 광범위하게 확산되는 중독, 사이비 종교와 새로운 종교에 몰리는 사람들을 보면서 아직 그리스도의 제자가 되지 않은 사람들은 길을 잃었고, 혼자 힘으로는 그들이 결코 생명의 길을 발견할 수 없다는 사실을 다시 한 번 깨닫는다.

반면에 사도적 회중들은 세속화된 사람들이 길을 잃고서 방황하고 있다는 사실조차 인식하지 못하는 (쇠퇴하는) 교회들에 대해서도 알고 있다. 비극적이게도 너무도 많은 교회가 장밋빛 유리컵을 통해서 세계를 보고 있으며, 길을 잃은 자들이 얼굴에 쓰고 있는 가면을 실제 얼굴로 착각하고 있다. 어떤 교회들은 모든 소속 교인의 신앙(과 생활 방식)에 아무런 문제가 없다고 단정하며, 선교에 전혀 관심을 가지지 않은 채 그저 안정된 생활만을 추구한다. 사도적 교회들은 대다수의 교회가 가지고 있는 이런 근시안적인 생각에 놀라면서 어떻게 해야 더 많은 교회가 하나님의 눈으로 이 세상을 바라볼 수 있을지 고민한다.

2) 하나님은 잃은 자들을 찾으신다

아담과 하와가 죄를 지은 이래로 하나님께서는 계속 잃은 자들을 찾으셨다. 또한 아브라함에게 약속―이 세상의 모든 족속이 그의 후손들에 의해 복을 받게 될 것이라는 약속―을 주신 이래로 모든 사람이 하나님과 믿음의 관계를 갖게 하시려고 역사에 개입해 오셨다. 교회는 예수 그리스도에게서 대위임령(the Great Commission) 곧 모든 사람에게 복음을 전하라는 명령을 받았다.

빌 하이벨스는 예수께서 세 가지 비유―잃은 양의 비유, 잃은 동전의 비유, 잃은 아들의 비유―를 연속적으로 말씀하신 누가복음 15장에 주목하면서 그것들을 하나로 꿸 수 있는 공통점을 언급하였다. 하이벨스에 따르면 세 가지 비유 모두 (1) 엄청난 가치가 있는 무언가를 잃어버렸다는 점, (2) "잃은 것이 너무도 소중하기 때문에 총력을 기울여 조사하거나 밤새도록 고생해서라도 찾아야 한다는 점," (3) 잃은 양과 동전을 다시 찾고 잃은 아들이 다시 되돌아 왔을 때 크게 기뻐했다는 점을 말하고 있다.[30]

---

[30] Bill Hybels, *Honest to God? Becoming an Authentic Christian* (Grand Rapids: Zondervan, 1990), 125.

예수의 메시지는 무엇인가? 하나님께서는 잃은 사람들, 제멋대로인 사람들, 반항적인 사람들, 악담을 퍼붓는 사람들을 모두 소중한 존재로 여기시기 때문에 우리가 그들을 찾아 나서기를 원하신다는 것이다. 그분은 우리가 그들을 찾아내 그분에게로 데려오기를 원하신다.

진정한 전도는 모든 인간—잊힌 사람들, 잃은 사람들, 방황하는 사람들, 성공했으나 소외된 사람들, 실패로 인해 빈털터리가 된 사람들—의 궁극적인 가치를 인정하는 마음에서 시작된다. 가장 최고의 가치는 그들을 사랑하고, 섬기고, 그들에게 복음을 전하는 것이다. 그 밖의 모든 것은 연기 속으로 사라지는 것들이다.

3) 교회는 믿는 사람들끼리 모이는 집단이 아니라 잃은 자들에게 복음을 전하는 선교 본부다

릭 워렌은 예수께서 말씀하셨듯이, 우리가 "의인이 아니라 죄인을 회개시켜야" 한다고 믿는다. 그러므로 지역 교회의 주요 임무는 교회를 유지하는 것이 아니라 선교하는 것이며, 그리스도인들을 양육하는 것이 아니라 불신자들을 제자화하는 것이다. 사실 지역 교회가 복음을 전파하기에 앞서 반드시 기존 교회를 갱신해야만 하는 것은 **아니다**. 왜냐하면 교회 갱신은 복음을 전함으로써 하나님께 순종할 **때** 비로소 시작되며, 또한 그 어떤 것도 새로운 신자들이 끊임없이 생겨나는 것만큼 기존 교회를 새롭게 할 수 없기 때문이다.

교회는 본질적으로 사도적 정체성을 가지고 있다. 따라서 교회의 주요 임무는 잃은 자들을 찾으시고 사랑하시는 하나님의 활동에 참여함으로써 그들이 하나님을 체험하고, 정확하게 알고, 믿음을 갖고, 공동체 안에서 교제하고, 선교에 동참하도록 만드는 것이다. 이런 과정을 통해서 그들은 죄로부터 해방되어 이 땅에 태어날 때부터 하나님이 원하셨던 모습, 그리고 자기 자신이 갈망했던 본래의 모습을 회복할 수 있게 된다.

4) 잃은 자들에게 큰 기대를 갖는 것이 중요하다

사도적 그리스도인들은 잃은 자들에게 큰 기대를 갖는 것이 중요하다는 사실을 잘 알고 있다. 왜냐하면 사도적 그리스도인들은 명목적 기독교 신앙이 정상적이지 않으며, 명목적 그리스도인들은 아직 풍성한 삶을 경험하지 못한 사람들이며, 이 세상에 그렇게 많은 명목적 그리스도인들이 있을 필요가 없으며, 결국 이런 상황에서 명목적 그리스도인들은 이 세상에서 기독교 운동을 발전시키고 있는 것이 아니라 오히려 좌절시키고 있다는 사실을 잘 알고 있기 때문이다.

또한 사도적 그리스도인들은 1970년대 초 딘 켈리(Dean M. Kelley)가 설명한 바와 같이, 기꺼이 자기를 희생하며 세상을 섬기는 교회가 주장하는 진리가 사람들에게 훨씬 더 신뢰감을 준다는 사실을 잘 알고 있다.[31] 대부분의 구도자들은 점성술에서 선(禪)에 이르기까지 경쟁하는 모든 진리를 비교하고 평가할 수 있는 능력을 가진 인식론 학자가 아니다. 그들은 누군가 자신이 추구하는 신념 또는 운동에 가장 귀한 것을 바치고 희생하는 것을 볼 때 그것을 신뢰할 만한 것으로 믿는 경

---

[31] Kelley, *Why Conservative Churches Are Growing*.

향이 있다. 진지함은 신빙성과 신뢰성을 준다.

따라서 사도적 교회들은 모든 교인이 정규적으로 예배를 드리고, 아낌없이 베풀고, 열심히 성경을 공부하고, 소그룹에서 동료들에게 마음을 열고, 은사를 따라 사역하고, 사회적 관계망을 통해 믿음을 증거하고, 선교에 참여하기를 기대한다. 그 교회들은 교인들에게 종종 이런 기대를 표현하고 새 신자들에게는 앞으로 이렇게 할 것을 '서약'하게 한다. 그러나 이런 기대는 결코 규정이나 의무 사항으로 제시되지 않으며 오직 은혜와 기회 곧 하나님의 능력을 힘입고, 자비롭고, 하나님의 뜻을 이루고, 또 다른 사람들에게 복음을 전하는 사람이 되는 수단으로 제시될 뿐이다.

5) 변화되어야 할 것과 보존되어야 할 것이 있다

서구의 선교 현장에서 성장하는 교회들은 변화되어야 할 것과 보존되어야 할 것을 잘 알고 있는 반면에 쇠퇴하는 교회와 교단들은 그렇지 못한 것 같다. 예를 들어 한때 곡마단에서 야생 동물을 길들이는 일을 한 적이 있는 어느 목사가 예배 시간에 사자와 어린 양을 강단에 데려와 나란히 누워 있는 모습을 연출하였다. 그러자 교단의 행정 책임자가 그를 비난하였다. 그런 예배 형태는 교단의 '방식'이 아니라는 이유 때문이었다! 만약 그 목사가 이단적인 설교를 했으면 교단의 행정 책임자는 어떻게 반응했을까? 아마 그는 아무런 비난도 하지 않았을 것이다.

이 사건은 그 교단의 행정 책임자가 내용과 형식에 관해, 다시 말해서 곧 빨리 변화시켜야 할 것과 천천히 변화시켜야 할 것에 관해 혼동한 까닭에 빚어진 일이었다. 나는 성장하는 교단들이 그들의 신학은 천천히 변화시키지만 그 신학을 전달하는 문화 형태와 문화 양식은 빠르게 변화시키는 것을 보았다. 그러나 반대로 쇠퇴하는 교단에서는 신학은 빠르게 변화시키지만 문화 형태와 문화 양식은 천천히 변화시키는 것을 보았다. 따라서 세속화된 사람들은 쇠퇴하는 교회들이 문화적인 면에서 시대에 뒤떨어졌으며 신학적 일관성도 부족하다고 생각한다.

세속화된 사람들에게 복음을 전하는 대부분의 교회 역시 처음에는 자신의 신학적 입장에 집착한다. 다시 말해서 '과거에 성도들에게 전해진 신앙'을 개선할 생각을 전혀 하지 않는다. 그러나 시간이 지나면서 비신자들에게 그들의 전통에 담긴 신학을 **의미 있게 해석해 주어야 할** 필요성을 느끼게 된다. 그런데 대부분의 비신자들은 아직 교회의 전통과 문화에 적응하지 못했기 때문에 그들에게 신학적 해석을 제공하려면 때때로 전통에서 벗어난 용어와 형식을 사용할 수도 있고, 전통적인 신학적 의미를 세속 문화의 용어와 형식을 빌려 표현할 수도 있음을 인정해야 한다.

예를 들어 2장에서 언급했듯이, 새들백 교회의 릭 워렌은 기독교 전통에서 흔히 '일곱 가지 치명적인 죄'(the Seven Deadly Sins)로 일컫는 것에 관해 시리즈 설교를 한 적이 있었는데, 그때 그는 전통적인 용어를 전혀 사용하지 않고 설교하였다. 그는 시리즈 설교의 전체 주제를 '당신의 삶을 망치는 습관과 고민으로부터의 탈출'이라고 정했다. 그는 탐욕에 관한 설교를 할 때 교인들에게 "여러분은 왜 항상 다른 사람들보다 더 많이 소유해야 한다고 생각합니까?"라는 도전적인 질문을 던졌다. 이 질문에 대한 일반적인 대답은 "나는 **더 많이 소유해야** 안전하다고 생각하고, 또 만족감을 얻을 수 있다고 생각하기 때문입니다." 이다. 그러나 성경은 우리에게 더 많이 소유한다고 해서 안전을 보장받고 만족감을 얻을 수 있는 것이 아니며, 그것은 오직 그리스도를 알고 그분을 따름으로써만 얻을 수 있다고 가르쳐 준다.

또한 워렌은 **주님**(Lord)이라는 성경의 용어가 오늘날 서구 문화에서는 전혀 사용되지 않고 있기 때문에 얼마든지 다른 용어로 바꿀 수 있다고 생각한다. 그는 **리더**(leader) 또는 **경영자**(manager)와 같은 용어를 사용한다. 워렌은 "예수 그리스도께서는 여러분의 삶에 관한 모든 문제를 결정하는 위원회에서 의장(chairman)이 되기를 원하십니다." 또는 "여러분은 그분을 여러분의 삶에서 최고 경영자(Chief Executive Officer)로 모셔야 합니다."라고 말하기도 하였다. 그는 사업을 하는 사람들이 '리더'나 '경영자'와 같은 용어는 잘 알아도 '주님'이라는 단어는 잘 이해하지 못한다는 것을 알았다. 워렌의 의도는 신학의 내용을 바꾸자는 것이 **아니라** 세속화된 사람들이 믿음의 **의미**를 잘 이해할 수 있도록 토착적인 용어들을 사용하자는 것이다.

워렌은 이런 전략이 고린도전서 9:20-22에 나오는 바울의 전략과 일치한다고 믿는다. 거기에서 바울은 유대인들에게는 유대인과 같이 되고 이방인들에게는 이방인과 같이 된다고 하였다. "내가 여러 사람에게 여러 모습이 된 것은 아무쪼록 몇 사람이라도 구원하고자 함이니."(22절) 워렌은 이 말씀을 다음과 같이 자신의 목회 상황에 적용하였다. "나는 새들백 샘(Saddleback Sam) — 전도하기를 원하는 지역 주민의 평균적 특성을 지닌 가상의 인물(역주) — 을 얻기 위해서 새들백 샘과 같이 됩니다. 나는 그에게 다가가기 위해서 그가 쓰는 단어를 사용하고, 그가 듣는 음악을 듣고, 그의 옷차림과 비슷하게 옷을 입고, 그가 말하는 것처럼 말합니다."

그는 이런 전략이 메시지를 손상하는 것이 아니라 오히려 메시지에 공정한 기회를 제공한다고 믿는다! 메시지는 바뀌지 않지만 형식과 방법은 달라진다. 오늘 효과적으로 작용한 방식이 내일에는 효과적이지 않을 수도 있다. 왜냐하면 교회를 둘러싸고 있는 사람들과 문화가 끊임없이 변하고 있기 때문이다. 교회에 대한 이런 정책은 결국 교회가 먼저 변화하려는 의지를 가져야 하고, 교회가 먼저 "편안함만 추구하는 안락 지대(comfort zone)에서 벗어나려고 노력해야 한다는 것"을 의미한다. 그러나 불행하게도 대부분의 교회는 그저 그들이 편안하게 느끼는 교회를 영속시키고 있을 뿐이다. "과거 25년 전에 했던 것을 지금도 똑같이 하고 있는 교회가 너무 많다!"

6) 세속화된 사람들을 이해하고, 사랑하고, 좋아해야 한다

릭 워렌과 빌 하이벨스는 로버트 슐러에게서 복음 전도자는 비그리스도인들처럼 생각하는 법을 익혀야 한다는 사실을 배웠다. 그런데 많은 그리스도인들이 불신자처럼 살면서도 세속화된 사람들이 생각하는 방식대로 생각하지 않는 것은 참으로 모순이 아닐 수 없다. 사실 신자가 된 지 오래될수록 불신자처럼 생각하지 않게 된다. 따라서 만일 누군가의 사고방식이 목사와 비슷하다면 그는 불신자의 마음으로부터 벌써 두 단계나 멀어진 셈이다!

릭 워렌은 이 문제를 다음과 같은 비유로 설명한다. 간단히 말하자면 우리는 채널 9번을 통해서 기독교 방송을 내보내고 있는데, 비신자들은 채널 13번을 시청한다는 것이다. "따라서 방송 메시지가 얼마나 좋은지와는 상관없이 메시지 자체가 그들에게 전달되지 않는다. 그러므로 그들에게 메시지를 제대로 전달하려면 우리가 그들에게 맞춰야 하며" 그들이 관심을 가지고 있는 주제로부터 시작해야 한다. 워렌은 자신이 만난 '잃은 자들' 가운데 화체설 또는 성경 영감설에 관해 질문하는 사람은 거의 없었다고 말했다. 또한 그는, 교인들이 바라는 것은 교회가 비신자들에게 좀 더 의식적으로 관심을 가지고 그들의 생활양식에 맞추려고 노력하는 것이라고 말했다. 왜냐하면 그들은 자신이 초청한 친구들이 교회를 방문할 때 교회에서 편안함을 느낄 수 있기를 원하기 때문이다.

그런데 세속화된 사람들이 무엇을 생각하고 있는지 어떻게 알 수 있는가? 릭 워렌은 그들과 대화하고, 함께 시간을 보내고, 그들에게 질문함으로써 쉽게 알 수 있다고 하였다. 그는 "올바른 질문을 던져야 올바른 대답이 나오고, 그 올바른 대답이 올바른 전략으로 이어지며, 그것은 다시 올바른 결과로 열매를 맺는다."고 믿었다. 이런 생각을 가지고 워렌은 현재 어떤 교회에도 출석하고 있지 않는 약 500명의 사람들에게 네 가지 질문을 던졌다.

(1) "당신은 우리 지역에서 가장 필요한 것이 무엇이라고 생각합니까?" 많은 사람들이 높은 물가와 같이 교회가 해결할 수 없는 것들을 지적할 수도 있다. 하지만 이런 질문을 통해서 그들과 개인적인 문제에 관해 대화할 수 있게 된 것만 해도 의미가 있다.

(2) "당신은 그토록 많은 사람들이 교회에 다니지 않는 이유가 무엇이라고 생각합니까?" 이런 질문은 상대방을 다수에 포함시킴으로써 반발심 없이 자연스럽게 대답할 수 있게 만든다. 그는 자신이 아닌 **다른 사람들이** 교회에 다니지 않는 이유를 객관

적으로 말할 것이다.

(3) "만약 당신이 교회를 다닌다면 어떤 교회에 다니겠습니까?" 당신은 비신자들과의 대화를 통해서 그들이 찾고 있는 교회상은 현재 대부분의 교회가 보여주고 있는 모습이 **아니라는**—진정한 교회상을 보여줄 수 **있는데도** 불구하고—사실을 알게 될 것이다.

(4) "우리 교회가 당신을 위해 할 수 있는 일을 가르쳐 주시겠습니까?" 비신자들은 여태껏 교회가 "우리를 도와주십시오."라고 하는 말은 자주 들었지만 "우리가 어떻게 당신을 도울 수 있습니까?"라고 하는 소리는 들어 보지 못했다.

워렌은 비그리스도인들처럼 생각하는 법을 배우는 것이야말로 복음 전도자들에게 주어진 가장 큰 과제라고 말했다. 그러나 만약 복음 전도자들이 그렇게 하기로 마음을 먹으면 기술은 시간이 가면서 점점 더 발전하게 될 것이다.

워렌이 조사한 바에 의하면 비신자들이 교회에 다니지 않는 이유는 크게 네 가지다. (1) 설교가 지루하고 자신의 삶과 관련이 없다. (2) 교인들이 방문자들에게 불친절하다. (3) 교회는 사람 자체에 대한 관심보다도 그 사람이 가진 돈에 더 관심이 많은 것 같다. (4) 방문자들은 교회에 갔을 때 교회가 그들의 어린아이들을 제대로 돌봐 주기를 원한다. 워렌은 이런 이유들이 신학적인 문제가 아니라 교회가 가진 '사회학적인 문제'라는 사실을 깨달았다. 그래서 워렌은 자신의 설교 스타일을 바꾸고, 교인들에게 방문자들을 진심으로 환영하도록 지도하고, 상대방의 신상을 파악할 때 지위나 재산에 관한 질문을 하지 않으며, 완벽한 탁아 시설과 체계를 만들고, 새들백 교회를 '전통적인 예배를 포기한 사람들을 위한 교회'로 홍보하였다.

빌 하이벨스는 세속화된 사람들이 생각하는 방식을 이해하는 것이 그들에게 복음을 전하기 위한 두 가지 선결 조건 중 첫 번째 조건임을 깨달았다. 사실 이런 깨달음은 비그리스도인들을 친구로 사귀고 그들의 주된 관심사—스포츠와 같은—를 공유함으로써 얻을 수 있다. 어쩌면 많은 목사와 그리스도인들은 이런 생각에 반대할 것이다. 왜냐하면 그런 생각을 인정하는 것은 곧 그들이 지금껏 누려 온 안락 지대로부터 벗어나는 것을 의미하기 때문이다. 그러나 하이벨스에 따르면 "불신자들이 어떻게 생각하는지 모르면 우리는 결코 그들을 얻을 수 없으며, 그들의 세계로 들어가지 않으면 그들이 어떻게 생각하는지 결코 알 수 없다."[32]

세속화된 사람들에게 복음을 전하기 위한 빌 하이벨스의 두 번째 선결 조건은 그들을 사랑하고 다른 사람들에게 연결해 주는 것이다. 만일 우리가 그렇게 하지 않으면 그들은 우리가 자신들을 하찮게 대한다고 생각할 것이며, 반대로 우리가 그렇게 하면 마음을 열고 교회 공동체에 쉽게 합류할 것이다. 하이벨스는 처음 전도하러 나섰을 때 비신자들의 외모, 복장, 가정, 차 등을 보고 깜짝 놀랐다. 그가 생각하기에, 그들이 이토록 행복한 삶을 누리고 있는데 과연 복음과 교회를 필요로 할까 싶었다.

> 그러나 복음을 전하기 위해 그들의 세계로 깊이 들어갈수록 이들의 삶에 커다란 공허함이 있음을 점점 더 분명히 알게 되었습니

---

[32] Bill Hybels, "Speaking to the Secular Mind," 29-30.

다. 어떤 아리따운 부인은 세 달 동안 남편과 잠자리를 같이 하지 못했습니다. 아이들은—당신이 그들에게 가까이 다가갈 수만 있다면—아빠를 신뢰할 수 없을 정도로 너무 화가 나 있습니다. 집의 세간은 모두 저당 잡혀 있고, 겉보기에는 문제 없어 보이는 사업도 그렇게 안전하지 않은 형편입니다. 자신만만해 보이는 사람도 속으로는 몹시 두려워하고 있습니다.

행복하고 풍족해 보이는 그들의 삶은 겉치레에 지나지 않았습니다. 따라서 우리는 … 먼저 성령의 능력으로 무장하고 그들에게 하나님께서 약속하신 풍성한 삶에 대해 증거해 주어야 합니다.[33]

하이벨스는, 오늘날 세속화된 사람들은 "마치 목자 없는 양과 같은 반면에 우리에게는 그들에게 제시할 목자가 있습니다. 그러므로 더 늦기 전에 힘을 모아 그들을 그리스도에게로 인도해야 합니다."고 말하였다.

7) 불신자들을 용납해야 한다

세속화된 사람들에게 복음을 전하는 교회들은 사람들이 교회가 원하는 곳에 있어야 한다고 주장하기보다는 의식적으로 사람들이 있는 곳에서 사역을 시작한다. 그 교회들은 하나님께서 우리를 있는 그대로 받아 주셨으며, 따라서 교회는 긍휼함으로 죄인들을 용납하시는 하나님의 마음을 그대로 반영하는 공동체가 되어야 한다는 사실을 잘 알고

---

[33] Ibid., 30.

있다. 그런데 교인들에게는 높은 수준의 도덕적 기준을 제시하고 이를 실천할 것을 요구하는 교회가 어떻게 비그리스도인들에 대해서는 무비판적으로 용납할 수 있는가?

릭 워렌은 비신자들에게 전도하기를 원하는 교회라면 그들의 생활 양식이 기독교적 기준과 다르다고 해서 "쉽게 충격 받지" 말아야 한다고 조언한다. 그는 "비신자들이 신자가 되기 전에는 결코 신자처럼 행동하지 않을 것이라는 점을 인정한다면 교회는 어떤 충격에도 충분히 견딜 수 있어야 한다."고 말했다. 그러나 불행하게도 많은 교회가 "용납(acceptance)과 승인(approval)을 혼동하고 있으며," 이런 이유에서 불신자들의 삶을 용납하지 않는다. 그런데 불신자들의 생활 양식을 승인하지 않고서도 얼마든지 그들을 용납할 수 있다. 용납은 그들의 새로운 생활 양식을 이해할 수 있게 해 주는 필수 조건이다.

8) 세속화된 사람들이 이해하는 음악을 사용해야 한다

릭 워렌은 교회가 세속화된 사람들에게 복음을 전하기 위해서 "그들이 이해하는 단어와 음악을 사용해야 한다."는 사실을 깨달았다. 새들백 교회는 고전 음악을 사용하지 않는다. 왜냐하면 미국에서 고전 음악 음반의 판매 비율이 전체 음반 판매량의 2%에 불과하기 때문이다. 워렌은 자기 교회의 음악에 대해 이렇게 말했다. "현재 음반 판매량의 약 90%는 현대 음악이 차지하고 있습니다. 따라서 우리 교회도 시대의 흐름에 맞춰 '뻔뻔하다고 할 정도로 현대적인' 음악을 사용하고 있습니다." 특별히 새들백 교회는 그들이 전도할 대상으로 삼고 있는 지역 주민들이 라디오 방송에서 주로 듣는 특정한 음악 장르를 사용하려고 노력한다. 워렌은 나와의 인터뷰에서 음악의 중요성에 대해 다음과 같이 자세하게 설명하였다.

> 음악은 전도 대상자를 결정하는 데 가장 중요한 요소이며, 심지어 설교 스타일보다 더 중요하다고 생각합니다. 나의 메시지를 듣는 회중이 다양한 연령층과 다양한 경제 수준을 가진 사람들로 구성되어 있기 때문에 모든 사람을 하나의 설교에 집중시키는 일은 정말 쉽지 않습니다. 회중들은 제가 전하는 메시지가 개인적이고, 실제적이고, 긍정적이고, 각자의 삶에 적용할 수 있는 것이라는 생각이 들어야 설교를 경청할 것입니다. 그리고 제가 아주 진지하고 성실하게 설교하는 모습을 보고 감동을 느낄 때, 또는 웅변식의 과장된 스타일과 목소리가 아니라 누구나 알아들을 수 있는 쉬운 말로 진솔하게 설교한다고 느낄 때 비로소 설교에 귀를 기울일 것입니다.
>
> 반면에 당신이 어떤 음악을 사용할 것인지 선택할 때에는 복음을 전하기 위해 다가갈 대상을 정확하게 확인해야 합니다. 만약 당신의 교회에서 주로 사용하는 음악이 무엇인지 내게 말해 준다면 당신의 교회가 어떤 부류의 사람들에게 전도할 수 있는지, 그리고 어떤 부류의 사람들에게는 전도해도 소용이 없는지 말해 줄 수 있습니다.

새들백 교회가 이와 같이 자기 교회에 맞는 토착 음악(indigenous music)의 철학을 실천한 것은 우리에게 시사하는 바가 크다. 워렌은 이렇게 설명하였다. "우리 교회에는 오르간이 없으며 앞으로도 없을 것입니다. 우리 교회에는 성가대도 없고 앞으로도 없을 것입니다. 우리 교회에는 피아노가 없고 이것 역시 앞으로도 없을 것입니다." 반면에 새들백 교회에는 현악부, 금관악기부, 드럼, 신디사이저로 구성된 현대적인 오케스트라가 있다. 그리고 많은 독창자, 듀엣이나 앙상블과 같은 다양한 찬양단—이들은 성가대보다는 규모가 작고, 단원들은 각자 마이크를 가지고 노래한다—이 있다. "왜냐하면 이런 종류의 음악이 사람들의 귀에 익숙하기 때문이다."

세속화된 사람들에게 복음을 전하는 교회들 중에 새들백 교회와 다른 음악 장르를 사용하는 교회가 얼마든지 있을 수 있다. 이유는 그들의 전도 대상 주민이 다르기 때문이다. 세속화된 사람들에게 복음을 전하는 교회들은 대부분 피아노를 사용한다. 물론 그랜드 피아노를 사용하는 교회들도 있다. 수정 교회에는 파이프 오르간이 있지만, 세속화된 사람들에게 복음을 전하는 교회들은 대체로 오르간을 선호하지 않는다. 남침례교에 소속되어 있고, 로스앤젤레스 동부에 있으며, 다인종 도시인들로 구성된 브래디 교회(The Church on Brady)는 보통 90분 정도 예배를 드리는데, 그랜드 피아노, 신디사이저, 전자 기타, 드럼, 8인조 밴드, 6인조 찬양단에 의해 감동적으로 진행되는 처음 45분간의 음악 축제가 매우 특징적이다. 언뜻 보기에 브래디 교회는 찬송가를 사용하지 않는 것처럼 보이지만, 실제로는 모든 회중이 오버헤드 프로젝터로 전면 벽에 비춘 가사를 보고 찬송한다.

비신자들을 전도 대상자로 삼고 있는 몇몇 교회들은 서너 가지 악기만으로도 음악 사역을 잘 감당하고 있다. 새로운 신디사이저는 놀라울 정도로 다양한 사운드를 낼 수 있기 때문에 개척된 지 얼마 되지 않은 교회들은 다른 악기들을 배제하고 이 악기만 사용하기도 한다. 켄

터키 주 렉싱턴에 있는 크로스로드 크리스천 교회(Crossroads Christian Church)는 개척된 지 3년이 안 됐는데 현재 평균 300명 정도가 출석하고 있다. 이 교회의 감동적인 현대적 예배에는 피아노, 신디사이저, 녹음테이프가 사용되고 있다. 음악을 담당하는 사람들의 복장이 예배와 잘 어울리고, 참석자들은 예배 시간 중 언제든지 예배실 뒤편에 준비된 커피와 도넛을 즐길 수 있다.

윌로우크릭 교회의 주말 구도자 예배(seekers services)는 그랜드 피아노와 대규모 오케스트라에 의해 펼쳐지는 현대적인 음악을 특징으로 하고 있다. 이 교회는 매주 구도자 예배를 드릴 때마다 예배의 주제를 극화한 짧은 드라마를 보여주는데, 구도자들은 이 드라마의 등장인물들을 통해서 자신의 모습을 성찰하게 된다. 이 교회는 드라마가 TV 시트콤을 보면서 자라난 1세대 사람들에게 복음을 전하는 데 필수적인 매체가 된다고 믿는다. 빌 하이벨스 목사에 따르면 "구도자들은 복음을 듣기만 해서는 안 된다. 그들은 그것을 보고 그것의 가치에 대해 토론해야 한다."

현대 음악과 드라마를 적극적으로 활용하는 윌로우크릭 교회의 예배는 말씀 선포에만 지나치게 의존하는 목회 방식을 피하면서 효과적인 메시지 전달을 위해 다양한 방식으로 복음을 표현하려는 전략에 따른 것이다. (1) 이 교회는 세속화된 세계에서 구도자와 그리스도인 사이에 이루어지는 다양한 대화의 계시적 가치를 믿는다. (2) 이 교회는 구도자들이 대화에 참여하여 궁금한 것을 질문할 수 있는 많은 소그룹 모임과 큰 포럼을 운영하고 있다. 그리고 주말 구도자 예배를 드릴 때에는 (3) 음악, (4) 드라마, (5) 말씀 선포의 순서로 진행한다. 이런 순서에 대해서 빌 하이벨스는 이렇게 설명하였다. "메시지를 직접 들을 때에는 설득에 대한 거부감이 증폭되지만, 드라마를 보고 음악을 통해서 메시지를 들을 때에는 거부감이 줄어듭니다."[34] (6) 또한 윌로우크릭 교회의 다양한 커뮤니케이션 전략 가운데는 테이프와 책자를 활용하는 방법도 있다. 예배를 마치고 나오면서 사람들은 조금 전 예배에서 들은 메시지를 녹음한 테이프를 2달러에 구입할 수 있다. 그리고 구내 서점에서는 그날의 설교 주제와 연관된 책들을 판매한다.

9) 새로운 교회들을 개척하는 사역이 중요하다

릭 워렌은 한 교회가 여러 계층의 불신자들을 전도하기 어렵다는 점을 지적하면서 많은 부류의 사람들을 전도하기 위해서는 많은 종류의 교회가 필요하다고 말한다. 그는 "대위임령을 수행하는 데 핵심적인 열쇠는 새로운 교회를 개척하는 것입니다. [왜냐하면] 새로운 교회가 기존 교회보다 훨씬 더 빠르게 성장하기 때문입니다."라고 하였다.

워렌은 대부분의 구도자들이 교회를 방문했을 때 제일 먼저 예배를 접하게 된다는 사실에 주목하였다. 이 점을 인식한 몇몇 교회들이 구도자들에게 초점을 맞춰 예배 형식과 음악을 개혁하거나 새로운 대안적 예배를 시작하기도 하였다. 워렌은 만일 대부분의 교회가 불신자들에게 복음을 전할 수 있는 새로운 프로그램을 만들어 자신들의 전통적인 예배 형식에 도입한다면 가히 혁명적인 변화가 일어날 것이라고 하였다!

---

[34] 다음에서 재인용함. "Suburban Living," section of the *Chicago Daily Herald* (May 18, 1988).

그런데 워렌은 가능한 한 많은 기존 교회가 개혁되는 것도 중요하지만 무엇보다도 새로운 교회가 많이 개척되어야 한다고 말한다. 그는 "새로운 세대를 위한 새로운 교회들을 개척하도록" 기존 교회에 도전해야 할 필요성을 제기하였다. 이런 점에서 새들백 교회는 대위임령을 수행하는 교회로서 좋은 모델이 되고 있다. 이 교회는 개척된 뒤 10년 동안 무려 14개 교회를 개척하였다.

다른 선도적인 교회들 역시 새로운 교회들을 개척하기 위해 여러 가지 방법을 시도하고 있다. 브래디 교회는 최근 몇 년 동안 남부 캘리포니아 5곳과 외국 10곳에 새 교회를 개척하였다. 외국에 개척한 교회들 중에는 필리핀 4곳과 멕시코시티 3곳이 포함되어 있다. 최근 브래디 교회의 지도자들은 매년 7개의 교회를 각기 다른 나라에 개척하는 프로젝트를 진행하고 있다. 윌로우크릭 교회는 지교회를 개척하는 다른 대형 교회들만큼 주목받지는 않지만, 1년에 세 차례 열리는 목회자 컨퍼런스를 통해 약 1,500명의 목회자들에게 그 교회의 사역 모델과 원리를 가르치는 것으로 유명하다. 『타임』지는 "윌로우크릭 교회를 모방하는 수많은 교회가 전국에 생겨나기 시작했다."고 보도하였다.[35]

10) 세계 선교에 참여해야 한다

불신자들에게 복음을 전하는 사도적 회중들은 단지 그들의 사역 영역 내에 있는 사람들에게만 관심을 갖지 않는다. 그들은 세계 선교를 통해 다른 나라와 다른 문화에 속한 사람들에게까지 복음을 전한다.

---

[35] *Time* (March 6, 1989): 60.

그들도 자기 교단의 해외 선교 프로그램을 지원하지만 그것은 단지 그들이 행하는 선교 사역의 시작에 불과하다. 그들은 또한 자기 교회에서 파송한 선교사들과 교회에서 자체적으로 운영하는 해외 선교 프로그램들을 지원한다. 그리고 그들은 자기 교회의 교인들이 가급적 단기 선교를 다녀올 수 있도록 안내한다. 단기 선교에 참여한 교인들은 예방 접종, 우물 파기, 교회 개척, 그 밖의 다양한 임무를 수행함으로써 선한 일도 하고, 현지 주민의 삶도 개선하고, 기독교 세계 선교의 중요성도 깨닫는다.

1980년에 새들백 교회에서 처음 설교할 때 릭 워렌은 "수백 명의 전문 선교사와 교회 사역자들을 전 세계에 파송하고, 모든 대륙에서 진행되는 단기 선교 프로젝트에 수천 명의 교인을 파송하자"는 비전을 교인들에게 제안하였다. 그는 사람들을 선교 현장으로 보내는 것은 선교지의 교회를 성장시킬 뿐만 아니라 교인들을 **파송하는** 교회의 성장에도 큰 영향을 미친다고 생각하였다. "교회는 예배실 수용 능력에 따라 성장할 뿐만 아니라 선교사를 파송하는 능력에 따라 성장하기도 한다." 최근에 이렇게 세계 선교에 힘쓴 결과로 교회가 성장하는 시너지 효과를 얻는 교회가 점점 많아지고 있다. 예를 들어 브래디 교회에는 선교에 대한 소명을 받고 준비하는 교인이 100명 이상이나 된다.

5. 사도적 회중은 무엇을 하는가?

1) 지역 사회와 비신자 주민을 이해하기 위해 조사한다

릭 워렌은 목회자가 지역 사회의 전문가가 되는 것보다 중요한 일은 없다고 믿는다. 그는 이렇게 말했다. "목회자는 다른 사람들보다 자신의 지역 사회에 관해서 더 많이 알고 있어야 합니다. … 그들에 대해서 제대로 이해하지 않는 한 당신은 결코 그들에게 복음을 전할 수 없습니다." 이 말은 지역 사회에 어떤 사람들이 살고 있는지, 왜 그 지역에 사는지, 그들이 무슨 생각을 하고 있는지, 어떻게 행동하는지, 그들이 좋아하는 것과 싫어하는 것은 무엇인지 알아야 한다는 것을 뜻한다.

지역 사회와 지역 주민을 제대로 이해하기 위해 지역 신문과 『미국의 인구 통계』(American Demographics)와 같은 정기 간행물, 아놀드 미첼(Arnold Mitchell)이 쓴 『미국인들의 아홉 가지 생활 양식』(The Nine American Lifestyles)과 같은 책을 읽는 것이 도움이 될 것이다. 학교의 교장 선생님, 시장에서 장사하는 사람들, 지역 계획 분야의 전문가들, 지역 사회 봉사를 관장하는 지도자들을 인터뷰할 수도 있을 것이다. 그러나 워렌은 이런 노력들보다도 200명 또는 그 이상의 비신자들과 인터뷰하는 것이 훨씬 더 중요하다고 지적하였다.

1975년에 시작된 윌로우크릭 교회의 지도자들은 설립 초기부터 수개월 동안 집집마다 방문하며 설문 조사를 하였는데, 이를 통해서 거대 도시 시카고에 살고 있으면서 교회에 나가지 않는 성인들에 관해 유용한 정보를 얻을 수 있었다. 그들이 교회에 나가지 않는 이유들 중에서 가장 많이 나온 두 가지는 남부 캘리포니아에서 워렌이 행한 조사 결과와 비슷하였다. (1) 그들은 교회가 그들의 삶과 별 상관이 없다고 생각하고 있었다. 다시 말해서 교회와 그들의 일상생활, 일, 가족, 인간관계 사이에 아무런 연관성이 없다는 것이다. 따라서 그들은 교회를 '시간 낭비하는 곳'으로 인식하고 있었다. (2) 그들은 교회가 오직 돈에만 관심이 있다고 생각하였다. 따라서 그들이 볼 때 교회야말로 사람들이 가장 소외되는 곳이다.[36]

2) 전도 대상 주민의 프로필을 작성한다

사도적 교회는 지역 사회와 비신자 주민을 조사한 뒤 그들이 전도할 비신자 주민에 대한 분명한 인구학적 프로필(profile)을 작성한다. 이렇게 작성한 프로필은 교회가 그들에게 복음을 전하기 위해 전략적 결정을 할 때마다 합리적인 판단의 기준이 된다. 로버트 슐러는 프로필에 관해 다음과 같이 논리적 근거를 제시하였는데, 그의 설명은 적절한 선교 전략을 마련하려고 하는 사람들에게 좋은 아이디어를 제공한다. "그들의 **필요**가 우리의 **프로그램**을 결정하고, 그들의 고민이 우

---

[36] '비신자들을 위한 교회 세우기'(Building a Church for the Unchurched)라는 제목이 붙은 윌로우크릭 교회의 오디오 테이프를 듣고서 나는 새로운 회중을 많이 개척하는 교단과 그렇지 않은 교단 사이에 존재하는 세 가지 특별한 차이점을 발견하였다. 성장하는 교단은 (1) 새 교회들을 개척하는 사역을 새로운 선교의 기회로 여기고, (2) 기존의 지역 교회들이 새 교회들을 개척하며, (3) 진취적이고 창의적인 성격의 사람들을 개척 목회자로 세운다. 반면에 쇠퇴하는 교단은 (1) 새로운 교회를 개척할 '책임'이 지방회나 노회와 같은 중간 행정 기구에 '지정'되어 있고, (2) 새 교회들을 개척하는 교회가 소수에 불과하며, (3) 개척된 교회의 목회자는 주로 '착한 회사원' — 진취적인 개척 정신이 없는 관리자 유형의 사람(역주) — 과 같은 성격의 사람이다.

리의 **전략**을 결정한다. 그들의 **문화**는 우리의 **스타일**을 결정하며, 그들의 **존재 자체**는 우리의 **목표**를 결정한다."[37]

새들백 밸리 커뮤니티 교회는 다음과 같이 '새들백 샘'(Saddleback Sam)에 관한 프로필을 작성하였다.

> '새들백 샘'은 교육 수준이 높은 젊은 도시 직업인이다. 그는 자기만족에 빠져 있고, 아내와 함께 편안하게 살고 있다. 그는 자신의 직업과 자신이 사는 곳을 좋아하고 있다. 그는 부유하며, 의식적으로 오락을 즐기며, 정장보다는 편안하고 격식 없는 복장을 선호한다. 그는 건강과 신체 관리에 관심을 가지고 있으며, 자신이 5년 전보다 더 나은 삶을 살고 있다고 생각한다. 그러나 그는 과도한 스케줄과 지나친 재정 지출 때문에 늘 바쁘고 빠듯하게 사는 편이며, 많은 스트레스로 인해 불안정한 삶을 살고 있다. 그는 어린 시절부터 몇 개의 종교를 접했지만 지난 15년 내지 20년 동안 교회에 가본 적이 없고, '조직화된 종교'(organized religion)에 대해서는 매우 회의적이다. 그는 교회에 나가더라도 다른 사람들이 자기를 알아보는 것을 원치 않는다.

---

[37] 수정 교회의 경우에 비신자들의 필요에 따라 결정된 교회 프로그램의 한 예로 다양한 중독자들을 위한 여러 가지 12단계 지원 그룹을 들 수 있다. 또한 슐러는 비신자들의 고민에 따라 교회의 전략을 바꾼 실례로 자신이 '설교'(sermon)가 아닌 '메시지'(message)를 전하는 것을 꼽는다. 비신자들의 문화에 따라 교회 스타일을 바꾼 사례로는 교회가 비신자들이 고민하고 있는 문제와 주제들에 대해서 말하고 그들이 좋아하는 언어와 음악을 사용하는 정책을 꼽는다. 마지막으로, 교회의 성장 목표는 교회가 임의로 결정한 어떤 '이상적인' 사이즈에 의해서가 아니라 사역 지역에 거주하는 비신자들의 인구 규모와 선교적 변수에 의해 결정된다.

윌로우크릭 교회의 비신자 '해리'(Harry)와 '메리'(Mary)—윌로우크릭 교회가 전도 대상으로 설정한 임의의 남자와 여자를 뜻한다(역주)—에 관한 프로필은 새들백 교회의 샘처럼 간결하게 요약된 내용으로 제시된 적이 없다. 하지만 그들의 전도 대상이 평균적으로 다음과 같은 특성을 지니고 있다는 사실에 대해서는 그 교회의 지도자들 모두 일치된 생각을 가지고 있다.

(1) 주로 전도할 대상은 성인 남성이다. 그 이유는 만일 윌로우크릭 교회가 그 지역 성인 남성들이 좋아할만한 예배를 만들면 그 한 남성을 통해서 가족 전체를 전도할 수 있기 때문이다. (2) 윌로우크릭 교회의 전도 대상 주민은 25세 또는 30세에서 50세까지의 사람들이며, (3) 대학 교육을 받은 사무직 종사자 또는 육체노동자들 중에서 상급직에 속한 사람들이다. (4) 또한 진취적인 생각을 가지고 자기 주도적인 삶을 사는 사람들도 전도 대상에 속한다. (5) 윌로우크릭 교회의 전도 대상은 대부분 지금까지 살아오면서 여러 교회를 다녀본 경험이 있기 때문에 모세가 어떤 인물인지 어느 정도 알고 있을 것으로 예상된다. 하지만 오랫동안 교회에 다니지 않았기 때문에 기독교와 복음에 대해서 아는 것은 별로 없을 것이다. (6) **만약** 그들이 교회에 나간다면 그들은 교회가 창의성과 다양성을 추구하고, 구체적인 적용이 가능한 설교를 하고, 남성 지도력과 여성 지도력을 동등하게 존중하기를 기대할 것이다. 그러면서도 자신은 사람들에게 알려지지 않고 아무것도 강요받지 않으며 다니기를 원할 것이다.

"그들은 예배 시간에 찬송하고, 등록 카드에 서명하고, 교인들의 말에 일일이 대답하고, 헌금하는 것을 원치 않는다." 그래서 윌로우크릭 교회의 지도자들은 그 예배의 자리가 "구도자들에게 예수 그리스도의 위험한 메시지를 생각할 수 있는 가장 안전한 장소"가 되도록 배려하기로 하였다. 내가 빌 하이벨스에게 "기독교 전도자들이 세속화된 비신자들에게 전도할 때 꼭 알아 두어야 할 그들의 주요 특성은 무엇입니까?"라고 물었을 때 그는 지체 없이 대답했는데, 그의 대답을 통해서 그 교회 지도자들이 전도할 대상에 대해서 분명하게 파악하고 있음을 알 수 있었다.

우리 지역에 살고 있는 베이비 붐 세대는 단순히 물질적인 욕구를 채운다고 해서 영적인 갈망이 해소되는 것은 아니라는 사실을 서서히 깨달아 가고 있습니다.

그들은 인간관계가 옛날이야기처럼 항상 해피엔딩으로만 끝나지 않는다는 사실도 깨닫고 있습니다. 그들의 인간관계는 엉망이 되어버리고 말았습니다. 그들은 도대체 어디로 가야 할지, 무엇을 해야 할지 갈피를 못 잡고 있습니다. 모든 것이 혼란스럽고 당황스러울 뿐입니다.

많은 사람들이 중년에 이르면 스스로 묻게 되지요. "도대체 인생은 무엇이란 말인가? 내 생애에 남은 30년 내지 40년을 지금까지 살아온 반평생처럼 되풀이해야 하는가? 인생이란 성공, 직장에서 늘 되풀이되는 일들, 또는 주말에 열리는 미식축구 경기를 구경하는 것보다는 더 나아야 하지 않는가? 아무렴, 그래야 하고말고."

3) 선교와 미래의 계획을 명확하게 규정한다

빌 하이벨스와 인터뷰할 때 나는 그에게 "교회가 세속화된 비신자들에게 복음을 전하려면 어떻게 변화되어야 합니까?"라고 물었다. 그는 이렇게 대답하였다.

> 교회가 무엇을 해야 하는지 알고 있는 교회는 극소수에 불과합니다. 대부분의 교회는 그들의 목표가 무엇인지, 종합적인 목적은 무엇인지, 그리고 그들이 과연 그것을 성취해 나가고 있는 것인지 전혀 모르고 있습니다. 따라서 교회는 그저 지난해 또는 재작년에 했던 일들을 반복할 뿐입니다. 그런데도 회중들은 아무런 방향 감각도 없이, 성취해야 될 목표도 없이 그저 "우리는 발전하고 있습니다."라고 말할 것입니다.

이와는 대조적으로, 세속화된 사람들을 전도함으로써 성장하는 교회들은 매우 분명한 목표를 가지고 있다. 이 교회들은 자기 교회가 현재 하고 있는 '일'(business)이 무엇인지 잘 알고 있다. 또한 이 교회들은 지역 교회로서 자신의 존재 이유를 분명히 알고 있으며, 자신의 사도적 또는 선교적 정체성을 분명하게 규정하고, 이것을 교인들에게 반복적으로 들려주면서 계속 강화해 나간다. 이런 교회들은 일반적으로 사명선언문(mission statement)을 통해 자신의 목표를 표현한다. 가령 새들백 교회는 다음과 같은 사명선언문을 사용하고 있다. "위대한 계명(the Great Commandment)과 위대한 명령(the Great Commission)에 대한 위대한 헌신(a Great Commitment)이 위대한 교회(a Great Church)를 만든다."

새들백 교회의 사명선언문은 그들이 우선적으로 해야 할 일이 무엇인지 분명하게 규정하고 있다. 하나님을 사랑하라는 위대한 계명은 **예배**를 가리키고, 이웃을 사랑하라는 위대한 계명은 **사역**을 가리킨다. "가서 … 제자로 삼으라"는 위대한 명령은 **전도**를 가리키며, "내가 너희에게 분부한 모든 것을 가르쳐 지키게 하라"는 위대한 명령은 **제자훈련**을 가리킨다. 따라서 새들백 교회는 이 네 가지 분야에 관심을 기울이며, 만약 어떤 프로그램이나 활동이 교회의 우선적인 관심 사항인 이 네 가지 중 어느 것에도 맞지 않으면 그 일에 관심을 갖지 않는다. 이 네 가지 우선적인 관심 사항은 다시 네 가지 목적 진술에 의해 구체화된다.

(1) 우리는 예배를 통해 하나님의 임재를 찬양하기 위해 존재한다.
(2) 우리는 전도를 통해 하나님의 메시지를 전달하기 위해 존재한다.
(3) 우리는 제자훈련을 통해 하나님의 사람들을 교육하기 위해 존재한다.
(4) 우리는 사역을 통해 하나님의 사랑을 증거하기 위해 존재한다.

릭 워렌은 지도자의 첫 번째 책임이 교회의 목적을 분명하게 설정하고 교인들에게 전달하는 것이라고 생각한다. 물론 교회의 비전과 사명과 목적은 교인들의 적극적인 협력을 통해서 수행되지만 그것을 교인들에게 전달하는 일은 지도자의 몫이다. 교인들이 교회가 해야 할 주요 과업에 대해서 분명하게 이해하고 있을 때 그 교회는 선교가 이끌어가는 교회가 될 수 있다.

교회가 감당해야 할 주요 과업, 사명, 목적을 분명하게 설정한 다음에 교회가 해야 할 일은 그것들을 성취하기 위한 장기 전략 계획을 수

립하는 것이다. 전략 계획은 교인들과 함께 의논하며 수립하는 것이 좋은데, 그렇게 함으로써 교인들의 주인 의식을 높일 수 있기 때문이다. 이런 전략 계획 수립 작업은 개략적인 것에서부터 특별한 것으로, 다시 말해서 먼저 사명선언문을 설정하고, 그 다음에 목표와 전략을 수립하고, 그 다음에 사역과 프로그램을 결정하고, 그 다음에 개별 사역과 프로그램에 대한 세부 행동 계획을 마련하는 순서로 진행해야 한다. 또한 교회는 일을 진행해 나가면서 정기적으로 전략 계획의 추진력과 환경을 점검하고, 필요한 경우에는 그것을 수정해야 한다.[38]

4) 비신자들을 향한 전도 전략을 개발하고 실시한다

사도적 교회들은 또한 그들이 사역하는 지역에서 비신자들에게 복음을 전하기 위한 특별한 전략을 개발한다. 탁월한 사례로 윌로우크릭 교회의 전략을 들 수 있다.[39] 이 교회는 다음과 같은 중요한 질문 하나를 깊이 숙고한 뒤에 전략을 개발하였다. "비신자 해리가 그리스도를 만나 그분의 제자가 되고 그리스도 안에서 성숙해지도록 만들려면 우리는 무엇을 어떻게 해야 하는가?" 이 교회가 개발한 '7단계 전략'은 다음의 과정으로 진행된다.

---

[38] 교회의 전략 계획 과정과 그것을 활용한 교회 성장 방법에 관해 더 살펴보려면 다음을 참조하라. George G. Hunter III, *To Spread the Power: Church Growth in the Wesleyan Spirit* (Nashville, TN: Abingdon, 1987), 8장.

[39] 빌 하이벨스의 강의를 요약한 테이프 '윌로우크릭 교회의 7단계 전략'(The Seven-Step-Strategy of Willow Creek Church)은 다음 주소로 연락하면 구할 수 있다. Seeds Tape Ministry Department, 67 East Algonquin Road, South Barrington, IL 60010. 전화: (708) 765-5000.

(1) 먼저 몇몇 신자들이 비신자 해리와 인간관계를 맺는다. 해리는 오랫동안 기독교와 상관없는 삶을 살았을 가능성이 많기 때문에 그를 전도하려는 사람은 먼저 해리와 믿을만하고 성실한 인간관계를 맺어야 한다.

(2) 성령께서 기회를 주실 때 그동안 좋은 관계를 맺고 있던 그리스도인이 해리에게 구두로 복음을 제시한다. 이때 복음 제시는 해리의 생각에 맞춰서 진행되어야 하며, 여러 차례에 걸친-또는 그 이상의-대화를 통해서 지속적으로 이루어져야 한다.

(3) 해리에게 복음을 전한 그리스도인은 그를 윌로우크릭 교회의 주말 구도자 예배로 데리고 간다. 이때부터 교회 전체가 해리의 복음화를 위해 노력하기 시작하며, 해리는 어떤 강요도 받지 않고 자신만의 속도로 그리스도인이 되는 과정을 밟아 나간다.

(4) 해리가 그리스도인이 되기로 결심하고 교회에 등록하면 그는 수요일 밤 또는 목요일 밤에 모이는 '신자들을 위한 새 공동체 예배'에 초대된다-일반적으로는 누군가가 그를 데리고 간다. 해리는 이 예배를 통해서 공동체 예배, 성경 강해, 성만찬, 대형 친교 모임에 참여하게 되고, 그리스도의 몸인 신자 공동체에 합류하게 된다.

(5) 같은 시기에 해리는 한 소그룹에 가입하게 되는데, 그는 그곳에서 밀접한 친교를 통해 격려, 기도 후원, 책임을 경험한다.

(6) 같은 시기에 해리는 그의 성격과 영적 은사와 일치하는 봉사 또는 사역에 참여하게 된다.

(7) 이제 해리는 시간과 재능의 청지기가 되어 하나님 나라를 위해 일하며 비신자 '래리'(Larry)와 인간관계를 형성한다. 그리고 래리 역시 해리가 경험했던 7단계를 거치게 된다.

5) 평신도들을 사역에 참여시킨다

릭 워렌은 대부분의 교회가 직면하고 있는 가장 큰 과제와 기회는 "청중을 군사(軍士)로 전환하는 것"이라고 생각한다. 새들백 교회에서 "사역자는 교인들이며, 목사들은 '관리자' 역할을 한다." 목사들에게 가장 적합한 역할은 평신도들을 "인도하고 양육하는" 것이다. 또한 세계 선교를 위해 그들을 준비시키고 무장시키는 것이 목사들이 해야 할 일이다.

그러나 불행하게도 대부분의 교회는 정반대 양상을 보이고 있다. 이런 교회에서는 목사가 모든 사역을 감당하려고 애쓰는 반면에―그들은 그렇게 해야 한다고 생각하고 있다―평신도들은 사역을 결정하고, 많은 위원회를 통해서 교회를 관리하며, 목사의 목회 수행 능력을 평가한다. 이것은 성장하지 않는 교회의 전형적인 모습이다. 목사 혼자서는 200명 이상의 교인들을 돌볼 수 없다. 또한 교회가 지역 사회를 변화시키는 동력이 되기 위해서는 사역이 전체 신자들에게로 이양되어야 한다. 리더십은 소수의 손에 있어야 하지만 사역은 다수의 손에 있어야 한다.

이렇게 되면 얼마 지나지 않아 평신도들이 적극적인 신자로 바뀔 것이며, 열정적이고 경험이 풍부한 평신도들에게서 새로운 사역에 대한 의견이 많이 나올 것이다. 새들백 교회는 교인들에게 자신의 삶의 현장에서 사역의 기회를 찾아보라고 격려하며 도전한다. 한 남성 교인은 다른 여러 남성 교인들과 뜻을 모아 미망인과 독신 여성들을 위해 차를 수리해 주는 '정비 사역'을 시작하였다. 어떤 남성 교인은 '가정 도우미' 사역을 시작했는데, 자발적으로 모인 여러 교인들과 함께 불우한 이웃의 집을 수리하는 일을 해주고 있다.

북미 전역에 걸쳐 점점 더 많은 교회들이 '열정적으로 새로운 사역을 시작하는 평신도들'(an entrepreneurial laity)을 격려하고 있다. 로스앤젤레스 동부에 위치한 브래디 교회의 한 여성 평신도는 어느 낙태 시술 병원 앞에서 거리 상담 사역을 즉시 시작하였다. 그녀는 이 사역을 통해서 3년 동안 약 150명의 아기를 구했다. 과거에 중독 회복 사역을 통해 그리스도인이 된 한 젊은 여성은 '깨끗한 몸 맑은 정신'(Clean and Sober) 사역—아직 자신의 삶을 그리스도에게 맡기지 못한 12단계 그룹의 중독자들을 위한 사역—을 시작하였다.

앨라배마 주 몽고메리에 있는 프레이저 메모리얼 연합 감리교회(Frazer Memorial United Methodist Church)의 한 평신도는 몇몇 예비 부모들이 기형아나 장애아를 출산하게 될 것이라는 소식을 들었다. 교회는 이들을 돕는 사역을 즉시 시작하였다. 이들의 아기들이 태어났을 때 교회는 비슷한 조건을 가진 부모들을 돕는 지원 그룹으로 이들을 안내해 주었다. 예배와 교회 프로그램이 진행되는 동안 아기들은 특수 보조 장비와 자원봉사자들의 도움을 받았다. 최근에 이 교회는 '금요일 밤의 외출'이라는 프로그램을 신설했는데, 매주 금요일 저녁에 부모들만 외출하여 그동안 쌓인 스트레스를 풀 수 있도록 자원봉사자들이 아기를 맡아 주는 프로그램이다. 지금은 아기와 부모들을 위한 이 사역과 함께 또 다른 사역들이 활발하게 진행되고 있다. 이런 사역들은 모두 처음에 어느 한 평신도가 제시한 아이디어에서 시작되었으며, 사역을 조직하고 진행하는 일 역시 평신도들이 담당하고 있다.

그렇다면 이런 교회들은 평신도 각자에게 적합한 사역을 어떻게 파악하는가? 선구적인 교회들은 특정한 임무와 과제를 수행하기 위해 교인들을 모집할 때 보통의 교회들과는 다른 방법을 사용하고 있는 것 같다. 프레이저 메모리얼 교회의 담임 목사인 존 에드 매티슨(John Ed Mathison)은 여러 사례들을 관찰한 결과, 어떤 과제를 위해 단지 그 일을 잘하는 사람들에게 일을 부탁하면 그들이 일을 하기는 하지만 최선을 다하지 않는다는 사실을 알았다. 대부분의 사람들은 자원했을 때 최고의 에너지를 발휘하며, 또 그렇게 함으로써 그 일이 '자신의' 일이 된다.

프레이저 메모리얼 교회에서는 매년 가을에 이듬해에 참여할 수 있는 150가지 선택 항목이 담긴 '사역 목록'을 교인들에게 나눠 준다. 이 교회의 내부 규정에 의하면 모든 교인은 충분히 기도한 뒤에 한 가지 사역을 선택해야 하고, 이듬해 1월에 사역에 대한 안내와 훈련을 받은 다음 일 년 동안 봉사해야 한다. 새 신자들에게도 똑같은 사역 목록이 주어지는데, 그들은 정식 교인으로 등록할 때 반드시 어느 한 가지 사역에 참여하겠다는 '서약'을 해야 한다.[40]

윌로우크릭 교회가 교인들을 사역에 배치하는 방식은 프레이저 메모리얼 교회와 비슷하다. 윌로우크릭 교회에서는 모든 새 신자가 4주 동안 '네트워크 세미나'에 참여해야 하는데, 이 과정을 통해서 사역에 대한 자신의 영적 은사들을 발견하게 된다. 교육이 끝나면 평신도 상담자가 새 신자와 일대일로 만나 그의 인성 유형과 영적 은사에 적합한 사역이 무엇인지 발견하도록 도와주며, 마지막에는 그 가운데 어느 사역에 가장 큰 관심이 있는지를 묻는다.

---

[40] 프레이저 메모리얼 연합 감리교회의 평신도 사역에 관해서는 다음을 참조하라. John Ed Mathison, *Every Member in Ministry* (Nashville, TN: Discipleship Resources, 1988).

6) 교인들을 증인으로 훈련한다

오늘날 기독교에는 주님의 대위임령을 충분히 수행할 수 있는 능력 있는 평신도들이 많이 있다. 그들은 목회자들이 교육과 훈련을 통해 선교 의식을 일깨우고 파송하기만 하면 될 정도로 준비되어 있다. 사실 이런 일이 지역 교회마다 일어나야 하는데, 실제로는 좀처럼 일어나지 않고 있다. 이와 관련하여 케네스 채핀은 자신의 경험을 솔직하게 고백하면서 이렇게 말했다.

> 우리는 … 평신도들이 자신의 믿음을 나누기 위해 일정한 훈련을 받을 필요가 있다는 사실을 과소평가하는 경향이 있다. 부끄럽지만 나 역시 이런 잘못을 저질렀다. 나는 그리스도인이 되면 누구나 복음을 전하는 기술을 자동적으로 습득하게 된다고 오랫동안 믿어 왔다. 그러나 그것은 잘못된 생각이었다.
>
> 나는 PTA-Parent-Teacher Association의 약자로 '부모-교사 협의회'를 뜻한다(역주)-의 뛰어난 회장이 될 수 있을 만큼 충분히 의욕적이고 역량을 갖춘 여자 신자들이 자기 자녀가 속한 학급 아이들에게는 그리스도인이 되는 방법에 대해서 아무것도 말해 주지 못하는 것을 보고 충격을 받았다. 또한 대법원에서는 자신의 업무와 관련하여 뛰어난 능력을 발휘하는 변호사지만 친구네 집 거실에서 전도할 수 있는 기회를 얻었을 때 예수 그리스도에 관한 '간단한' 복음조차 제시하지 못하는 것을 보았다. 물론 이런 이야기들을 현실에 적용할 때에는 신중해야 하겠지만, 적어도 나는 이런 사례들을 통해서 교회 안에 있는 탁월한 교인들에게 자신의 믿

음을 전달하는 법을 배울 수 있도록 구체적인 훈련 프로그램을 제공해야 한다는 사실을 깨달았다.[41]

선구적인 교회들은 전도를 위해 평신도들을 어떻게 훈련하고 있는가? 윌로우크릭 교회가 평신도들을 위해 마련한 '효과적 전도 세미나'를 하나의 좋은 모델로 제시할 수 있다. 이 세미나는 두 명의 봉사자가 진행하며, 매주 한 번씩 저녁에 2시간 30분씩 4주 동안 모임을 갖는다. 이 방식은 세 가지 점에서 매우 특징적이다. 이 세미나는 (1) 교인들에게 전도 방식을 선택할 수 있게 하며, (2) 교인들이 자신의 특성에 맞게 전도할 수 있도록 격려하며, (3) 복음에 대해서 충분히 변증할 수 있도록 준비시킨다. 다시 말해서 불신자들이 질문하고 의심할 때 적절한 논리적 근거를 가지고 응답하도록 준비시킨다.

첫 번째 강좌인 '자신에게 맞는 전도 방법 찾기'(Being Yourself)는 누구든지 전도할 때 결코 특별하거나 대단할 필요가 없으며, 성경에서 '단 하나'의 전도 방법만 찾을 수 있는 것도 아니라는 사실을 가르쳐 준다. 실제로 성경에 보면 불신자들에게 복음을 전하는 방법으로 적어도 6가지 모델이 있음을 알 수 있다.[42]

---

[41] Chafin, *The Reluctant Witness*, 141.
[42] 아래의 책에서 빌 하이벨스가 쓴 10장은 전도의 동기와 전도자가 가져야 할 사고방식에 관한 윌로우크릭 교회의 이해를 요약하고 있을 뿐만 아니라 성경이 제시하고 있는 6가지 전도 유형에 관해 설명하고 있다. Bill Hybels, "Unstereotyping Evangelism," in *Honest to God? Becoming an Authentic Christian*, 10장. 그의 설교 네 편을 담은 '개인 전도의 모험'(Adventures in Personal Evangelism)이라는 제목의 테이프는 윌로우크릭 교회의 씨 테이프 사역부(Seeds Tape Ministry)를 통해 구할 수 있다.

(1) **도전** 전도 방식(a confrontational approach)은 베드로의 사례가 보여 주는 모델이다. 사도행전 2장 36절에 보면 베드로는 담대하게 "너희가 십자가에 못 박은 이 예수를 하나님이 주와 그리스도가 되게 하셨느니라."는 복음의 말씀을 증거하고, 이어 38절에서 "회개하고 세례를 받으라."고 도전하며 사람들을 초청한다.

(2) **지성** 전도 방식(a intellectual approach)은 바울의 사례가 보여 주는 모델이다. 사도행전 17장에 보면, 바울은 "알지 못하는 신에게"라고 새긴 단을 언급하면서 자신이 그 신을 소개하기 위해서 왔다고 말한다. 그리고 유대인과 하나님을 두려워하는 헬라인들에게 자신의 새 메시지를 이해할 수 있도록 논거를 제시하고 설명함으로써 전도 대상자들과 공유할 수 있는 공통적 인식 기반을 확립한다.

(3) **간증** 전도 방식(a testimonial approach)의 사례는 요한복음 9장에서 찾을 수 있다. 이 본문에는 시각장애인이었던 한 거지가 예수에 의해 고침을 받은 뒤 자신에게 일어난 일에 대해 사람들에게 간증한 이야기가 나온다.

(4) **관계** 전도 방식(a relational approach)의 사례는 마가복음 5장에서 찾을 수 있다. 예수께서는 더러운 귀신에 들린 사람에게서 귀신을 쫓아내신 뒤 그 사람에게 "집으로 돌아가" 하나님께서 행하신 것을 가족과 친구들에게 알리라고 지시하셨다.

(5) **초청** 전도 방식(a invitational approach)은 요한복음 4장에 나오는 사마리아 여인의 사례가 보여 주는 모델이다. 이 여인은 예수가 메시아임이 틀림없다고 결론짓고 스스로 사람들을 찾아가서 예수께로 와서 보고 들으라고 초청하였다.

(6) **섬김** 전도 방식(a serving approach)은 사도행전 9장에 나오는 여인 도르가의 사례가 보여 주는 모델이다. 이 여인은 가난한 사람들을 위해 옷을 지어 예수의 이름으로 그것을 나눠 줌으로써 사람들의 마음이 자비로우신 하나님을 향해 열리게 하였다. 이 첫 번째 강좌의 목적은 그리스도인들에게 전도 방식을 선택할 수 있게 하고, 한 가지 방식으로 전도되지 않는 사람에게는 얼마든지 다른 적절한 방식을 찾아서 사용할 수 있다는 사실을 알게 해 주는 데 있다.

두 번째 강좌인 '자신의 이야기로 간증하기'(Telling Your Story)는 전도 대상자와 영적인 대화를 시작하는 방법을 가르쳐 주며, 참여자들에게 자신의 개인적인 간증을—기독교의 특수 용어들을 사용하지 않고—나눌 수 있도록 준비시켜 준다.

세 번째 강좌인 '명료한 메시지 만들기'(Making the Message Clear)는 사람들에게 유비, 예화, 이야기를 사용해서 복음의 내용을 명료하게 정리하는 네 가지 또는 다섯 가지 방법을 가르쳐 준다.

네 번째 강좌인 '질문에 대답하기'(Answering Questions)는 세속 사회에서 전도할 때 반드시 필요한, 복음에 대한 변증 능력을 갖출 수 있도록 준비시키며, 불신자들이 질문을 제기할 때 답변할 수 있는 자료를 제공해 준다.[43]

---

[43] '믿음의 근거'(Faith Has Its Reasons)라는 제목이 붙은 테이프에는 하이벨스의 다섯 편의 설교가 담겨져 있는데, 이 테이프는 윌로우크릭 교회의 씨 테이프 사역부를 통해 12달러에 구입할 수 있다. 이 테이프에서 하이벨스는 (1) 하나님, (2) 성경, (3) 예수 그리스도, (4) 그리스도의 부활, (5) 천국과 지옥의 실재를 믿는 이유들에 관해 말하고 있으

복음에 대한 변증을 다루는 효과적 전도 세미나의 이 네 번째 강좌 이외에도 윌로우크릭 교회는 다른 어떤 교회보다 더 많은 변증 사역― 구도자들에게 좋은 논거와 증거를 제시하는―을 시행하고 있다. 이 교회의 주보는 대화를 원하는 구도자들을 위해 자르는 선을 따라 하나씩 뜯을 수 있도록 되어 있다. 교회는 구도자들이 궁금한 점들을 물어볼 수 있는 일대일 대화 프로그램을 제공한다. 구도자들을 위한 '기초반'은 조금 더 큰 규모인데, 매주 질문할 수 있는 큰 포럼을 제공한다. 수요일에 개최되는 '새 공동체 예배'에서는 이따금 전문가 몇 사람으로 구성된 패널이 '의심이 많은 사람들이 묻는 질문들'에 대해 자유롭게 토론하는 시간을 갖는다. 전문가들이 발언한 뒤에는 회중석에 있는 사람들이 자신의 생각을 말할 수 있게 한다. 이와 같이 교회는 가급적 구도자들과 더 많은 대화의 시간을 가지려고 노력한다. 교회의 구내 서점은 전도에 도움이 되는 책과 테이프를 갖추고 있으며, 구도자들이 제기하는 질문과 답변을 다룬 책과 테이프를 준비해 놓고 있다.

리 스트로벨(Lee Strobel)은 본래 무신론자였으나 윌로우크릭 교회를 통해 그리스도인이 되었으며, 지금은 이 교회의 커뮤니케이션 책임자로 사역하고 있다. 그는 윌로우크릭 교회의 전도 사역을 관장하면서 평범하면서도 필수적인 변증론을 강조한다. 세속화된 구도자들 중에는 그리스도인들과 대화할 때 그들의 신앙에 의식적이고 사실적인 기초가 없다고 느끼는 사람들이 많이 있다. 달리 말하자면 이는 많은 그리스도인들이 자신이 믿는 이유를 논리 정연하게 설명하지 못하고 있

며, 그 지역의 세속화된 구도자들이 자주 묻는 질문과 의문에 대한 윌로우크릭 교회의 답변을 설명하고 있다.

다는 것을 의미한다. 더욱이 기독교 신앙 역시 충분한 사실, 증거, 논리적 근거를 가지고 있지 못하다는 부정적인 소문이 구도자들에게 영향을 미치고 있다. 따라서 구도자들은 그리스도인들이 말하는 믿음이란 '맹목적인 믿음'에 불과하다고 생각한다. 스트로벨은 구도자들이 전도자에게 궁금한 것을 물어올 때 다음과 같이 지혜롭게 대처하라고 조언해 주었다.

> 당신이 누군가에게 그리스도를 증거할 때 종종 상대방이 늘 고민해 오던 문제를 질문하기도 합니다. 그것은 둘 사이의 소통을 가로막는 일종의 장벽이 될 수도 있습니다. 그런데 만일 당신이 "그것 참 좋은 질문입니다. 저 역시 그 점에 대해서 의아하게 생각하곤 했었지요. 제가 깨달은 것을 한번 말씀드려도 되겠습니까?"라고 말할 수 있다면 그것이 그 사람에게 도움이 될 것입니다. 비록 충분히 만족스럽지 않다고 할지라도 좋은 대답은 고민했던 문제로부터 그를 자유롭게 하고 몇 단계 발전하게 해 줄 것입니다. 그리고 그는 두 번째 질문을 제기하지 않을 것입니다.

윌로우크릭 교회는 기독교 신앙을 변증할 때 반드시 유념해야 할 점이 있음을 강조한다. 그것은 그리스도인이 구도자들의 적대자, 다시 말해서 우월한 논쟁으로 비신자 해리 또는 메리를 이기려고 애를 쓰는 적대자가 되어서는 안 된다는 것이다. 그리스도인은 구도자들의 협력자, 다시 말해서 그 기간이 얼마나 되든지 간에 의심과 고민을 통해서 신앙의 단계로 나아가도록 돕는 협력자가 되어야 한다.

윌로우크릭 교회의 지도자들은, 아무리 뛰어난 변증일지라도 그것의 역할은 기껏해야 불신자들의 마음속에 단지 가능성을 심어 주는 것일 뿐임을 분명하게 알고 있다. "성령으로 아니하고는 누구든지 예수를 주시라 할 수 없느니라."(고전 12:3) 어떤 경우에도 구도자들이 기독교 신앙을 받아들이기 전에 반드시 **모든** 의심을 해소해야 되는 것은 아니다. 그러나 적어도 그들로 하여금 기독교 진리 안에 좋은 논거들이 있다는 사실을 알게 만들 필요는 있다.

'사실의 공적 세계'와 '가치의 사적 세계'를 이원론적으로 구분하고 있는 서구 문화에서, 세속화된 사람들은 사적 영역에서 이루어지는 그 어떤 선택도 사실에 근거한 것이 아니므로 믿을 수 없다고 생각한다. 그러나 기독교 신앙은 인간의 역사 속에 나타난 하나님의 계시를 믿는 것이기 때문에 객관적으로 검증할 수 있는 사실에 기초하고 있다. 리 스트로벨은 기독교 신앙에 대해 탐구하는 동안 다음과 같은 사실을 발견하였다. "예수는 역사 속에 존재한 인물이다. 그는 우리가 충분히 검증할 수 있는 역사적 발자국을 남겼다!"

윌로우크릭 교회의 지도자들은 비신자 해리와 메리에게 결코 제자가 될 것을 강요하지 않으며, 기독교 신앙을 받아들이기에 앞서 신중하게 숙고할 수 있는 충분한 시간을 준다. 하지만 그렇다고 해서 해리와 메리가 스스로 알아서 그리스도께 응답할 때까지 내버려 두지도 않는다. 그들은 해리와 메리가 적절한 때에 그리스도의 초청에 응답하도록 격려한다. 구도자들이 결심하게 되는 데에는 평균적으로 6개월에서 12개월 정도가 걸린다.

윌로우크릭 교회는 불신자들의 결심을 도울 수 있는 한 가지 특별한 전략을 사용하고 있다. 그 전략은 수용 과정의 '시도' 단계와 슈메이커의 유산인 '믿음의 실험'과 일치한다. 윌로우크릭 교회는 구도자들에게 결혼, 육아, 직장 문제 등 삶의 중요한 문제에 직면했을 때 일정한 기간 성경의 가르침을 좇아 마치 성경이 진리인 것처럼 행동해 보라고 권한다. 이런 간접적인 초청의 목적은 크게 두 가지다. (1) 첫 번째는 수용 과정에서 심리적으로 반드시 거쳐야 할 '시도' 단계를 경험할 수 있도록 돕는 것이다. 인생을 좌우하는 중요한 문제에 직면했을 때 시도 또는 믿음을 실험하는 과정을 거치지 않고 흥미 단계에서 바로 수용 단계로 넘어가는 사람은 거의 없다. (2) 두 번째는 구도자들이 성경의 권위에 대해서 더 신뢰하도록 만드는 것이다. 하이벨스는 이 점에 관해 다음과 같이 설명하였다.

> 비신자들은 우리 신자들만큼 성경을 중요하게 생각하지 않습니다. 그들은 성경을 마치 농부의 농사월력과 같은 것, 다시 말해서 때때로 유익하게 사용할 수 있는 아이디어들을 수집해 놓은 책 정도로 여깁니다. 그들은 '성경은 이따금 한 번씩 사용하기에 좋은 말들을 담고 있지만 그렇다고 해서 내 삶을 근본적으로 바꾸어 놓을 만한 정도의 책은 아니다.'라고 생각하는 경향이 있습니다.[44]

성경에 진리가 있기 때문에 일정한 기간 성경의 지혜를 삶의 한 영역에 적용하는 믿음의 실험은 일반적으로 실험을 한 사람으로 하여금 진리를 확신하게 만든다. 이렇게 성경의 진리를 신뢰하게 될 때 구도자들은 그 성경이 증거하는 하나님도 믿을 수 있다고 생각하게 된다!

---

[44] Bill Hybels, "Speaking to the Secular Mind," 1.

7) 구도자들에게 초점을 맞춘 주일 예배를 제공한다

1979년에 리 스트로벨의 아내가 먼저 윌로우크릭 교회를 통해서 그리스도인이 된 뒤에 남편을 교회로 초청하였다. 법학을 전공한 저널리스트로서 일간 신문 『시카고 트리뷴』(Chicago Tribune)의 법률 담당 편집자였던 스트로벨은 자신을 무신론자로 자처하는 사람이었다. 왜냐하면 기독교 신앙을 받아들이기에는 확실한 증거가 부족하다고 생각했기 때문이었다. 그런데 그는 자기 아내가 회심한 뒤에 매우 긍정적으로 변하는 것을 보았다. 한 예로 그의 아내는 전에 몹시 수줍어하는 성격이었는데, 믿음을 가진 뒤부터 마음을 터놓고 다른 사람들과 자유롭게 대화하는 성격으로 바뀌었다.

이런 모습을 본 스트로벨은 아내와 함께 예배에 참석하기로 하였다. 그는 처음 예배에 참석했을 때 크게 놀랐는데, 그때 받은 느낌을 "한 방 얻어맞은 것 같았다."라는 말로 고백하였다. 그는 교회가 예배 장소로 사용한 극장에서 더할 나위 없이 편안함을 느꼈다. 음악은 평소에 자신이 라디오에서 듣던 것들과 비슷하였으며, 드라마는 단선적인 해답을 제시하지 않고 이슈를 효과적으로 잘 제기하였다. 그리고 빌 하이벨스의 메시지는 스트로벨과 직접적으로 관련된 문제를 다루고 있었고, 심지어 예화는 스트로벨이 매우 좋아하는 모터사이클에 관한 것이었다. "그런 관련성이 정말 놀라웠습니다. 교회에서 그런 메시지를 들을 수 있으리라고는 상상도 못했습니다. 특히 그날 설교는 그 당시 제가 삶에서 고민하고 있었던 문제와 밀접한 관련이 있었습니다."

더욱이 윌로우크릭 교회의 교인들은 그를 진심으로 존중해 주었다. 그들은 그의 질문들을 진지하게 받아 주었다. 그들은 자신의 입장을 변명하려고 하지 않았고, 그렇다고 그를 정죄하려고 하지도 않았으며, 그에게 무엇을 강요하지도 않았다. 오히려 그에게 자기 방식대로 조사해 보고 생각해 볼 수 있는 충분한 시간을 주었다. 스트로벨은 처음 참석한 그 예배가 마치 '자기를 위해 기획된 것처럼' 느꼈다. 나중에 그는 사실상 그 예배가 그를 위해 기획되었다는 것을 알았다! "저는 그들이 표적으로 삼고 있었던 바로 그 사람이었습니다. 사실상 그들은 정확하게 저를 겨냥해서 예배를 구성했던 것입니다. 제가 바로 '비신자 해리'의 프로필에 정확하게 일치한 사람이었던 것이지요."

리 스트로벨의 마음을 감동시키는 데 중요한 역할을 한 요소가 또 하나 있었다. 그것은 그가 관찰하고 대화를 나눈 사람들, 그리고 그가 동질감을 느꼈던 사람들이 주는 투명한 신뢰였다.

저에게 충격을 준 또 다른 한 가지는 '그들이 이런 어리석은 생각을 믿는다는 것'이었습니다. 지금까지 제가 만난 사람들 중에서 소위 그리스도인이라고 하는 수많은 사람들은 말로만 믿는 사람들이거나 주일에만 그리스도인인 척 하는 사람들이었습니다. 저는 그들의 인격과 행하는 모습에서 전혀 그리스도인의 증거를 발견할 수 없었습니다.

그런데 이 윌로우크릭 교회에서 제가 본 사람들은 정말로 믿는 사람들이었어요! 바로 이런 사람들이 **정상적인** 그리스도인들이지요. 정말 사귀고 싶은 사람들이고, 다른 사람들이 매력을 느낄만한 사람들입니다. 그들은 다른 사람들 앞에서 뽐내거나 자신들이 다른 사람들보다 더 경건한 것처럼 우쭐대지도 않습니다. 저는 그들과 쉽게 하나가 될 수 있었습니다 그들은 진심으로 자신이 확신하고 있는 진리에 대해서 저에게 이야기해 주었고, 그들과의 대화는 제가 최소한 그게 무엇인지 알아 봐야 되겠다고 생각하게 만들었습니다.

교회를 처음 방문했을 때 적절한 예배와 더불어서 스트로벨에게 감동을 준 것은 빌 하이벨스의 메시지였다. 스트로벨은 그의 메시지를 통해서 처음으로 **은혜**라는 개념을 이해할 수 있었다. 그리고 그는 마음속으로 이렇게 생각하였다. '은혜라고? 믿을 수 없어! 그것은 너무 좋아서 믿어지지 않아! 하지만 만약 그것이 사실이라면 그것은 내 삶에 엄청나게 중요한 것임에 틀림없어.' 스트로벨은 거의 2년 동안 성경과 고고학적 증거, 여러 다른 종교에 관해서 연구한 끝에 하나님의 은혜에 관한 "일련의 퍼즐 조각들을 맞출 수 있게 되었다."

스트로벨의 탐구는 철학적일 뿐만 아니라 실험적이기도 하였다. 그는 성경의 가르침을 먼저 자신의 부부 생활에 적용하였고, 그 결과 그때부터 그의 부부 생활은 훨씬 좋아졌다! 그러던 어느 날 그는 성경의 수많은 구절들이 그가 그리스도인이 될 수밖에 없는 길로 안내하고 있다는 사실을 깨닫게 되었다.

그때 저는 무엇을 어찌해야 할지 몰랐습니다. 제 아내가 그러더군요. "여기에 당신이 읽고 싶어 하는 구절이 있어요." 아내는 저에게 요한복음 1장 12절을 짚어 주었습니다. "영접하는 자 곧 그 이름을 믿는 자들에게는 하나님의 자녀가 되는 권세를 주셨으니." 그러나 저는 단순히 그 말씀을 아는 것만으로는 충분하지 않다는 사실을 깨달았습니다. 무언가 제가 해야 할 일이 더 있었던 것이지요. 그것은 제 삶을 그리스도께 드리는 것이었습니다. 저는 종종 윌로우크릭 교회에서 헌신의 필요성에 대해서 들었습니다. 하지만 그동안 그 메시지가 다른 사람들에게만 해당되는 것이라고 생각했는데, 이제 그것이 저에게 해당되는 메시지가 되었습니다. 그 순간 저는 누군가가 "이것이 네가 나아가야 할 다음 단계야."라고 말하면서 내미는 손을 잡아야만 했습니다.

리 스트로벨이 교회 안에서 겪은 다양한 경험은 그가 영적으로 성장하는 데 큰 도움이 되었다. 하지만 사실상 그에게 새로운 삶이 시작된 것은 윌로우크릭 교회의 '구도자들을 위한' 주말 예배에 처음 참석했을 때부터였다고 말할 수 있다.

빌 하이벨스는 시카고 지역에 있는 어느 한 교회에서 청소년 사역을 하는 동안 스트로벨처럼 세속화된 사람들에게 복음을 전하기 위한 행사들을 기획하는 법을 배웠다. 그는 교회에 나오는 아이들과 함께 안 믿는 친구들을 위한 저녁 행사를 기획하였다. 그들은 모임 장소를 새로 꾸미고, 포스터와 슬로건을 붙이고, 현대 음악과 멀티미디어 프레젠테이션, 드라마―드라마를 통해서 비신자 아이들이 자신의 모습을 보았다―를 준비하였다. 그리고 하이벨스는 이전까지 해온 강해식 설교 방식을 버리고 성경으로부터 얻은 통찰을 생활에 적용하는 주제식 설교 방식을 사용하였다.

이렇게 개선된 방식은 윌로우크릭 교회에서 지금까지 그대로 사용되고 있으며, 그때의 경험들은 현재 이 교회가 채택하고 있는 대부분의 중요한 전략적 원리의 배경이 되고 있다. "같은 시간, 같은 장소, 같은 집회에서 전도와 양육을 동시에 한다면 결코 최선의 결과를 얻을 수 없을 것입니다." 윌로우크릭 교회의 지도자들은, 전도와 양육을 모두 추구하는 예배에서 만약 기존 신자들에게만 초점을 맞추면 방문한 구도자들이 그 자리를 떠나고 싶어 할 뿐만 아니라 앞으로 더는 기독교에 관심을 갖지 않겠다고 생각할 것이고, 반대로 구도자들에게만 초점을 맞추면 성경의 '단단한 음식'(히 5:12)을 필요로 하는 신자들이 내적인 영양 결핍을 느낄 것이라는 사실을 알게 되었다. 그렇다고 해서 만일 중간 그룹을 겨냥하면 두 부류 모두 놓치고 말 것이다.

따라서 그들은 주일 아침 예배를 구도자들에게 매력적인 예배로 전환하기로 결정하였다. 그들의 이런 결정은 서구 문화 속에 여전히 남아 있는 규범적 행동 양식—삶이 악화되어 다른 모든 것을 시도해 본 사람이라면 반드시 일요일에 하나님을 찾을 것이다!—을 활용하려는 전략에 따른 것이었다. 신자들을 위해서는 수요일 밤에 드리는 '새 공동체 예배'를 마련하였다. 윌로우크릭 교회는 최근에 구도자들을 위해 세 번의 주말 예배를 마련하였다. 토요일 저녁 6시, 주일 아침 9시와 11시에 드리는 구도자 예배에는 매주 14,000명 이상이 참석하고 있다. 그들은 또한 매주 '새 공동체 예배'를 두 번 드린다. 수요일과 목요일 저녁 7시 30분에 드리는 이 예배에는 6,000명 이상이 참석하고 있다. 이들 중 70% 이상은 윌로우크릭 교회의 다양한 사역을 통해서 그리스도인이 된 사람들이다.

윌로우크릭 교회의 예배당은 전통적인 교회 건물보다는 컨벤션 센터를 연상시킨다. 사람들은 극장식 의자에 앉아서 무대를 바라본다. 건물에는 스테인드글라스나 전통적인 기독교 상징물이 전혀 없다. 회중석에는 뛰어난 음향과 조명이 설치되어 있고, 예배는 철저하게 전문가들의 연출에 의해 진행된다. 하이벨스는 플렉시 유리로 된 성경 낭

독대를 앞에 놓고 설교를 한다. 로비에는 여러 개의 부스가 마련되어 있는데, 이런저런 교회 사역에 참여하기를 원하는 사람들은 예배를 마치고 집으로 돌아갈 때 도우미의 도움을 받아 이 부스에서 신청서를 작성할 수 있다.

예배는 일반적으로 오케스트라, 여러 찬양 그룹과 보컬리스트들, 현대 음악, 멀티미디어 프레젠테이션, 5분 내지 7분 정도 메시지를 간략히 소개하는 드라마 등으로 구성된다. 그러고 나면 하이벨스가 등장하여 성경에 근거하면서도 구도자들에게 적합한 주제들 곧 그들이 관심을 가지고 있고 일상생활에 바로 적용할 수 있는 주제들―가령 '부부 생활의 활력 찾기,' '두려움을 극복하는 법,' '인생을 이해하라,' '온전히 변화된 사람'―을 설교로 풀어낸다. 설교에 집중할 수 있도록 종종 유머를 사용하기도 하는 하이벨스는 언젠가 성(性)에 관해서 이런 말을 하기도 하였다. "성적 욕구가 없으면 삶이 얼마나 따분할지 생각해 보십시오. 그러면 컨트리 음악도 없을 것이고, 『스포츠 일러스트레이티드』(*Sports Illustrated*)―1954년에 창간된 미국의 스포츠 주간지로 1964년부터 발간한 수영복 특집은 남성들에게 큰 인기를 얻었다(역주)―의 수영복 특집 같은 것도 없을 것입니다. 마돈나(Madonna) 역시 아무 할 일이 없을 것입니다." 예배 전체의 내용은 참석자들이 기독교 신앙에 관해서 아무것도 모른다는 전제 아래 구성되기 때문에 그들에게 전달되는 메시지는 주로 기독교의 기본 진리를 다룬다.

윌로우크릭 교회의 방식은 대도시 시카고의 비신자 주민에 관한 조사 결과에 기초하여 작성된 '비신자 해리'의 프로필에 근거하고 있다. 이 조사를 통해서 그들은 만약 해리가 교회에 나오려고 결심한다면 적어도 그가 다음과 같은 것들을 원한다는 사실을 알게 되었다. (1) 그는 익명성을 원한다. 다시 말해서 그는 아무런 간섭도 받지 않고 자유롭게 교회를 살펴보고 싶어 한다. 그는 누구와도 말하고 싶지 않으며, 어떤 것에도 사인하기를 원치 않으며, 누군가가 자기에게 아는 체하는 것도 원치 않는다. (2) 그는 처음 교회를 방문한 사람들이 잘 이해할 수 있도록 자신이 접하는 모든 프로그램이 초보자 수준에서 진행되기를 원한다. (3) 그는 관련성(relevance)을 원한다. 그는 자신이 기독교를 믿으면 자신의 삶에 변화가 생겨야 한다고 생각한다. 그렇지 않으면 그는 "기독교는 내 삶과 아무런 관련이 없다."고 결론지을 것이다. 따라서 하이벨스는 '메시지' — '설교'가 아닌 — 를 전할 때마다 누구든지 자신의 삶에 적용할 수 있는 쉽고 가치 있는 내용을 전하려고 노력한다. (4) 이미 시카고의 전문적인 직업 세계에 익숙한 해리는 자신이 진지하게 참여하려고 하는 교회의 예배 역시 탁월하기를 바란다. 그런데 만일 그 예배가 '이류'에 그친다면 그는 그 후로 예배에 참석하지 않을 것이다. (5) 해리는 기독교 신앙을 받아들이기 전에 충분히 생각할 수 있는 시간을 갖기 원한다. 그는 교인들이 기독교에 관해 궁금한 점들을 묻는 자신을 존중해 주고, 빠른 결정을 강요하지 않기를 원한다.[45] 하이벨스에 따르면 대부분의 회심은 다음과 같은 방식으로 일어난다.

> 회심은 대체로 6개월 또는 그 이상 교회를 다닌 뒤에 일어납니다. 첫 방문 이후 최소한 6개월 정도 꾸준히 출석해야 하고, 그를 인도한 사람이 그에게 지속적인 관심을 기울여야 합니다. 새 차를 사는 사람들이 타이어를 만져 보고, 차 안을 들여다 보고, 보증서

---

[45] Ibid., 34.

를 검토해 보고 나서야 비로소 "이 차를 사겠습니다."라고 말하는 것처럼, 신앙적 결단을 내리기까지는 시간이 많이 필요합니다.

따라서 윌로우크릭 교회는 전통 교회와 세속화된 사람들 사이의 '문화 장벽'(cultural barrier)이 제거되기를 희망하면서 그 시장(市場)에 적응하려고 노력한다. 이 교회는 구도자 예배에 왔던 사람들 중에서 예배를 의미 있게 경험한 사람들이 자신의 지인들에게 예배 참석을 권유하기를 원한다. 윌로우크릭 교회의 구도자 예배는 사전에 좌석을 예약하거나 제한하지 않으며 언제든지 자유롭게 참석할 수 있도록 최대한 배려하고 있다. 하이벨스는 예배의 목적에 대해 다음과 같이 말했다.

> 예배의 목적은 구도자들이 삶의 의미를 발견하고 복잡한 윤리적 문제에 대해서 해답을 찾도록 도와주는 것입니다. 비신자 해리가 조직화된 종교에 매우 적대적이고, 교회에서는 어떤 답도 발견하기를 원치 않을 수도 있습니다. 이럴 경우에 윌로우크릭 교회의 주말 예배는 그의 경계심을 깨뜨리고 그가 기독교에 한 번 더 기회를 줄 수 있도록 만드는 것을 목표로 삼습니다.[46]

8) 구도자들에게 그리스도께 삶을 드리도록 촉구한다

그리스도인이 되는 과정을 단계적으로 설명하는 '표적' 모델의 경우에 세속화된 구도자들은 그리스도인이 되는 데 장애가 되는 관념의

---

[46] From the *Chicago Daily Herald*, Suburban Living section (Thursday May 18, 1988).

장벽, 문화의 장벽, 복음의 장벽을 거친 뒤에 마지막으로 헌신의 장벽에 이르게 된다. 구도자들은 이 헌신의 장벽을 넘어설 때 비로소 온전한 그리스도인이 되어 기독교 운동에 유익한 존재가 될 수 있다.

몇몇 교회들이 네 번째 장벽을 무시하고 삶의 헌신을 강조하지 않는 데 비해, 윌로우크릭과 같은 교회들은 교인들이 단지 '그리스도인'이 되는 것으로 만족하지 않는다. 왜냐하면 그리스도인들이 하나님 나라에 전적으로 헌신하는 것은 하나님뿐만 아니라 세상도 요구하고 있는 일이며, 그리스도인 자신들도 그렇게 헌신하지 않으면 영혼에 내재해 있는 가장 간절한 욕구를 채울 수 없기 때문이다.

이 문제에 관해서 빌 하이벨스가 한 말들은 설교자 또는 전도자들에게 많은 생각할 거리를 제공한다. "그리스도께 전적으로 헌신하라는 메시지는 사람들에게 전달하기 가장 어려운 주제 중 하나입니다."[47] "제가 세속화된 사고방식을 가진 사람들에게 이 주제에 대해 이야기했더니 그들은 저를 마치 화성에서 온 사람인 양 취급하였습니다. 사실 자신의 생각이 아니라 다른 사람의 생각을 좇아서 사는 것은 매우 어리석은 일입니다. 그것은 '당신은 자신이 원하는 모든 것을 누릴 수 있다'는 서구 문화의 신화와 모순됩니다."[48]

하이벨스는 이런 관념을 극복하고 구도자들이 크게 공감할 수 있는 의사소통을 이루기 위해 몇 가지 유용한 아이디어를 제시하였다. (1) 성경의 특정한 말씀들—가령, '하나님을 사랑하라,' '이웃과 원수를 사랑하라,' '먼저 그의 나라를 구하라,' '나는 날마다 죽노라' 등과 같

---

[47] 다음을 참조하라. Bill Hybels, "Power: Preaching for Total Commitment."
[48] Ibid., 114-115.

은 말씀들—을 통해 온전한 헌신을 가르쳐라. (2) 회중의 지도자들에게 먼저 온전히 헌신하는 모범을 보일 것을 요구하라. 그러면 좀 더 많은 사람들이 적극적으로 참여할 뿐만 아니라 '복음을 전염시키는' 사람들이 될 것이다. (3) 다양한 주제를 사용하여 헌신에 관해 설교하고 가르쳐라. (4) 온전하게 헌신하는 삶의 반대 모습이 어떤 것인지 알게 하라. 다시 말해서 "헌신하는 삶과 반대되는 시나리오가 처음부터 끝까지 어떻게 전개되는지 보여 줘라." 하이벨스는 우리가 오랫동안 기억할 만한 인상적인 사례 하나를 들려주었다.

그는 언제나 더 많이 소유하기를 원했습니다. 더 많은 돈을 원했고, 실제로 부모에게서 물려받은 유산을 10억 달러 상당의 자산으로 불렸습니다. 그는 더 큰 명예를 원하였고, 실제로 할리우드 영화계에 뛰어들어 곧 영화제작자 겸 스타가 되었습니다. 그는 좀 더 감각적인 쾌락을 원하였고, 실제로 자신의 모든 성적 충동을 충족시키기 위해 상당한 금액을 지불하였습니다. 그는 좀 더 진한 스릴을 맛보기 원하였고, 실제로 세계에서 가장 빠른 비행기를 설계하고, 제작하고, 조종하였습니다. 그는 더 큰 권력을 원하였고, 실제로 비밀리에, 그리고 교묘하게 정치적인 뇌물을 써서 두 명의 미국 대통령을 자기 하수인으로 만들었습니다. 그는 언제나 더 많이 소유하기를 원했습니다. 그는 더 많이 소유함으로써 진정한 만족을 얻을 수 있으리라고 확신하였습니다.

[그러나] 이 사람의 마지막은 비참했습니다. 몸은 수척해지고, 가슴은 살이 빠져 쑥 들어갔으며, 손톱은 나사 모양으로 길고 이상하게 자라 있었고, 이빨은 시커멓게 썩었으며, 몸에는 종양과, 약물

중독으로 인한 무수한 주사 자국이 있었습니다. 더 많은 소유의 망상을 가지고 있었던 하워드 휴즈(Howard Hughes)는 이렇게 죽었습니다. … 그는 억만 장자였지만 동시에 마약 중독자이기도 했습니다. 모든 합리적 기준에 비추어 볼 때 그는 미친 사람이었습니다.[49]

또한 하이벨스는 "성령께서 교인들의 영혼에 역사하실 때까지 잠잠히 참고 기다려야 한다고" 조언하였다. 모든 신자는 "그리스도께 전적으로 헌신하기 위해 자신을 포기하도록" 요구 받는다. 그러나 "전적인 헌신은 일생 동안 힘써야 할 하나의 과정"이며, 그 과정에서 "모든 신자가 동일한 속도로 헌신할 수는 없다." 그러므로 목회자는 먼저 자신이 복음을 살아내는 본보기가 되고, 성령께서 하나님의 일을 하실 것으로 믿고 교인들에게 끊임없이 헌신을 촉구해야 한다. 온전한 복종, 새로운 피조물의 능력, 이타적인 삶은 단지 인간의 노력만으로 이루어질 수 없다. 그것은 오직 인간의 심령에 은혜가 임함으로써만 가능하다. 신자들은 온 마음을 다해 은혜의 이차적 역사(second work of grace)를 구해야 하며, 하나님께서 현세에서 그들을 거룩하게 하시고 본래의 창조 목적대로 변화시킬 것이라는 기대감을 가지고 살아야 한다.

9) 구도자들이 마음을 열고 하나님의 임재와 능력을 경험하게 한다

교회의 삶과 관련해서 전혀 문화적 차원을 고려하지 않는 교회들은 다른 교회들과 마찬가지로 예전, 일상의 일, 모임, 활동, '교회를 위한

---

[49] Ibid., 119-120.

'선한 봉사'를 행하지만 하나님과는 언제나 멀리 떨어져 있는, 이른바 '하나님을 회피하는 자들'(god-evaders)과도 같다. 그러나 오늘날 서구의 선교 현장에서 세속화된 사람들에게 복음을 전하고 있는 교회들은 그렇지 않다.

사도적 회중들은 하나님으로부터 얻을 수 있는 모든 것을 원한다. 그들은 성령의 사람들이다. 따라서 그들은 성령께서 나누어 주시는 은사를 사모하며, 성령께서 주시는 사명을 감당하기 원한다. 그들은 하나님께서 그들을 이 세상에 보낸 목적을 성취하며 살기를 갈망하고 기대한다. 때때로 성령께서 하나님의 사람들을 찾아와 축복하시기 위해 열린 마음의 창문을 사용하시는데, 그럴 때 그들은 하나님께서 그들과 함께 하심을 깨닫게 된다. 많은 경우에 그런 체험은 자동차의 백미러처럼 자신의 삶을 뒤돌아보는 행위와 함께 일어난다. 결국 구도자들은 하나님을 신뢰하는 마음과 하나님의 존재를 인정함으로써 그들 가운데 성령이 임재하고 있음을 느끼게 된다.

10) 세속화된 사람들에게 복음을 전하는 일에 다른 교회들도 동참하게 한다

사도적 직무를 확신하고 불신자들이 있는 곳에서, 그리고 문화적으로 적합한 방식으로 사역하는 교회들이 볼 때 서구 세계의 세속화된 국가와 주민들은 그야말로 드넓은 선교 현장 곧 복음에 수용적인 사람들을 주께로 인도할 수 있는 황금 어장과도 같다. 그러나 그동안 수십 년이 지났지만 이런 사실을 알고 있는 교회 지도자들은 아직까지도 일부에 지나지 않으며, 잃은 자들을 찾아 하나님을 믿게 만드는 것을 최고의 사명으로 삼고 있는 교회 역시 아직까지는 많지 않다.

그중에서 사도적 사명을 다하는 몇몇 모범적인 교회들을 언급하자면 수정 교회(Crystal Cathedral), 시애틀의 대학 장로교회(University Presbyterian Church), 루이스빌의 월넛 스트리트 침례교회((Walnut Street Baptist Church), 올랜도의 성 누가 연합 감리교회(St. Luke's United Methodist Church), 코네티컷 주 웨더스필드의 제일 그리스도의 교회(First Church of Christ), 몽고메리의 프레이저 메모리얼 연합 감리교회(Frazer Memorial United Methodist Church), 로스앤젤레스 동부의 브래디 교회(The Church on Brady), 새들백 교회(Saddleback Valley Community Church), 윌로우크릭 교회(Willow Creek Community Church), 그리고 이 책에서 언급한 다른 여러 교회를 들 수 있다.

그런데 놀랍게도 많은 그리스도인들이 이 교회들을 '예외적인' 사례로 간주하고 있다. 그들이 그렇게 생각하는 데에는 교회를 잘 관리하고 공식적인 예배를 잘 집행하는 것이 성경이 가르쳐 주는 목회의 기준이라는 오해가 자리 잡고 있다. 현실이 이렇다 보니 아직까지도 현대 서구 사회에서는 사도적 실험이 활발하게 일어나지 않고 있다.

빌 하이벨스와 나는 이런 현상이 빚어진 이유에 대해서 의견을 나눈 결과 세 가지 이유를 확인할 수 있었다. 첫째, 비신자들을 위한 교회를 만드는 일이 무척 어렵기 때문이다. 바다를 항해하기 위한 해도(海圖)가 분명하게 작성되지도 않았고, 지도자들은 실패를 두려워하고 있다. 반면에 기존 신자들을 위한 교회를 발전시키고, 늘 하던 일을 하며, 교인들의 수평 이동을 통해 교회를 성장시키고, 교인들끼리만 서로 사랑하고 함께 천국 가는 것을 준비하는 일은 그보다 훨씬 쉬운 일이다.

둘째, 목회자들이 볼 때 이미 믿는 신자들이 불신자들보다 훨씬 더 사랑스럽기 때문이다. 기존 신자들은 그들의 목회자, 특히 안수 받은 목회자들을 존경하고, 사랑하고, 그들에게 좋은 말만 하지만, 세속화된 비신자들은 목회자의 직업을 존중하지 않고 목회자를 대단하게 여기지도 않는다.

셋째, 사도적 사역을 감당하기 위해서는 엄청난 희생이 요구되기 때문이다. 이에 대해서 하이벨스는 다음과 같이 말했다.

> 만약 우리가 불신자들의 영역에 들어가 우리와 반대 입장에 있는 그들의 친구가 되기 위해 거절과 변명, 비난을 감수하겠다고 결심할 때, 그리고 그들에게 그리스도의 사랑을 전하는 일에 전력을 다하기로 결심할 때, 우리는 불신자들과 신자들 양쪽으로부터 공격을 받게 될 것입니다. 이렇게 사도적 사역은 해야 할 일도 많고 수많은 위험이 도사리고 있기 때문에 결코 겁쟁이들이 할 수 있는 일이 아닙니다.

하지만 앞에서 언급한 이유들로 인해 사도적 사역은 아직 제대로 이루어지지 않고 있다. 다만 목회자들을 포함하여 많은 그리스도인들이 단지 기존 신자들을 돌보고 이리저리 교회를 옮겨 다니는 사람들을 관리하는 일보다 비신자들에게 복음을 전하는 일에 좀 더 큰 관심을 가지고 노력하는 현상은 고무적이라고 말할 수 있다. 만일 오래된 교회에서 매일 똑같이 돌아가는 일상적인 활동이 당신의 몸에서 아드레날린을 전혀 만들어 내지 못하거나 무언가를 위해 얼굴을 무릎 사이에 넣고 기도하도록 만들지 못한다면, 그때야말로 비신자들을 향한 선교로 삶의 방향을 바꿀 때다!

최근에 '제일 교회'(First Church)의 일부 교인들이 그들이 살고 있는 도시의 다른 지역에 새로운 교회를 개척하는 일에 동참하게 되었다. 그들은 노엄 환(Norm Whan)의 '당신을 위한 전화'(The Phone's For You) 프로그램에 따라서 2만 명 이상에게 전화를 하였는데, 창립 예배 때 200명 이상이 참석하였으며, 몇 달 뒤에는 100명 이상의 새 신자들이 창립 멤버로 등록하였다. 시간이 지나 개척에 참여했던 신자들이 다시 본 교회로 돌아오게 되었을 때 그들은 완전히 딴사람들이 되어 있었다. 그들은 '사도적 열병'(apostolic fever)에 걸린 것이다! 그들은 자기 교회의 담임 목사에게 '문제'를 제기하였다. 그들은 앞으로 어떤 위원회에서도 일하지 않고, 어떤 '교회의 허드렛일'도 하지 않겠다고 말했다. 그들은 이제부터 오직 비신자들을 향한 교회의 사명에 헌신하겠다고 선언하였다.

이런 일은 주류 기독교의 사도적 르네상스(the apostolic renaissance) 시대를 예고하기에 충분할 정도로 서구 세계의 여러 곳에서 빈번하게 일어나고 있다. 물론 오늘날 교회는 기독교 세계가 바람과 함께 사라지고 교회가 더는 '홈구장의 이점'을 누릴 수 없는 상황에 처해 있다. 그러나 이런 좋지 않은 상황에서도 상대편 경기장에서 시합하는 것을 즐기고 도전하는 노트르담 미식축구팀과 같이 사도적 정신으로 충만한 기독교 집단과 교회들이 점차 늘어나고 있다. 물론 노트르담 팀이 '적진'(敵陣)에서 항상 이기는 것만은 아니다. 그러나 그들은 홈구장에서 경기할 때보다 상대편 경기장에서 시합할 때 훨씬 더 헌신하고 단결하는 모습과 훨씬 더 끈끈한 동료 의식을 보여 준다!

사실 세속화된 세상에서 그리스도인들이 직면하고 있는 도전은 노트르담 팀이 오렌지 볼(Orange Bowl)—플로리다 주 마이애미에 있는 미식축구 경기장(역주)—에서 직면했던 도전보다 훨씬 더 심각하다. 우리는 아직 하나님과 그리스도의 나라가 되지 않은, 때로는 악이 주관하고 있는 것처럼 보이는 타락한 세상 속에서 선교하도록 부름을 받았다. 그러나 우리는 선교 사역을 위해 출발하기에 앞서 "위로부터 능력으로 입혀질 때까지"(눅 24:49) 기다리라는 권면에 귀를 기울여야 한다. 그리고 우리가 이 세상으로 나아갈 때 하나님의 선행 은총이 앞서 행하시며 "너희 안에 계신 이가 세상 있는 자보다 크심이라"(요일 4:4)는 사실을 기억해야 한다.